Roger N. Walsh

DER GEIST DES SCHAMANISMUS

Roger N. Walsh

DER GEIST DES SCHAMANISMUS

Geschichte, Heilung, Technik

Albatros

Titel der amerikanischen Originalausgabe:
«The Spirit of Shamanism»
Erschienen bei Jeremy P. Tarcher, Inc., Los Angeles

Aus dem Amerikanischen übertragen von Dieter Kuhaupt

Dieses Buch ist gewidmet
Ken Wilber – dem Wissenschaftler, Praktiker, Inspirator, Freund –
und dem Wohl, der Heilung und dem Erwachen aller

Bibliographische Information der Deutschen Bibliothek
Die Deutsche Bibliothek verzeichnet diese Publikation
in der Deutschen Nationalbibliographie;
detaillierte bibliographische Daten sind im Internet
über http://dnb.ddb.de abrufbar.

Titel der deutschen Ausgabe: Der Geist des Schamanismus

Walter Verlag, Düsseldorf und Zürich

Albatros Verlag, Düsseldorf
Umschlaggestaltung: Hauptmann und Kampa, CH-Zürich
Umschlagmotiv: Illustration von Joanna Fuchs

ISBN 3-491-96081-9
www.patmos.de

Inhalt

Erster Teil: Vom Wesen des Schamanismus

1. Warum Schamanismus – und warum in der heutigen Zeit? 13
2. Was ist ein Schamane? 19
   Definitionen 19
   Ursprünge 25
   Vorkommen des Schamanismus in unterschiedlichen Gesellschaften 28

Zweiter Teil: Das Leben des Schamanen

3. Die Reise des Helden 35
   Typologie des Helden 37
   Stadien der Reise 42
4. Berufung und Initiationskrise 50
   Die Berufung 55
   Die Initiationskrise 57
5. Lebenslanges Lernen: Schamanische Zucht und Schulung 60
6. Kulmination der Suche: Licht und Tod/Wiedergeburt 76
   Licht 76
   Tod und Wiedergeburt 79
7. Primitiver Irrer oder werdender Mystiker?
   Konventionelle Ansichten 92
   Diagnostische Vor-Urteile 94
   Epilepsie 100
   Hysterie 103
   Schizophrenie und andere Formen der Psychose 108

Typen von Psychosen, die bei der Initiationskrise auftreten können 112
8. Psychotischer Zusammenbruch oder spiritueller Aufbruch?
Neuere Ansichten 115
Psychische Störungen als Entwicklungskrisen 118
Formen der spirituellen Krise 121
Der reduktionistische und der «elevationistische» Irrtum . 125
Behandlung spiritueller Krisen 126
9. Schamanismus und Schwindelei 129
Die schamanische Trickkiste 130
Erwartungshaltungen 133
Mehr als Taschenspielertricks 135
Selbstbetrug und Heilung 137

Dritter Teil: Das Universum des Schamanen

10. Viele Welten, viele Geister 143
Viele Welten 143
Viele Geister 147

Vierter Teil: Schamanische Techniken

11. Kosmische Fahrt: Die schamanische Reise 177
Die Erfahrung der schamanischen Reise 178
Spontane Reisen 185
Kosmische Reisen in anderen religiösen Traditionen . . . 191
Reisen in der Psychotherapie 192
Philosophische Interpretationen 194
Wissenschaftliche Forschungen 196
12. Technologie der Transzendenz:
Die Herbeiführung veränderter Bewußtseinszustände . . 198
Induzierung veränderter Bewußtseinszustände:
Der heutige Erkenntnisstand 200
Schamanische Techniken 205
Überblick über schamanische Techniken 219
13. Orakel und Diagnose 221
Der erste Projektionstest der Welt 221

Der Kopf-Hebe-Test 223
Gruppenbeichte 224
14. Wie heilen sie? Psychologische Prinzipien
des schamanischen Heilens 227
Heiltechniken 230
Der Placebo-Effekt 233
Wie erfolgreich sind schamanische Heiler? 236
15. Wie heilen sie? Jenseits der Psychologie 240
Anekdotische Berichte über übersinnliche Phänomene
bei Schamanen 243
Theoretische und experimentelle Daten 246
Schlußfolgerungen 252
16. Wie heilen sie sich selbst? Die Heilung des Heilers 253
Eine Neuinterpretation von Symptomen
der Initiationskrise 255
Arbeit und Rolle des Schamanen 256
Veränderte Bewußtseinszustände 256
Die schamanische Reise 257
Altruismus und Dienst am Nächsten 259

Fünfter Teil: Schamanische Geisteszustände

17. Kartographie schamanischer Bewußtseinszustände 263
Trancezustände 266
Kartierung schamanischer Reise-Bewußtseinszustände . . 268
18. Bewußtseinszustände im Vergleich:
Schamanismus, Schizophrenie, Buddhismus und Yoga . . 273
Schamanische und schizophrene Bewußtseinszustände . . 274
Vergleiche mit anderen Traditionen 276
19. Kartographie von Bewußtseinsebenen 286
Tiefenstrukturen transpersonaler Bewußtseinszustände . . 288
Kartierung schamanischer Bewußtseinszustände 291
20. Die Evolution des Bewußtseins 297
Theorien der Evolution des Bewußtseins 297
Technologien der Transzendenz 301
Die relative Schwierigkeit unterschiedlicher
Realisationen 305

Sechster Teil: Alte Tradition in einer modernen Welt

21. Schamanismus in einer bedrohten Welt 309
Unser gefährdeter Planet 309
Umbruch der Weltauffassungen 312
Die Philosophia perennis 317
22. Schamanismus heute und morgen 323
Erforschung und Bewertung 325

Bibliographie 329

Dank

Meine tiefe Anerkennung möchte ich allen aussprechen, die mir bei Abfassung des Buches Hilfe geboten haben. Es waren im einzelnen: William Andrew, Allyn Brodsky, Etzel Cardena, Marlene Dobkin de Rios, Steve Donovan, Betty Sue Flowers, Gordon und Maria Globus, Tom Hurley, Stan Krippner, John Levy, Michael Murphy, Patrick Ophals, Don Sandner, Bruce Scotton, Deane Shapiro, Huston und Kendra Smith, John White und Michael Winkelman. Vom *Psychiatry Residents Seminar* der University of California in Irvine kam wertvolles Feedback von folgenden Mitgliedern: Gary Bravo, Melissa Derfler, Charles Grob, Diane Harris, Barbara Kaston, Mitch Liester, Jim McQuade, Pat Poyourow, Susan Seitz, Ken Steinhoff und Nathan Thuma. Speziellen Dank ferner an mehrere Personen, die mir besonders eng mit Rat und Tat zur Seite gestanden haben: Angeles Arrien, Michael Harner, Arthur Hastings, Chris Kiefer, Charles Tart und – wie immer – Frances Vaughan für ihre unschätzbare Unterstützung. Bonnie L'Allier betreute das Buch auf der Sekretariats- und administrativen Seite mit ihrer gewohnten Kompetenz.

Erster Teil

VOM WESEN DES SCHAMANISMUS

Erstes Kapitel

Warum Schamanismus – und warum in der heutigen Zeit?

Die alten Götter sind tot oder liegen im Sterben, und überall sucht und fragt man: Wie soll die neue Mythologie aussehen?

Joseph Campbell

Wie kommt es, daß das Interesse am Schamanentum – der ältesten religiösen, heilkundlichen und psychologischen Disziplin der Menschheit – in unserem Zeitalter der Raumschiffe und Computer neu erwacht? Daß Heilweisen und spirituelle Praktiken, Jahrzehntausende älter als Bibel, Buddha und Lao-tse, in unserer westlich-wissenschaftlichen Kultur wieder populär werden?

Kein Zweifel: Schamanismus ist «in». Zahlreiche Artikel und Workshops bieten Einführungen in diese «archaischen Ekstasetechniken», wie sie genannt werden. Und dabei befürchtete man noch vor wenigen Jahren ein unwiederrufliches Aussterben dieser uralten Praktiken. Jetzt werden sie von Hausfrauen, Geschäftsleuten und Psychologen erlernt. Was ist geschehen, und warum?

Hinter diesem wachsenden Interesse bei Laien wie Fachleuten stehen viele Faktoren, unter anderem neue Tendenzen in der westlichen Kultur. Zu diesen Tendenzen zählt eine zunehmende Hinwendung zu nichtwestlichen Kulturen, namentlich ihren Heil- und Meditationspraktiken. Einige dieser Praktiken – Yoga und Meditation etwa – sind so populär geworden, daß sie im Westen mittlerweile Millionen Anhänger haben.

Beigetragen zum neuen Interesse am Schamanismus hat auch die Schnelligkeit und Wirksamkeit mancher schamanischer Techniken. Disziplinen wie Meditation und Yoga mögen sehr effektiv sein, erfordern aber unter Umständen wochen- und monatelanges Üben, bis eine nennenswerte Wirkung eintritt. Nicht so beim Schamanismus. Auch hier kann wahre Meisterschaft Jahre kosten, doch kommt es vor, daß Menschen ohne jede vorherige Übung einen Workshop besuchen und, nachdem sie wenige Minuten der Schamanentrommel gelauscht haben, sinnvolle Einsichten gewinnen.

Enorme Breitenwirkung hatten auch die – nicht unumstrittenen – Bücher von Carlos Castaneda. Angeblich berichten sie von Castanedas jahrelanger Intensivschulung bei einem «Wissenden» der Yaqui-Indianer. Castanedas frühe Bücher fußten auf seiner Dissertation und fanden viel Beifall. Seine folgenden Bücher jedoch, obwohl äußerst populär, stießen auf immer mehr Mißtrauen, und über ihre Authentizität wird heiß debattiert. Ob sie echt sind oder nicht: Zumindest wertvolle Lehr-«Fiktionen» haben sie vielen Menschen geliefert. Die beschriebenen Techniken und Erfahrungen berühren den Schamanismus nur am Rande, haben aber sicherlich das Interesse daran genährt.

In jüngster Zeit sind neue Informationen «aus erster Hand» über den Schamanismus publiziert worden. Zwar sind Wissenschaftler seit Jahrzehnten dabei, die Tradition zu erforschen, doch bisher taten sie das überwiegend als Beobachter von außen, ohne über eigene Erfahrungen mit schamanischen Praktiken zu verfügen. Das ändert sich nun. Eine Anzahl westlicher Forscher hat sich schamanischem Training unterzogen, und es wird berichtet, daß die persönliche Erfahrung das Verständnis der Tradition vertieft und verändert hat.

Bis heute stammen fast alle wissenschaftlichen Schamanismus-Untersuchungen aus der Feder von Anthropologen. Das überrascht nicht: Anthropologen sind es gewesen, die sich «vor Ort» begaben, in arktische Winter und tropische Dschungel, um eingeborene Schamanen bei der Arbeit zu beobachten. Heute aber ist die Zeit gekommen, die anthropologischen Beiträge durch psychologische zu ergänzen und zu bereichern.

Leider sind die bisher vorliegenden Beiträge der Psychologie zur Erforschung des Schamanentums kein reiner Segen. Viele Studien sind mittlerweile überholt, andere weisen inhaltliche und methodische Schwächen auf (ungenügende anthropologische Daten, oberflächliche Interpretation, mangelnde persönliche Erfahrung mit schamanischen Praktiken). So hat die Psychologie nicht nur zu wertvollen Einsichten, sondern auch zu folgenschweren Mißverständnissen geführt, die unser Bild des Schamanismus mitunter jahrzehntelang verzerrt haben.

Eine Quelle dieser Mißverständnisse war und ist die Psychoanalyse. Sie – lange Zeit die beherrschende Schule der westlichen Psychiatrie – hat einer deutlich negativen Sicht des Schamanismus Vorschub geleistet. Der Grund: Freud und die Analytiker, die ihm folgten, standen religiösen Erfahrungen sehr reserviert gegenüber und betrachteten sie im besten Fall als Ausdruck von Abwehrmechanismen und im schlimmsten Fall als schwer psychopathologisch. Transzendentes Erleben – auch das profundeste und ekstatischste – galt und gilt oft als krankhafte Regression von fast psychotischer Größenordnung. Mystische Erfahrung bekam das Etikett «neurotische Regression zur Vereinigung mit der Mutterbrust», Erleuchtung wurde abgetan als «Regression in intrauterine Stadien»[194]. Yogis, Schamanen, Weise erfuhren eine bequeme Abstempelung zu Neurotikern.

Es überrascht daher nicht, daß der Schamanismus im Urteil westlicher Psychiater, Psychologen und psychoanalytisch ausgerichteter Anthropologen oft übel weggekommen ist. Da Schamanen manchmal ein für uns befremdliches Verhalten zeigen, in veränderte Bewußtseinszustände eintreten, Visionen haben und mit Geistern zu kommunizieren behaupten, wurden sie oft als psychisch gestört diffamiert. Schizophrenie, Hysterie und Epilepsie waren – trotz gegenteiliger Indizien – die häufigsten Diagnosen. Das mißliche Resultat: eine tragische Unsensibilität für die tieferen, positiven Aspekte der schamanischen Tradition.

Wenn die psychologischen Erklärungen früher tendenziös waren – gibt es Grund anzunehmen, daß sie heute besser sein könnten? Ja, durchaus. Die westliche Psychologie hat beachtliche Fortschritte gemacht. Sie ist nicht mehr so einseitig von der Psychoanalyse beherrscht, und mehrere Schulen sind entstanden, die religiösen Erfahrungswelten offener gegenüberstehen, zum Beispiel die humanistische, die transpersonale und die Jungianische Psychologie. Neue Forschungsfelder haben sich aufgetan, und umfangreiche Arbeit ist auf Gebieten geleistet worden, die direkten Bezug zum Schamanismus haben, so etwa dem Gebiet des psychosomatischen Heilens, der Veränderung von Bewußtseinszuständen, der Träume, der Meditation, der psychedelischen Drogen, der mystischen Erfahrungen, der Placebo-Effekte. Diese Forschungen werfen auf schamanische Praktiken ein neues Licht. Und schließlich hat sich eine kleine, aber wachsende Zahl von Psychologen und Psychiatern selber schamanisch ausbilden lassen. Insgesamt hat dies dazu geführt, daß die westliche Psychologie heute besser gerüstet ist, religiöse Praktiken im allgemeinen und den Schamanismus im besonderen zu verstehen und zu würdigen, statt sie nur zu pathologisieren und abzuwerten.

Die Zeit ist daher reif für neue psychologische Grundlagenforschungen zum Schamanismus, und vorliegendes Buch will einen Anfang dazu machen. Wir verfolgen dabei mehrere Ziele. Einmal soll eine breite inhaltlich einführende Darstellung des Schamanismus – seiner Praktiken und Techniken, seiner Glaubensgrundlagen und Wirkungen – gegeben werden. Dann soll vom Standpunkt der modernen Psychologie aus geprüft werden, ob, wie und wodurch diese Praktiken funktionieren. Es wird sich zeigen: Schamanische Techniken mögen zunächst wie Aberglauben und Unsinn anmuten, beruhen aber zum Teil doch auf handfesten psychologischen Prinzipien. Manche sind westlich-therapeutischen Techniken ähnlicher Art um Jahrtausende voraus gewesen.

Das dritte Ziel ist, die Extrembehauptungen über Schamanen zu untersuchen. Auf der einen Seite sehen viele Forscher im Schamanen nicht mehr als einen Neurotiker oder Psychotiker, einen Scharlatan und Schwindler. Auf der anderen Seite heben popularisierende Autoren ihn gern als Übermenschen und Heiligen in den Himmel. Mein Buch möchte einen Mittelweg zwischen diesen Extremen gehen.

Schließlich soll das Schamanentum noch von einer höheren, kulturübergreifenden und historischen Warte aus betrachtet werden. Zum erstenmal in der Geschichte haben wir heute Zugang zu einem sehr großen Teil der religiösen, heilkundlichen und bewußtseinsverändernden Disziplinen, die es auf der Welt gibt. Bei «bewußtseinsverändernden Disziplinen» handelt es sich um Traditionen und Praktiken wie Yoga und Meditation, die den Ausübenden lehren, zuträgliche oder heilsame Bewußtseinszustände zu erreichen, beispielsweise Zustände tiefer Konzentration und Ruhe, die das körperliche, psychische und geistige Wohl fördern. Wie wir sehen werden, ist der Schamanismus eine – und sogar die älteste – dieser Traditionen. Jetzt, da wir Informationen über viele solcher Traditionen aus aller Welt haben, ist es möglich, schamanische Praktiken, Initiationen, Ausbildungen, Glaubensüberzeugungen und Bewußtseinszustände mit anderen zu vergleichen.

Solche Vergleiche erlauben uns die Feststellung wichtiger Gemeinsamkeiten – und ebenso wichtiger Unterschiede – zwischen dem Schamanismus und anderen Traditionen. So werden beispielsweise Parallelen zwischen dem Leben des Schamanen und der «Reise des Helden» zutage treten – dem archetypischen Lebensmuster, das für Helden aus vielen Epochen und Kulturen charakteristisch ist. Und an wichtigen Besonderheiten etwa werden Unterschiede zwischen Schamanentum und Yoga (in der Art der gesuchten Informationen und Bewußtseinszustände) deutlich werden.

Herausarbeiten will ich diese Unterschiede anhand einer möglichst genauen Beschreibung und «Kartographierung» schamanischer Bewußtseinszustände. Dadurch werden wir das Wesen schamanischer Bewußtseinszustände klarer erfassen und sie besser gegen andere abgrenzen können, mit denen sie bisher oft verwechselt worden sind, etwa denen der Schizophrenie und des Yoga.

Mittels solcher Vergleiche läßt sich auch herausarbeiten, wie sich bewußtseinsverändernde Techniken über die Jahrhunderte entwickelt haben und wie diese Evolution die Entwicklung des menschlichen Bewußtseins und der menschlichen Religion zugleich widerspiegelte und weitertrieb. Wir können dann sehen, wie sich der Schamanismus ins große Gesamtbild dieser Evolution einfügt.

Der Geist des Schamanismus ist ein Anfang, kein Ende. Wir stehen in der Erforschung dieser Fragen noch ganz am Beginn, und vieles bleibt noch in Erfahrung zu bringen. Ein erster Schritt zur Darstellung des Schamanismus aus einer neuen, bisher nicht üblichen Perspektive sei hiermit getan.

Zweites Kapitel

Was ist ein Schamane?

Der Geist ist der Herr, die Einbildungskraft das Werkzeug und der Körper das formbare Material.

PARACELSUS

Was ist ein Schamane? In dieser wesentlichen Frage gibt es herzlich wenig Übereinstimmung. Praktisch bildet sich «jeder Gelehrte seine eigene Überzeugung davon, was Schamanismus ausmacht»[87].

Definitionen

Das Wort selbst kommt von *saman*, einem Wort der sibirischen Tungusen, mit der Bedeutung «jemand, der erregt, bewegt, erhoben ist». Möglicherweise leitet es sich von einem altindischen Wort mit der Bedeutung «sich erhitzen» oder «sich kasteien»[18] oder einem tungusischen Verb mit der Bedeutung «wissen»[87] ab. Woher es auch stammen mag: Im weiteren Sinne ist es bei Anthropologen zu einem Sammelbegriff für Heiler – Medizinmänner, Hexendoktoren, Zauberer, Magier, Seher – in den verschiedensten Kulturen geworden. In diesem allgemeinen Sinn ist der Terminus jedoch für die spezifische Gruppe von Heilern, die unter die engere Definition von «Schamane» im Sinne dieses Buches fällt, viel zu vage. Sinn und Inhalt dieser Definition und des Schamanismus selbst werden klarer werden, wenn wir untersuchen, wie sich unsere Definitionen und unser Verständnis des Schamanentums im Lauf der Zeit entwickelt haben.

Die frühen Anthropologen waren besonders von den schamanentypischen Interaktionen mit «Geistern» beeindruckt. Viele Stammesangehörige mochten behaupten, Geister anzubeten, zu sehen, sogar von ihnen besessen zu sein. Doch nur der Schamane erhob den Anspruch, eine gewisse Kontrolle über die Geister zu haben, ihnen zum Wohle des Stammes gebieten, mit ihnen reden oder Fürbitte einlegen zu können. Shirokogoroff, einer der frühesten Erforscher der sibirischen Tungusen, schreibt darüber:

> In allen tungusischen Sprachen bezeichnet dieser Begriff (saman) Menschen beiderlei Geschlechts, die zur Beherrschung der Geister gelangt sind, willentlich diese Geister in sich hineinrufen können und sich der Macht über diese Geister zu eigenen Zwecken bedienen können, speziell dazu, anderen Menschen zu helfen, die an den Geistern leiden.[165]

Der Begriff «Geister» soll in diesem Buch nicht unbedingt so verstanden werden, als wollte ich sagen, daß selbständige Wesenheiten existieren, die mit Menschen in Verbindung treten und auf sie Einfluß nehmen. Es soll damit nur die Art und Weise beschrieben werden, wie Schamanen und Medien ihr Erleben *interpretieren*. Die mögliche Natur dieser «Geister» wird in einem späteren Kapitel untersucht.

Waren die frühen Forscher besonders von den schamanischen Interaktionen mit Geistern fasziniert, so beeindruckte die späteren Forscher vor allem die Kontrolle der Schamanen über die Bewußtseinszustände, in denen diese Interaktionen stattfinden. Im Zuge des wachsenden Interesses der westlichen Kultur an veränderten Bewußtseinszuständen interessierte sich die Forschung immer mehr für das weitverbreitete Vorkommen solcher Zustände bei religiösen Riten. Allem Anschein nach waren die Schamanen die ersten, die mit solchen Zuständen arbeiteten, und moderne Definitionen des Schamanismus stellen denn auch überwiegend dieses Phänomen in den Mittelpunkt.

Wie wir sehen werden, gibt es viele mögliche Bewußtseinszustände, und es erhebt sich naturgemäß die Frage, welche für den Schamanismus typisch und konstituierend sind. Es gibt weite und enge Definitionen. Nach der weiten Definition «besteht die einzige definierende Eigenschaft darin, daß der Spezialist im Auftrag seiner Gemeinschaft in einen kontrolliert veränderten Bewußtseinszustand eintritt»[140]. Zu solchen Spezialisten würden zum Beispiel Medien zählen, die in Trance fallen und dann mit Geistermund zu sprechen behaupten. Eine weite Definition des Schamanismus schlösse somit alle Praktizierenden ein, die in kontrollierte veränderte Bewußtseinszustände eintreten, ohne Rücksicht darauf, um welche Bewußtseinszustände es sich handelt.

Eine engere Definition charakterisiert die veränderten Bewußtseinszustände dann näher, und zwar als ekstatisch. Dies ist zum Beispiel für Mircea Eliade, einen der bedeutendsten Religionswissenschaftler des zwanzigsten Jahrhunderts, das wesentliche Element. «Eine allererste Definition dieses komplexen Phänomens, und vielleicht die am wenigsten gewagte, wäre: Schamanismus = *Technik der Ekstase*»[41]. «Ekstase» meint hier nicht einfach nur Beseligung oder Wonne (im Sinne von Euphorie), sondern ein «Heraustreten des Ich aus seinen Grenzen mit starker Affektbeteiligung» (Definition des *Großen Brockhaus)*. Diese Definition von Ekstase trifft das Wesen des Schamanismus besonders gut.

Kennzeichnendes Merkmal der schamanischen Ekstase ist das Erlebnis des «Seelenfluges», der «Reise», also eine «außerkörperliche Erfahrung». Das heißt, der Schamane hat das Empfinden, daß er selbst – oder seine Seele oder sein Geist – durch den Raum fliegt und entweder zu anderen Welten oder in ferne Gegenden unserer Welt reist. Mit Eliades Worten: «... der Schamane ist Spezialist einer Trance, in der seine Seele den Körper zu Himmel- und Unterweltfahrten verläßt»[41].

Diese Flüge korrespondieren mit dem schamanischen Bild des Kosmos. Das Universum des Schamanen teilt sich in drei übereinandergeschichtete Zonen, in eine obere, eine mittlere und eine untere Welt, wobei die mittlere unserer Erde entspricht. Dieses dreischichtige Weltsystem durchstreift nun der Schamane, um zu lernen, um Macht zu erwerben oder um diejenigen zu diagnostizieren und zu behandeln, die Hilfe und Heilung bei ihm suchen. Auf seinen Reisen kann der Schamane das Empfinden haben, daß er neue Welten erforscht und den Menschen, Tieren oder Geistern begegnet, die dort wohnen, daß er die Ursache und die Therapie für die Krankheit eines Patienten erkennt, daß er bei guten oder bei dämonischen Kräften Fürsprache einlegt.

Wir haben bisher also drei Schlüsselelemente, die zu jeder Definition des Schamanismus gehören: Zum einen kann der Schamane willentlich in veränderte Bewußtseinszustände eintreten, zum anderen erlebt er sich in diesen Bewußtseinszuständen als «Reisender» in andere Welten, und schließlich benutzt er diese Reisen als Mittel, Wissen oder Macht zu erwerben und Menschen aus seiner Gemeinschaft zu helfen.

Noch zwei weitere Charakteristika gilt es zu beachten. Das eine ist die Interaktion des Schamanen mit Geistern. Darüber hinaus ist Michael Harner, ein Anthropologe, der wohl mehr persönliche Erfahrung mit schamanischen Praktiken hat als jeder andere westliche Mensch, der Meinung, ein weiteres Schlüsselelement schamanischen Wirkens sei der «Kontakt mit einer normalerweise verborgenen Wirklichkeit». Daher definiert er den Schamanen als einen «Mann oder eine Frau, der oder die – willentlich – in einen anderen Bewußtseinszustand eintritt, um mit einer normalerweise verborgen Wirklichkeit in Berührung zu kommen und sie auszuwerten, um Wissen, Kraft und Hilfe für andere zu erhalten»[73].

Müssen diese beiden zusätzlichen Elemente – Kontakt mit einer normalerweise verborgenen Realität und Interaktion mit Geistern – als Wesensmerkmale in eine Definition des Schamanismus mit aufgenommen werden? Hier bewegen wir uns auf schwankendem Boden. Gewiß beschreiben diese Elemente, was Schamanen erleben und zu tun glauben, aber es wäre ein enormer philosophischer Sprung, daraus auf eine Tatsächlichkeit des Erlebten und Getanen zu schließen. Die eigentliche Natur (philosophisch gesprochen: der ontologische Status) sowohl der Reiche, die der Schamane durchstreift, als auch der Wesenheiten, die er dabei trifft, ist eine offene Frage. Der Schamane interpretiert sie normalerweise als selbständig existierend und «real»; der westliche Mensch, der nicht an andere Reiche und Wesenheiten glaubt, würde sie als subjektive Schöpfungen der Psyche deuten. Diese philosophischen Fragen kommen in einem späteren Kapitel zur Sprache. Hier sei zunächst nur gesagt, daß die Interpretation des Wesens dieser Phänomene vom jeweiligen philosophischen Standpunkt und vom Weltbild des Betrachters abhängt. Wir bewegen uns in sichererem Fahrwasser, wenn wir bei einer Definition des Schamanismus diese philosophischen Deutungsklippen so weit wie möglich umgehen.

Unser bisheriges Fazit: Schamanismus läßt sich definieren als Familie von Traditionen, deren Ausübende sich darauf konzentrieren, willentlich in veränderte Bewußtseinszustände einzutreten; in diesen Bewußtseinszuständen haben sie das Empfinden, daß sie selbst oder ihr Geist (oder ihre Geister) nach Belieben in fremde Reiche reisen und mit anderen Wesenheiten interagieren, um ihrer Gemeinschaft zu dienen.

Diese Definition scheint die wesentlichen Eigenschaften des Schamanismus abzudecken. «Familie von Traditionen» besagt, daß es Abweichungen zwischen einzelnen schamanischen Schulen gibt. Gleichzeitig ist die Definition aber präzise genug, um den Schamanismus von anderen Traditionen und Praktiken wie auch gegen diverse Psychopathologien, mit denen er verwechselt wurde und wird, deutlich abzugrenzen. Priester etwa können Rituale vollziehen und Medizinmänner Heilungen zustande bringen, aber sie treten selten in veränderte Bewußtseinszustände ein; Medien treten in veränderte Bewußtseinszustände ein, unternehmen aber meist keine Reisen; tibetanische Buddhisten gehen manchmal auf Reisen, doch ist dies kein zentraler Aspekt ihrer Praxis; Geisteskranke können in veränderte Bewußtseinszustände eintreten und «Geister» treffen, doch als unfreiwillige Opfer, nicht als bewußte Hervorbringer dieser Zustände.

Natürlich wird diese Definition nicht jedermann zufriedenstellen und auch nicht auf jeden denkbaren Schamanen zutreffen. Es gibt – wenn man die enorme Bandbreite der Definitionen betrachtet – wahrscheinlich keine, die das vermag. Dennoch ist die hier vorgestellte Definition für unsere Zwecke tauglich, da sie hinreichend eng und präzise ist. Wir können uns dadurch in unserer Untersuchung auf eine klar abgegrenzte Gruppe von Praktiken und Praktizierenden konzentrieren, die bei fast allen Forschern als «eindeutig schamanisch» gelten würden.

Interessant ist die Feststellung, daß diese Definition von Praktiken und Erfahrungen ausgeht, nicht von Lehren und Dogmen. Dies stimmt überein mit Michael Harners Behauptung, Schamanismus sei letztendlich «nur eine Methode, keine Religion mit einem festen Dogmengefüge»[76].

Es läßt sich natürlich nur schwer leugnen, daß Schamanen eine Reihe relativ fester Glaubenssätze vertreten; ohne einen gewissen gemeinsamen ideologischen Nenner kann wohl keine Tradition überleben. So neigen Schamanen allgemein zu dem Glauben, daß die Wesen, die sie auf ihren Reisen treffen, tatsächlich Geister sind, daß der Kosmos sich in drei große Weltbereiche aufteilt und daß der Schamane diese Welten nach Belieben durchstreifen kann. Andererseits trifft es zu, daß im Schamanismus die persönliche Erfahrung, das persönliche Erleben stärker betont wird als in vielen anderen Traditionen.

Strittig ist, ob der Schamanismus eine Religion genannt werden darf. Ich will mich auf diese Frage – und damit zwangsläufig auch auf die Grundsatzdebatte, was eine Religion inhaltlich ausmacht – in diesem Buch nicht einlassen. Ich werde den Schamanismus nicht als Religion, sondern als religiöse Tradition bezeichnen; damit will ich zum Ausdruck bringen, daß er eindeutig religiöse Elemente enthält, jedoch nicht immer den formalen Definitionskriterien der Soziologen über Religion entsprechen mag.

Ursprünge

Der Schamanismus ist eine der ältesten Traditionen der Menschheit. Archäologen haben Anzeichen dafür gefunden, daß es ihn seit Zehntausenden von Jahren gibt; niemand kann abschätzen, wie weit seine Ursprünge zurückreichen. Eliade meint sogar: «... nichts erlaubt uns zu glauben, die Menschheit habe in den Hunderttausenden von Jahren vor der ältesten Steinzeit ein weniger intensives und weniger reich abgewandeltes religiöses Leben geführt als später».[41]

Wo und wann er auch entstanden sein mag, der Schamanismus hat sich jedenfalls rasch über die Erde ausgebreitet. Man findet ihn heute in so weit auseinanderliegenden Weltgegenden wie Sibirien, Nord- und Südamerika und Australien, und in den meisten Teilen der Welt soll er irgendwann einmal existiert haben. Die frappierenden Ähnlichkeiten schamanischer Praxis in ganz unterschiedlichen geographischen Räumen werfen die Frage auf, wie sich diese Ähnlichkeiten entwickelt haben. Eine Möglichkeit ist, daß sie an verschiedenen Orten spontan entstanden sind, vielleicht aufgrund gemeinsamer innerer Tendenzen des Menschen oder wiederkehrender sozialer Bedürfnisse. Eine andere Möglichkeit ist, daß die Ähnlichkeiten sich durch Wanderung, durch Weitergabe von einem gemeinsamen Ursprungsort aus, herausgebildet haben.

Sollte die Wanderungsthese zutreffen, dann müssen diese Wanderungen schon sehr, sehr früh begonnen haben. Der Schamanismus kommt bei Stämmen mit so vielen divergierenden Sprachen vor, daß die Verbreitung von einer gemeinsamen Quelle aus schon vor mindestens 20 000 Jahren eingesetzt haben müßte[207]. Schwierig zu erklären wäre das lange Stabilbleiben der schamanischen Praktiken, während Sprachen und soziale Praktiken sich so drastisch wandelten. Dies macht es unwahrscheinlich, daß die lange Geschichte und die weite Verbreitung des Schamanentums sich allein aus Wanderungen erklären lassen.

Wenn der Schamanismus nicht auf eine einzige «Erfindung» zurückgeht, die kontinuierlich über die Zeiten weitergereicht wurde, so muß er in diversen Epochen und Kulturen immer wieder neu entdeckt worden sein. Hieraus läßt sich schließen, daß irgendeine wiederkehrende Kombination aus sozialen Kräften und dem Menschen innewohnenden Fähigkeiten wiederholt für ein Neuentstehen und Weiterbestehen schamanischer Rollen, Rituale und Bewußtseinszustände gesorgt haben muß.

Es gibt, wie es scheint, Indizien für eine dem Menschen innewohnende Tendenz, in bestimmte veränderte Bewußtseinszustände einzutreten. Seit 2500 Jahren kennen beispielsweise Buddhisten den Zugang zu acht spezifischen und voneinander abgrenzbaren Zuständen extremer Konzentration. Diese Konzentrationszustände – *Jhanas* genannt – sind äußerst subtil, stabil und wonnevoll und seit Jahrtausenden genau beschrieben[27 62]. Heute gibt es schon einige westliche Meditierende, die diese Zustände erreichen. Ich hatte das Glück, einige dieser Menschen interviewen zu können. In sämtlichen Fällen decken sich ihre Erfahrungen bemerkenswert gut mit den alten Berichten. Ein deutlicher Hinweis also offenbar auf eine inhärente Tendenz des menschlichen Geistes, in bestimmte veränderte Bewußtseinszustände «einzusteigen», wenn die richtigen Voraussetzungen gegeben sind und die richtigen Praktiken angewandt werden.

Das gleiche Prinzip gilt möglicherweise für schamanische Bewußtseinszustände. Beobachtungen westlicher Teilnehmer an Schamanismus-Workshops lassen vermuten, daß die meisten Menschen bis zu einem gewissen Grad in schamanische Bewußtseinszustände eintreten können[75]. Diese Zustände können durch eine Vielzahl von Bedingungen herbeigeführt werden, woraus sich auf eine Art Affinität des Geistes zu diesen Zuständen schließen läßt. Die Bedingungen, die diese Zustände hervorrufen, werden später eingehend besprochen; es handelt sich zum Teil um ganz alltägliche Erfahrungen wie Isolation, Müdigkeit, Hunger und rhythmische Geräusche. Es ist daher wahrscheinlich, daß sie von unterschiedlichen Generationen und Kulturen immer wieder neu entdeckt wurden oder werden. Da diese Zustände lustvoll, sinnvoll und heilend sein können, ist anzunehmen, daß sie aktiv gesucht werden und daß die Methoden, die sie herbeiführen, bewahrt und von Generation zu Generation weitergegeben werden.

Der Schamanismus und seine weite Verbreitung können somit eine prinzipielle Tendenz des Menschen widerspiegeln, in bestimmte lustvolle und wertvolle Bewußtseinszustände einzutreten. Ein Geflecht induzierender und begleitender Rituale und Überzeugungen rankt sich immer wieder darum, immer wieder entsteht der Schamanismus quasi neu[207].

Diese natürliche Tendenz kann durch Kommunikation zwischen den Kulturen gefördert und verstärkt worden sein. Ein

Beispiel: Auf den Schamanismus in Nordasien können Einflüsse aus der indischen Yoga-Praxis eingewirkt haben[41]. Möglich also, daß die globale Verbreitung des Schamanismus zum einen auf innewohnende Tendenzen, zum anderen auf Informationsaustausch zurückzuführen ist. Das Endresultat jedenfalls war, daß sich diese alte Tradition über die Erde ausgebreitet hat und wahrscheinlich schon seit Zehntausenden von Jahren existiert, also einen beträchtlichen Teil der Zeit, in der es den vollentwickelten Menschen, den Homo sapiens, auf Erden gibt.

Vorkommen des Schamanismus in unterschiedlichen Gesellschaften

Angesichts der langen Existenz und weiten Verbreitung des Schamanismus stellt sich naturgemäß die Frage, warum es ihn in einigen Kulturen gibt, in anderen nicht. Antworten auf diese Frage beginnt heute die kulturübergreifende und kulturvergleichende Forschung zu geben.

Eine bemerkenswerte Studie[208] untersuchte 47 Gesellschaften aus einem Zeitraum von fast vier Jahrtausenden, von 1750 v. Chr. (den Babyloniern) bis zum heutigen Jahrhundert. Ein auffallendes Ergebnis: Vor dem Einsetzen westlichen Einflusses setzten sämtliche 47 Kulturen veränderte Bewußtseinszustände zu Ritual- und Heilungszwecken ein. Schamanische Praktiken kamen fast überall auf der Erde vor, blieben allerdings überwiegend an einen bestimmten Gesellschaftstypus gebunden, an einfache, nomadische Sammler- und Jägerkulturen. Solche Kulturen treiben noch kaum Landwirtschaft und haben noch keine differenzierte gesellschaftliche Schichtung und keine politische Organisation. In solchen Stammeskulturen spielt der Schamane viele Rollen, heilige ebenso wie weltliche, und wirkt als Medizinmann, Heiler, Ritualist, Hüter der Kulturmythen, Medium, Herr der Geister. Mit ihren vielen Rollen üben Schamanen in dem Machtvakuum, das eine klassenlose Gesellschaft ihnen bietet, beträchtlichen Einfluß auf ihren Stamm und ihre Mitmenschen aus.

Bei zunehmender Entwicklung und höherer Komplexität der Gesellschaft ändert sich diese Situation dann allem Anschein nach dramatisch. Wenn eine nomadische Gesellschaft seßhaft wird, wenn Agrarwirtschaft die freie Nahrungssuche, wenn soziale und politische Schichtung die Klassenlosigkeit verdrängt, scheint der Schamanismus als solcher zu verschwinden. An seine Stelle treten Spezialisten, die jeweils Aspekte der alten Schamanenrolle übernehmen: Heiler (Arzt), Priester (Ritualist), Medien (Spezialisten für Geisterbesessenheit) und Zauberer oder Hexen (böse Magie). Eine vergleichbare Parallele aus unserer Zeit ist die Ablösung des Allgemeinarztes alter Schule durch Fachärzte.

Es ist interessant, einige der alten Spezialisten mit ihrem Vorgänger, dem schamanischen «Allgemeinarzt», zu vergleichen. Priester treten als Repräsentanten einer organisierten Religion auf und spielen religiös, sittlich, auch politisch oft führende Rollen. Ihnen obliegt der Vollzug sozialer Riten und Rituale; sie beten im Namen ihrer Gesellschaft zu den geistigen Mächten und suchen sie günstig zu stimmen. Im Gegensatz zu ihren schamanischen Ahnen haben sie jedoch normalerweise wenig Ausbildung und Erfahrung in veränderten Bewußtseinszuständen[83].

Hat der Priester die sozial segensreichen religiös-magischen Rollen des Schamanen geerbt, so übernimmt die bösartigen Rollen normalerweise der «Zauberer», die «Hexe» oder der «Hexenmeister». Wie wir sehen werden, sind Schamanen für ihr Volk oft ambivalente Gestalten, verehrt wegen ihrer Heil- und Hilfskräfte, aber auch gefürchtet wegen ihres bösen Zaubers. Hexer und Hexen sind die Spezialisten für üble (schwarze) Magie und können deshalb gefürchtet, gehaßt, verfolgt werden. Die meisten modernen Hexen würden diese traditionelle Definition jedoch strikt ablehnen, weil sie behaupten, nur gute (weiße) Magie zu praktizieren.

Medien sind «Spezialisten für Geisterbesessenheit». Zwar gehen sie nicht auf Reisen, doch treten sie in veränderte Bewußtseinszustände ein, in denen sie das Empfinden haben, Botschaften aus der Geisterwelt zu empfangen. Wie erinnerlich, befürworten manche Forscher eine weite Definition des Schamanismus, die jedwede Person umfaßt, die im Dienste ihrer Gemeinschaft mit veränderten Bewußtseinszuständen arbeitet. Eine solche Definition unterscheidet nicht zwischen Schamane und Medium, die beide mit veränderten Bewußtseinszuständen, jedoch von verschiedenem Typus, arbeiten. Kulturübergreifende Studien lassen erkennen, daß Medien und Schamanen meist nicht gleichzeitig im selben Gesellschaftstypus auftreten, und dies bietet weitere Anhaltspunkte für ihre Unterscheidung[21, 208]. Damit soll nicht bestritten werden, daß manche Schamanen der Geisterbesessenheit fähig sind; es besagt nur, daß sie noch mehr «können».

Wir halten fest: Mit der Weiterentwicklung einer Kultur entwickeln sich auch ihre religiösen Vertreter weiter. Der Schamane als solcher verschwindet zwar weitgehend, doch seine Rollen und Kenntnisse leben als Spezialdisziplinen fort – mit einer Ausnahme: dem Reisen, derjenigen Praxis, die zu den definierenden Merkmalen des Schamanismus gehört. Keiner der Nachfolger des Schamanen «reist».

Warum gerade dieses Attribut ausstirbt, ist ein Rätsel. Michael Harner führt es auf die Unterdrückung der schamanischen Praktiken durch die organisierte Religion zurück (in Teilen Europas war es im letzten Jahrhundert sogar ein kriminelles Vergehen, eine Trommel zu besitzen). Ein weiterer Faktor mag die Entdeckung anderer bewußtseinsverändernder Techniken gewesen sein, etwa jener, die mit Yoga- und Meditationspraktiken verbunden sind. Unklar ist allerdings, ob diese Faktoren allein hinreichend erklären, warum aus komplexen Gesellschaften eine Praxis verschwindet, die machtvoll genug war, um sich über die ganze Welt zu verbreiten, Jahrtausende zu überdauern und zur Grundlage der ältesten und langlebigsten religiösen Tradition der Menschheit zu werden: des Schamanismus.

Zweiter Teil

DAS LEBEN DES SCHAMANEN

Drittes Kapitel

Die Reise des Helden

Die entscheidende Frage für den Menschen ist: Hat er eine Beziehung zum Unendlichen oder nicht? Das ist die wesentlichste Frage seines Lebens. Nur wenn wir wissen, daß das, worauf es wirklich ankommt, das Unendliche ist, können wir es vermeiden, unsere Interessen auf Nichtigkeiten und auf alle möglichen Ziele zu fixieren, die eigentlich keine wirkliche Bedeutung haben.

C. G. Jung

Für die Menschen seines Stammes ist der Schamane eine mit ungeheurer Macht ausgestattete Figur, deren Hilfe über Gesundheit und Krankheit, Leben und Tod entscheiden kann. Er steht daher quasi als Stammvater am Anfang einer langen Reihe von Persönlichkeiten, die so Überragendes vollbracht, die so gut gekämpft, triumphiert oder geliebt haben, daß normale Sterbliche mit einer Mischung aus Ehrfurcht und Eifersucht zu ihnen aufschauten. Es sind die Helden der Menschheitsgeschichte, die in Mythos und Legende, in Dichtung und Geschichtsschreibung besungen wurden, Gestalten, die menschliche Grenzen gesprengt haben. Es sind die Krieger und Herrscher, die Heiligen und Weisen, die inspiriert und beschützt, gedient und erleuchtet haben, deren Leben exemplarisch für das unerschlossene Potential in uns steht. Gewöhnliche Sterbliche haben sie bewundert und bestaunt, verehrt, vielleicht sogar vergöttlicht, auch wenn die Helden selbst einen solchen Anspruch nicht erhoben haben.

«Bist du ein Gott?» fragten sie den Buddha. «Nein», erwiderte er.
«Dann bist du ein Engel?» «Nein.»
«Ein Heiliger?» «Nein.»
«Was bist du dann?»
«Ich bin erwacht», erwiderte der Buddha.[173]

Erstmals in der Geschichte haben wir heute Zugang zu den Heldenchroniken der verschiedensten Kulturen und Zeiten. Es ist möglich, diese Chroniken vergleichend auszuwerten und die gemeinsamen Konturen im Leben dieser Ausnahmemenschen zu entdecken. Dies hat Joseph Campbell, einer der großen Mythologen des zwanzigsten Jahrhunderts, in seinem Buch *Der Heros in tausend Gestalten*[29] geleistet. Campbell hat bestimmte gemeinsame Themen und Lebensstadien in der «Reise des Helden» herausgearbeitet und nachgezeichnet. Zwar gibt es Variationen, je nach Kultur, historischer Epoche und Typus des Helden, doch die gemeinsamen Konturen und Krisen sind klar genug, daß wir daraus das Universale und Verbindende ableiten können, das den individuellen Variationen zugrundeliegt.

Meine These lautet, daß der Schamane der Heros seiner Kultur sein und daß sein Leben das universale Muster widerspiegeln kann, das Campbell beschrieben hat. Wie wir noch sehen werden, können die Stadien der schamanischen Odyssee – die Herausforderungen und Krisen, die Ausbildung und schließlich der Triumph – denjenigen zahlloser Helden anderer Zeiten und Orte entsprechen. Ehe wir die Details des schamanischen Lebens unter die Lupe nehmen, wollen wir daher die gemeinsamen Charakteristika im Leben der großen Menschheitshelden aus unterschiedlichen Epochen und Kulturen betrachten. In den anschließenden Kapiteln soll dann der Schamane in diesen menschheitlich-historischen, «heroischen» Rahmen gestellt werden. Dies ermöglicht es uns, Schamanen aus einer «Panoramaperspektive» zu betrachten und sie mit den Helden anderer Zeiten zu kontrastieren. Wir erkennen dann die Ziele, Herausforderungen, Werdegänge und Irrwege, die der Schamane mit anderen Helden gemeinsam hat, aber auch, was den schamanischen Weg von allen anderen Wegen unterscheidet.

Typologie des Helden

Joseph Campbells Schema bedarf an diesem Punkt einer Ergänzung. Campbells Einteilung, so brillant sie ist, unterscheidet nicht scharf genug zwischen den einzelnen Typen von Helden. Campbell sammelte zunächst Material (Mythen, Märchen, Lebensbeschreibungen) über alle Arten von Heroen (Herrscher, Krieger, Heiler, Heilige und Götter). Aus diesen Quellen destillierte er die gemeinsamen Lebens- und Abenteuerphasen heraus, die die Helden durchlaufen. Campbells Genie lag darin, daß er die Einheit hinter der Vielfalt erkannte, den roten Faden, der sich durch diese vielen Leben zieht, und daß er ihn zu einer großen idealtypischen Geschichte verknüpfen konnte.

Seine weitgespannte Synthese ging jedoch leider zu Lasten der Differenzierung zwischen den einzelnen Heldentypen. Zwar gibt es Gemeinsamkeiten zwischen der Lebensreise eines Heiligen einerseits und eines Herrschers oder Kriegers andererseits, aber es gibt auch gewichtige Unterschiede. Campbell neigt dazu, sie alle auf ein und dieselbe transzendente Ebene zu heben[160. 202].

Was Campbell uns gegeben hat, ist daher eine brillante *horizontale* Landkarte, die die Entwicklung oder die Lebensstadien des prototypischen Helden nachzeichnet. Diese können wir nun mit einer *vertikalen* Landkarte der diversen Ebenen ergänzen, auf denen die Ziele, Spiele und Reisen des Lebens ausgespielt werden können. Die vertikale Karte ermöglicht es uns, zwischen verschiedenen Typen von Helden zu differenzieren, Heilige von Kriegern, Weise von Machtsuchern zu unterscheiden. Insgesamt ergibt sich dann ein Schema, das uns das Universelle erkennen läßt, die allen Heroen gemeinsamen Stadien – aber auch das Besondere, die einzelnen Typen und Ebenen von Lebenszielen, Spielen und Helden. Unterschiedliche Heldentypen spiegeln unterschiedliche Typen von Spielen wider. Um festzustellen, welchem Heroentypus der Schamane angehört, müssen wir daher untersuchen, welche Art von Spielen die Menschen im allgemeinen – und Helden im besonderen – spielen.

Das Wort *Spiel* könnte hier aufgrund seiner Assoziationen in der Umgangssprache etwas mißverständlich sein: Glücksspiel, Hasardeur, Oberflächliches und Frivoles. Er kann aber auch dazu benutzt werden, etwas viel Bedeutenderes zu bezeichnen, nämlich den Entschluß, daß wir uns – im Zuge des Strebens nach hohen Zielen – sinnvollen Herausforderungen stellen, die unsere Fähigkeiten auf die Probe stellen und schärfen. In diesem Sinne wird das Wort hier gebraucht.

Ohne sinnvolle Spiele versinken wir in Langeweile und Sinnleere. «Was Menschen wirklich brauchen und vom Leben verlangen, ist nicht Reichtum, Luxus und hohes Ansehen, sondern *Spiele, die es wert sind, gespielt zu werden.*» Daher der Rat: «Suche dir vor allem ein spielenswertes Spiel ... Wenn du es gefunden hast, spiele es mit Intensität – spiele, als ob dein Leben und dein Verstand davon abhingen. (Sie hängen davon ab.)» [34]

Doch es gibt solche und solche Spiele. Manche sind am Ende destruktiv für den Einzelnen und die Gesellschaft, wie befriedigend sie am Anfang auch scheinen mögen. Andere sind konstruktiv und wertvoll für den Spielenden und die Gesellschaft. In seinem Buch *The Master Game* nimmt Robert De Ropp scharfsichtige Analysen verschiedener Spiele vor. Er weist darauf hin, daß

Lebensspiele Lebensziele widerspiegeln und daß die Spiele, die Menschen bewußt spielen, Rückschlüsse nicht nur auf ihren Typus, sondern auch auf den Grad ihrer inneren Entwicklung zulassen... Wir können die Spiele in ‹Objekt›-Spiele und ‹Meta›-Spiele einteilen. Objektspiele kann man auffassen als Spiele zur Erlangung materieller Dinge, vor allem Geld und der Objekte, die man für Geld kaufen kann. Metaspiele werden um immaterielle Werte gespielt, beispielsweise um Wissen und um das ‹Seelenheil›.[34]

Mit anderen Worten, Objektspiele zielen auf das Konkret-Dingliche der Welt, besonders auf das «materielle Vierergespann»: Geld, Macht, Sex und Status. Metaspiele dagegen sind hintergründiger. Sie zielen auf Nichtmaterielles wie Wahrheit, Schönheit und Erkenntnis.

An die Spitze der Metaspiele stellt De Ropp das «Meisterspiel»: die Suche nach Erleuchtung, Befreiung, Heilserlangung, Erweckung. Dies ist das Spiel, das die großen Heiligen und Weisen aller Kulturen und Zeitalter gespielt haben. Es ist das Spiel des Erforschens und Meisterns, nicht der Dinge der äußeren Welt, sondern der Dinge der inneren Welt, des eigenen Geistes und Bewußtseins. Es hat als Endziel, daß wir unsere tiefste und ureigene Natur erkennen und mit ihr verschmelzen und daß wir aus eigener unmittelbarer Erfahrung zu der Erkenntnis kommen, daß diese Natur göttlich ist. Unterschiedliche Traditionen drücken dies verschieden aus, doch der inhaltliche Kern ist der gleiche. Das Christentum sagt: «Die Reiche der Himmel sind in dir selbst», oder, in den Worten des heiligen Clemens: «Wer sich kennt, kennt Gott»; der Buddhismus sagt: «Schaue nach innen. Du bist der Buddha»; im Siddha-Yoga heißt die Botschaft: «Gott wohnt in dir als du», und im Islam: «Wer sich kennt, kennt seinen Herrn.» De Ropp schreibt weiter:

> Der allen großen Religionen zugrunde liegende Gedanke ist, daß der Mensch schläft, daß er in Träumen und Täuschungen lebt, daß er sich vom universalen Bewußtsein abgeschnitten... und sich ins Schneckenhaus des persönlichen Ego zurückgezogen hat. Wieder hervorzukommen aus diesem Schneckenhaus, sich wieder ans universale Bewußtsein anzuschließen, aus der Finsternis der ego-zentrierten Illusion ins Licht des Nicht-Ego zu gelangen – dies war das wirkliche Ziel des Religions-Spiels, wie es die großen Lehrer vorpraktiziert haben, Jesus, Gautama, Krishna, Mahavira, Lao-tse und der Platoniker Sokrates.[34]

Dieses Wieder-Hervorkommen, diese Wiedervereinigung und Erleuchtung ist das Ziel des Meisterspiels. Seit Jahrhunderten von Weisen aller Traditionen gelehrt, bleibt es gleichwohl weithin unverstanden. De Ropp führt dazu aus:

> Es bleibt das anspruchsvollste und schwierigste aller Spiele, und nur wenige in unserer Gesellschaft spielen es. Der zeitgenössische Mensch, hypnotisiert von seinem technischen Glitzerspielzeug, hat wenig Kontakt mit seiner Innenwelt; er befaßt sich mit dem Weltraum, nicht mit seinem Innenraum. Doch das Meisterspiel wird ausschließlich in der inneren Welt gespielt, einem riesigen und komplexen Gebiet, von dem der Mensch sehr wenig weiß. Das Ziel des Spiels besteht in der echten Erweckung, in der vollen Entwicklung der im Menschen schlummernden Kräfte. Gespielt werden kann es nur von Menschen, die durch Beobachtungen an sich selbst und anderen zu einem bestimmten Schluß gekommen sind, nämlich *daß der normale Bewußtseinszustand des Menschen, sein sogenannter Wachzustand, nicht die höchste Bewußtseinsstufe ist, derer er fähig ist.* Dieser Zustand ist echter Erweckung vielmehr so fern, daß er mit Recht eine Art Somnambulismus genannt werden kann, ein Wachschlaf.[34]

Dies also ist das Meisterspiel, das vielleicht profundeste und mißverstandenste aller Spiele. Wo ist nun der Bezug zum Schamanismus? Meine These lautet: Schamanen – jedenfalls ihre besten Vertreter – können die frühesten Vorläufer des Meisterspiel-Spielers gewesen sein. Anders ausgedrückt: Wir könnten sagen, daß Schamanen das Meisterspiel so ausgiebig und so tief spielten, wie es ihnen im Rahmen ihrer Kultur und Zeit möglich war. Sie waren die ersten, die ihre innere Welt systematisch erforschten und kultivierten und ihre Einsichten, Bilder und Träume nutzbringend zum Besten ihrer Mitmenschen einsetzten.

Zu sagen, manche Schamanen seien die «Ur»-Meisterspieler oder zumindest deren Vorläufer gewesen, heißt nicht, sie als fleckenlose Heilige hinzustellen. Nach dem, was wir über sie wissen, haben sie wahrscheinlich mit einer Mischung aus echten Einsichten und Fähigkeiten und recht ungehemmter Schwindelei und Betrug gearbeitet. Und es heißt auch nicht – wie manchmal behauptet wird –, daß die Techniken, Erfahrungen und Bewußtseinszustände der Urschamanen mit denen der Heiligen und Weisen späterer Jahrtausende identisch gewesen seien. Nein, das Meisterspiel scheint eine jahrtausendelange Evolution durchlaufen zu haben, in dialektischer Wechselbeziehung zur allgemeinen Evolution des menschlichen Bewußtseins. Frühe Schamanen mögen die ersten Meisterspieler und Bewußtseinserforscher der Menschheit gewesen sein, aber ihrem Forschen waren zeitspezifische Grenzen gesetzt; die Techniken und theoretischen Voraussetzungen für solche Forschungen haben sich über Jahrhunderte entwickelt.

Wir werden die Schamanen noch mit späteren Spielern vergleichen und dabei versuchen, die Entwicklungsgeschichte des Meisterspiels nachzuzeichnen. Hier sei zunächst nur gesagt, daß manche der frühen Schamanen, wie Ken Wilber es ausdrückt, wohl «die wahren Heroen der... Zeit gewesen sind und daß ihre individuellen und mutigen Ausflüge in die Transzendenz dem allgemeinen Bewußtsein einen wahrhaft evolutionären Anstoß gegeben haben müssen»[201]

Von diesen – möglichen – Uranfängen des Meisterspiels

nun zu den Lebenskonturen der Spieler. Betrachten wir die Reise des Helden, und im besonderen die Reise derjenigen Helden, die das Meisterspiel spielen.

Stadien der Reise

Campbells Buch *Der Heros in tausend Gestalten* untersucht die Entwicklung der Facetten des archetypischen Helden – des Kriegers, des Herrschers, des Liebenden wie auch des Meisterspielers: des Schamanen, Heiligen und Weisen. Da es uns nur um letztere Gruppe geht, greife ich ausgiebig und dankbar auf Campbell zurück, weiche aber auch in mancher Hinsicht von ihm ab. Was folgt, ist keine definitive Beschreibung, sondern eine mehr skizzierende erste Darstellung der eher generellen Wesenszüge des Lebens und der Reise des Meisterspielers.

Wir können die Reise in fünf Hauptstadien einteilen: das frühe Leben des Helden als mehr oder weniger konventioneller Bürger, die Berufung zum Abenteuer und zur Erweckung, die Periode der Zucht und Schulung, die Vollendung der Suche und schließlich die Phase der Wiederkehr und des Mitwirkens in der Gesellschaft.

Konventioneller Schlummer

Im ersten Stadium wird der Held, wie wir alle, in die Konventionen der Gesellschaft hineingeboren, in denen er dann zunächst «schlummert». Die herrschenden Überzeugungen der Gesellschaft werden als real akzeptiert, ihre Moral als zweckmäßig und angemessen betrachtet, ihre Grenzen als natürlich angesehen. Dies ist die Phase der Konventionalität, in der die meisten von uns ein Leben lang kritiklos verharren. Diese Konventionalität wird traditionellerweise mit einem beschränkten, getrübten Geisteszustand in Verbindung gebracht. In Asien heißt diese Beschränktheit *Maya* (Illusion), im Westen ist sie als Massenhypnose, als *consensus trance*, als kollektive Psychose bezeichnet worden[180, 192]. Diese Beschränkung oder Bewußtseinstrübung bleibt unbemerkt, da wir alle an ihr teilhaben.

Aufgabe des Helden ist es, diese konventionellen Begrenzungen zu erkennen und zu überschreiten, eine Aufgabe, die mehr verlangt als nur ein Revoltieren gegen soziale Normen, ein blindes gegenkulturelles Aufbegehren. Sie beinhaltet vielmehr ein Erkennen dieser Grenzen und Verzerrungen, ihrer illusionären und willkürlichen Natur, und ein Ausbrechen aus diesen Grenzen, aus der Weltsicht der Stammesperspektive. Dies ist der Prozeß der «Detribalisierung», durch den ein Mensch von der Stammes- zu einer universaleren Perspektive reift[12]. Ein solcher Mensch betrachtet das Leben nicht mehr durch die sichtverengenden und verzerrenden Brillengläser seiner Kultur, sondern beginnt die Entstellungen als solche zu sehen und zu korrigieren. Diese Korrektur kultureller Sichtverfärbungen ist sogar die letzte Aufgabe des Helden. Ehe er sie lösen kann, müssen jedoch erst viele andere Aufgaben bewältigt werden. Die erste fordert das Aufwachen aus dem konventionellen Schlummer: durch Annahme des Rufs zu Abenteuer und Erweckung.

Die Berufung zu Abenteuer und Erweckung

In irgendeinem Stadium wird der Held aus seinem konventionellen Schlummer aufgeschreckt, durch eine Krise, die sein Leben bis ins Mark erschüttert, eine existentielle Konfrontation, die alle bisher gehegten Überzeugungen in Frage stellt. Es mag eine persönliche Krankheit sein wie beim Schamanen, eine Konfrontation mit der Krankheit anderer wie beim Buddha, oder auch eine jähe Begegnung mit dem Tod.

Der Ruf zu Abenteuer und Erweckung kann sich jedoch auch als innerer Drang äußern. Er kann die Gestalt eines eindringlichen Traumes oder Gesichtes annehmen, wie bei manchen Schamanen, oder einer tiefen Beeindruckung durch einen neuen Lehrer, eine neue Lehre. Er kann sich indirekt äußern als «göttliche Unzufriedenheit», als wachsendes Unbehagen an den Freuden der Welt, oder als bohrende Frage nach dem Sinn des Lebens. In unserer Kultur kann er die Form einer Existenz- oder Midlife-Krise annehmen, wenn auch die tieferen Ursachen und Problematiken der Krise nur selten voll erkannt werden. In irgendeiner Gestalt jedenfalls kommt die Herausforderung, offenbart die Grenzen des konventionellen Denkens und Lebens und drängt den Helden zur Grenzüberschreitung.

Der Adressat des Rufes steht nun vor einem schrecklichen Dilemma. Er muß sich entscheiden, ob er dem Ruf folgen und sich in die neuen und unbekannten Lebensbereiche hineinbegeben will, in die der Ruf ihn zieht, oder ob er ihn ablehnen und sich ins Vertraute zurückziehen will. Wer sich dem Ruf verschließt, hat kaum eine andere Wahl, als die Botschaft und ihre weitreichenden Implikationen zu verdrängen. Nur durch eine solche Verdrängung kann der Nichtheld zum verführerischen, aber auch betäubenden Dämmerzustand konventioneller Unbewußtheit zurückkehren, kann er zurücksinken in die «Tranquilisierung durch das Triviale». Eine solche Weigerung ist folgenschwer. Sie ist die Basis dessen, was die Existentialisten unauthentisches Leben und Entfremdung nennen. Der Schamane, der den Ruf zurückweist, riskiert (wie gesagt wird) Krankheit, Wahnsinn, sogar Tod. Maslow faßt das Dilemma in die Formel: «Wer bewußt plant, weniger zu sein, als er sein kann, den warne ich: Er wird sein ganzes Leben tiefunglücklich sein.»[118]

Fällt der Ruf dagegen auf fruchtbaren Boden, kann er zunächst einen Prozeß der Entsagung auslösen. Denn wenn sich die Lebensbestimmung ändert, kann vieles, was vorher als wertvoll galt, nun überflüssig erscheinen, als abzuwerfender Ballast. Wer Heim und Familie verläßt, um einen Lehrer zu finden, sieht Besitz und Karriere unter Umständen nur noch als lästige Bürde (im Sinne der *impedimenta*, wie die Römer das drückende Marschgepäck nannten). Viele der großen spirituellen Heroen – Jesus, Buddha, Mahavira, Shankara – waren mittellose Wanderer, die Heim, Besitz, Status, selbst die Familie preisgaben, um kompromißlos nach Erweckung zu streben. Andere, darunter auch Schamanen, geben Stellung und Habe nur vorübergehend auf und nehmen sie nach Abschluß ihrer «Fahrt» wieder in Besitz.

Zucht und Schulung

Nun beginnt die Phase der Zucht und Schulung. Dafür ist meist ein Lehrer erforderlich; daher folgt auf die Entsagungsphase meist die Suche nach einem Lehrer. Manchmal handelt es sich um einen inneren Lehrer – einen inneren Führer, Guru oder Geist. Dies ist besonders bei Schamanen der Fall. In der Mehrzahl der Fälle ist jedoch ein äußerer Lehrer erforderlich, und dann, so De Ropp,

> steht der angehende Meisterspieler vor einer der härtesten Bewährungsproben seiner Laufbahn. Er muß einen Lehrer finden, der weder ein Narr noch ein Betrüger ist, und diesen Lehrer überzeugen, daß er, der angehende Schüler, es wert ist, daß man ihn unterrichtet. Seine künftige Entwicklung hängt weitgehend von dem Geschick ab, mit dem er diese Aufgabe meistert.[34]

Ist der Lehrer gefunden, beginnt die Phase der Zucht und Schulung. Sie kann viele Formen annehmen und körperliche, psychologische, kontemplative und soziale Disziplinierungen beinhalten, die zum Teil von außerordentlicher Schwere sind.

Die körperlichen können umfassen: Ernährungsumstellungen bis hin zum Fasten, Schlafentzug, physische Anstrengung, Einwirkung extremer Hitze oder Kälte. Die kontemplativen können sein: Meditation, Yoga, Rituale und Gebete, oft verbunden mit Perioden der Stille und Einkehr. Die sozialen können sein: Barmherzigkeitsdienste am Nächsten, ohne Ansehen der Person, oder die Verrichtung niederer Arbeiten zur Anerziehung von Demut.

All diese Methoden verfolgen ein und dasselbe Ziel – eine Schulung, ein In-die-Pflicht-Nehmen des Geistes, um bestimmte Zwänge (Habgier, Haß, Angst) zu reduzieren, um bestimmte Fähigkeiten (Willen, Konzentration, Weisheit) zu stärken und um bestimmte Emotionen (Liebe, Mitgefühl, Freude) zu fördern.

Die Intensität, mit der manche Schüler diese Exerzitien betrieben haben, ist beängstigend. Ausgedehntes Fasten, Aushalten arktischer Bedingungen, langer Schlafentzug, all das gehört zur gängigen Praxis bei asketischeren Meisterspielern. Erfolglose «Extremisten» unter ihnen sind dabei nicht selten verhungert oder erfroren.

Höhepunkt der Reise

Beim erfolgreichen Spieler kulminiert die jahrelange Zucht und Schulung schließlich in Durchbrüchen von lebensverändernder Qualität. Dabei kann es sich um Visionen, Einsichten, Erkenntnisse, um Erfahrungen des Todes und der Wiedergeburt handeln, um Erleuchtung, Satori, Befreiung oder um ein Empfinden der Vereinigung mit Gott, dem All, dem Tao.

Namen sind für solche Erfahrungen grundsätzlich unzulänglich. Soweit sie sich überhaupt beschreiben lassen, werden dafür Bezeichnungen verwendet wie «unaussprechlich», «sublim», «jenseits unserer Welt», «nicht mit Worten auszudrücken», «nicht zu schildern», «nicht einmal zu denken».

Für den Meisterspieler sind solche Erfahrungen sowohl das Ziel als auch das höchste Gut der Existenz.

Das heißt nicht, daß alle derartigen Erkenntnisse gleich sind. Zwar gibt es bis zu einem gewissen Grad eine «transzendente Einheit der Religionen», doch andererseits auch signifikante Unterschiede zwischen den Religionen in der Art und Tiefe der Erkenntnis[200]. Einige dieser Unterschiede werden wir in einem späteren Kapitel beleuchten.

Rückkehr und Mitwirkung in der Gesellschaft

Nach Abschluß der großen Suche ist der Suchende zum Wissenden, der Schüler zum Lehrer, der Studierende zum Weisen geworden. Doch vollendet ist die Reise erst nach einer weiteren Phase: der Wiederkehr und der Leistung eines gesellschaftlichen Beitrags. Nun, da die eigenen Fragen beantwortet sind, drängt die Wirrnis der Welt auf Klärung; nun, da das eigene Leid gelindert ist, schreien Schmerz und Leid der Welt nach Heilung; nun, da egozentrische Motive gestillt sind, wächst das soziale Hilfsbedürfnis und wird zwingend. Die Richtung der Reise kehrt sich um. Hatte sich der Held anfangs von der Gesellschaft abgewandt und sich in sich versenkt, kehrt er jetzt in die Gesellschaft und in den Schoß der Welt zurück.

Für diese Rückkehr gibt es zahlreiche Metaphern. In Platos Gleichnis geht der Held, nachdem er aus der Höhle entronnen ist, wieder hinein, um anderen zur Flucht aus der Höhle zu verhelfen. Im Zen betritt der Erleuchtete «mit hilfespendenden Händen den Marktplatz». Im Schamanismus zähmen die Novizen zunächst ihre Geister und bedienen sich ihrer dann zum Wohle des Stammes. Für christliche Mystiker bezeichnet diese Rückkehr das Endstadium der «geistigen Hochzeit» mit Gott, das Stadium des «Fruchttragens der Seele». Nachdem der Mystiker, in göttlicher Liebe, mit Gott eins geworden ist, trägt diese geistige Hochzeit Frucht für die gesamte Menschheit, indem der Mystiker zur Welt zurückkehrt, um zu heilen und zu helfen. In ihrem klassischen Buch über christliche Mystik schildert Evelyn Underhill, wie der vollendete Mystiker nun

> ... die Schmerzen und Pflichten anstelle der Wonnen der Liebe akzeptiert und zum Quell wird, zum «Vater» oder zur «Mutter» neuen geistigen Lebens ... Dies bildet jene seltene und letzte Phase in der Evolution der großen Mystiker, in der sie in die Welt zurückkehren, die sie verlassen haben, und dort gleichsam als Zentren transzendentaler Energie leben ... Etwas mit der Einsamkeit der Wildnis Gleichbedeutendes ist daher ein wesentlicher Teil der Mystikererziehung. Doch nachdem sie diese Verbindung hergestellt, nachdem sie ihr inneres Leben auf transzendenter Stufe neu geordnet haben, nachdem sie mit ihrer Quelle nicht nur in zeitweiliger Ekstase, sondern aufgrund eines permanenten Seelenzustandes vereint waren, drängte es sie, ihre Einsamkeit zu verlassen; und sie nahmen auf irgendeine Weise den Kontakt mit der Welt wieder auf, um das Medium zu werden, durch welches jenes Leben zu anderen Menschen hinausfloß. Allein auf den Berg zu steigen und als Botschafter für die Welt zurückzukehren: Das war stets die Methode der besten Freunde der Menschheit.[186]

Diese Rückkehr in die Höhle, dieses Fruchttragen der Seele, ist die Endphase eines Lebenszyklus, den der Historiker Arnold Toynbee «Rückzug und Wiederkehr» nennt[184]. Toynbee betrachtet diesen Zyklus als typisch für die Persönlichkeiten, die den segensreichsten Einfluß auf die menschliche Geschichte gehabt haben. Solche Menschen leben in beiden Welten, der inneren und der äußeren, der transzendenten und der diesseitigen. Sie haben Zugang zu den transzendenten Tiefen «drinnen», bemühen sich aber auch, die Welt «draußen» daran teilhaben zu lassen.

Soweit also die Skizze der Reise des Helden in ihrer prototypischen Form. Es ist eine Reise, die in zahllosen Varianten in zahllosen Jahren und zahllosen Kulturen durchgespielt worden ist. Die Meisterreisenden, die großen Heiligen und Weisen, repräsentieren – so wurde behauptet – die höchste Entfaltung und Blüte menschlichen Potentials und haben den stärksten Einfluß auf die Weltgeschichte gehabt. Jedenfalls sagen dies der Historiker Toynbee, die Philosophen Bergson, Schopenhauer und Nietzsche, die Psychologen James, Maslow und Wilber.

Natürlich gibt es die Reise des spirituellen Helden auch in weniger ausgeprägter, weniger dramatischer Form. Viele begeben sich auf den Weg, aber nur wenige erreichen die höchsten Höhen. Auch beschreibt die Reise nicht immer einen einzigen großen Kreis des Rückzugs und der Wiederkehr. Sie kann auch aus einer Serie von Kreisen bestehen, einer Spirale gleich, die in Schraubendrehungen immer höher klettert, auf Aussichtspunkte mit jeweils weiterer Perspektive. Die Reise des Helden bleibt daher nicht auf auf die großen Heiligen und Weisen beschränkt; sie steht jedem von uns bis zu einem gewissen Grad offen, je nachdem, mit welcher Ernsthaftigkeit wir sie antreten.

Wenden wir uns nun den frühesten Helden zu, den Schamanen, und sehen wir, inwieweit ihr Leben in diese universale Schablone hineinpaßt.

Viertes Kapitel

Berufung und Initiationskrise

Wenn du an den Tag bringst, was in dir ist,
wird, was du hervorbringst, dich retten.
Wenn du nicht an den Tag bringst, was in dir ist,
wird, was du nicht hervorbringst, dich verderben.

AUS DEM THOMAS-EVANGELIUM

Die Reise des Helden beginnt mit dem Ruf zum Abenteuer. Im Schamanismus erfolgt der Ruf meist in der Adoleszenz oder den frühen Erwachsenenjahren. Erkannt wird der künftige Schamane normalerweise an ungewöhnlichen Erfahrungen oder an Verhaltensweisen, die als Zeichen einer Berufung seitens der Geister interpretiert werden. Manche ergreifen den Beruf aus eigenem Antrieb. Gelegentlich wird auch das Kind eines Schamanen schon bei der Geburt dazu ausersehen, die Familientradition weiterzuführen.

Eine solche Erwählung von Geburt an kann dem künftigen Schamanen, seiner Familie und seiner ganzen Lebensgemeinschaft eine enorme Last aufbürden. Die erforderlichen Rituale und Tabus müssen peinlich genau eingehalten werden und können eine quälende Fessel bedeuten.

Knud Rasmussen – dessen Werke über die amerikanischen und die Iglulik-Eskimos Klassiker geworden sind – schreibt:

> So ernst werden alle Vorbereitungen genommen, daß manche Eltern dem späteren Schamanen schon im Vorgriff den Weg dadurch zu ebnen suchen, daß sie sich ein besonders strenges und drückendes Tabu auferlegen. Ein solches Kind war Aua, und hier ist seine Geschichte ...

Meine Mutter wurde auf eine strenge Diät gesetzt und mußte schwierige Taburegeln beachten. Wenn sie zum Beispiel von einem Walroß gegessen hatte, war dieses Walroß für alle anderen tabu; das gleiche galt für Seehund und Karibu. Sie mußte besondere Töpfe haben, aus denen kein anderer essen durfte. Keine Frau durfte sie besuchen, nur Männer. Meine Kleidung wurde nach einer besonderen Art hergestellt: Das Haar der Pelze durfte nicht gleichmäßig nach oben oder nach unten weisen, sondern mußte schräg über den Körper fallen. So lebte ich in der Geburtshütte, ohne zu ahnen, welche Mühe man sich mit mir gab.

Ein ganzes Jahr mußte meine Mutter allein mit mir wohnen, nur hin und wieder von meinem Vater besucht. Er war ein großer Jäger und immer auf der Jagd, durfte aber dessenungeachtet nie seine Messer schärfen; tat er das, begann seine Hand anzuschwellen, und ich wurde krank. Ein Jahr nach meiner Geburt durfte dann eine andere Person zu uns ins Haus ziehen; es war eine Frau, und sie mußte sich sehr vorsehen: Bei jedem Verlassen des Hauses mußte sie ihre Kapuze über den Kopf ziehen, Stiefel ohne Strümpfe tragen und den Schoß ihres Pelzmantels mit einer Hand hoch in die Luft halten...

Schließlich war ich groß genug, um mit den erwachsenen Männern an den Eislöchern Robben zu jagen. An dem Tag, an dem ich meine erste Robbe harpunierte, mußte sich mein Vater mit nacktem Oberkörper auf das Eis legen, und die Robbe, die ich gefangen hatte, wurde, noch lebendig, über seinen Rücken gezogen. Nur Männer durften von meiner ersten Beute essen, und nichts durfte übrigbleiben. Die Haut und der Kopf wurden auf dem Eis ausgelegt, damit ich später die gleiche Robbe noch einmal würde fangen können. Drei Tage und drei Nächte durfte keiner der Männer, die davon gegessen hatten, jagen gehen oder irgendeine Arbeit verrichten... Auch als ich schon lange verheiratet war, unterlagen meine Fänge noch strikten Tabus.[147]

Ein solches Leben, geknebelt durch tausend Tabus, eingeengt durch selbstgewählte Hemmnisse, ist schwer vorstellbar, doch dem Stammesmenschen sind die Tabus ebenso lebensnotwendig wie das Essen. Sie verletzen heißt die Geister beleidigen und damit Tod und Verderben riskieren. So werden Tabus Generation auf Generation weiter eingehalten, auch wenn kein ursächlicher Zusammenhang einsichtig wird: «Jeder wußte genau, was in einer gegebenen Situation zu tun war, aber wenn ich einmal nach dem Warum fragte, wußte nie jemand Antwort.»[147]

Aus westlich-wissenschaftlicher Sicht sind dies schlichtweg Beispiele extrem abergläubischen Verhaltens. Da schamanische Traditionen eine Mischung aus effektiven Techniken und abergläubischen Ritualen zu umfassen scheinen, lohnt es sich zu untersuchen, wie Aberglaube gelernt und aufrechterhalten wird.

Die Haupterklärungen drehen sich um das sogenannte «Zufallslernen» (Erlernen falscher Kausalzusammenhänge) und gehen auf Experimente des Behavioristen B. F. Skinner zurück. Skinner setzte eine Taube in einen Käfig und gab ihr alle fünfzehn Sekunden ein Futterkorn, unabhängig vom Verhalten des Tieres. Der Vogel mußte keine Feder rühren, um an das Futter zu kommen, fing aber trotzdem bald an, sich im Kreis zu drehen. Andere Tauben entwickelten noch groteskere Verhaltensweisen – nickten mit dem Kopf auf und ab, streckten den Hals in eine Ecke, machten bürstende Bewegungen auf dem Fußboden –, offenbar im Glauben, ihr Verhalten bewirke, daß die Nahrung komme.

Es schien, daß jedwedes Verhalten, das der Vogel bei der Erstfütterung zufällig zeigte, durch die Versuchsanordnung verstärkt wurde: In einem verständlichen Trugschluß nahm der Vogel an, sein Verhalten habe die Nahrungsgabe verursacht. Er wiederholte es dann natürlich, und prompt kam wieder Nahrung. Obwohl es objektiv keinen Kausalzusammenhang zwischen dem Verhalten und der Fütterung gab – das Futter kam unweigerlich alle fünfzehn Sekunden –, konstruierte der Vogel einen solchen Zusammenhang. Die Zufallsbelohnung ließ das Tier einfach an einen Konnex glauben und hielt dann sowohl das Verhalten als auch den Glauben aufrecht[9].

Durch ähnliche Mechanismen könnte sich beim Menschen abergläubisches Verhalten gebildet haben. Zufällige Belohnungen oder Bestrafungen können Einzelpersonen und ganze Stämme dazu bringen, dort eine Kausalbeziehung anzunehmen, wo es faktisch keine gibt. Diese «zwingt» die Menschen dann zu Verhaltensweisen, die von außen seltsam und sinnlos anmuten mögen. Mit der Zeit können sich diese Verhaltensweisen zu sozial verstärkten Ritualen und Tabus verhärten, die dem, der sie verletzt, Ächtung, Bestrafung oder gar Tod bringen.

Beim Menschen kann das «Zufallslernen» durch weitere Faktoren verstärkt werden. Der Mensch strebt nach Erkenntnis und Kontrolle und fühlt sich deshalb in ambivalenten Situationen häufig unwohl. Gern postuliert er dann ursächliche Beziehungen auch da, wo es keine gibt. Dies nimmt ihm einiges von seiner Hilflosigkeit, denn wenn man zu wissen glaubt, wie etwas verursacht wird, hat man zumindest ansatzweise das Gefühl, daß man es beeinflussen kann.

Außerdem werden abergläubische Vorstellungen auch leicht von Mitmenschen übernommen, ein Vorgang, den man «soziale Ansteckung» nennt. Aua, der Eskimo-Schamane, dessen elterliche Tabus oben beschrieben wurden, erzählte Rasmussen: «Unsere Väter haben von ihren Vätern all die alten Lebensregeln ererbt, die auf der Erfahrung und der Weisheit von Generationen basieren. Wir wissen nicht wie, wir können nicht sagen warum, aber wir halten diese Regeln, damit wir unbehelligt leben können.»[147]

Die Gesamtwirkung all dieser Faktoren – zufällige Belohnung und Bestrafung, Streben nach Erkenntnis und Kontrolle, Lernen von anderen – erklärt wohl weitgehend die Fülle und Strenge der abergläubischen Vorstellungen, Rituale und Tabus bei Stammeskulturen sowie die Bereitschaft der Menschen, die dadurch erzwungenen gravierenden Lebensbeeinträchtigungen auf sich zu nehmen.

In einer gefährlichen, geheimnisvollen und unberechenbaren Welt muß der Druck übermächtig sein, Verhaltensweisen und Rituale anzunehmen, die ein gewisses Maß an Kontrolle in Aussicht stellen. Es ist daher nicht überraschend, daß sich bei Stammeskulturen und besonders bei den Schamanen – den Mittelsmännern zur Geisterwelt – Rituale und Tabus in großer Zahl finden. Eine der Hauptaufgaben einer psychologischen Untersuchung des Schamanismus besteht demnach auch darin, zu versuchen, zwischen wirksamen psychologischen Techniken einerseits und unwirksamem Aberglauben andererseits zu differenzieren.

Noch einen wichtigen Punkt über die Natur des Aberglaubens gilt es hervorzuheben: Abergläubische Vorstellungen bedeuten nicht zwangsläufig einen Mangel an Logik oder Rationalität. Gewiß kann es sich dabei um irrige Vorstellungen über Kausalbeziehungen handeln, die zu unnötigem, unwirksamem Verhalten führen. Vom Standpunkt einer bestimmten Kultur und Weltsicht aus können diese Vorstellungen jedoch in sich völlig logisch sein. Manche Verhaltensweisen von Eingeborenen und Schamanen mögen aus westlich-wissenschaftlicher Perspektive abergläubisch anmuten, aber dies heißt nicht – wie manchmal impliziert –, daß ihnen unbedingt nur primitive Unvernunft zugrundeliegt. Wenn man an böse Geister glaubt, dann sind Rituale zu ihrer Beschwichtigung höchst vernünftig. Und ebenso logisch kann die Annahme scheinen, daß jemand, der von Geistern geplagt wird, einen besonderen «Draht» zu ihnen besitzt und sich deshalb besonders gut zum Schamanen eignet.

Aua, von dessen Leben und Tabus oben die Rede war, empfing das Schamanentum quasi erblich. Andere – Männer wie Frauen, doch überwiegend Männer – können aufgrund irgendeines auffallenden Merkmals oder Erlebnisses ausgewählt werden, sei es ungewöhnliches Aussehen, eine Krankheit wie etwa Epilepsie, unverhofftes Genesen von einer schweren Krankheit oder irgend ein anderes Omen. Sie können auch seltsame Symptome, Gefühle und Verhaltensweisen zeigen, die so dramatisch sein können, daß man sie die «schamanische Initiationskrise» genannt hat.

Der Ruf kann auch während einer Visionssuche oder eines Traums erfolgen. Eine Visionssuche ist eine in Einsamkeit und Fasten verbrachte Zeit, in der man eine lebensorientierende Vision zu erlangen sucht. Träume über Geister können bei den Inuit-Eskimos den Ruf zum Schamanismus bringen; bei kalifornischen Stämmen können es Träume über verstorbene Verwandte sein. Die Auslegung dieser Träume kann der Bestätigung durch reife Schamanen bedürfen – die wahrscheinlich die ersten professionellen Traumdeuter der Welt gewesen sind[105].

Dieser Erwählung durch Träume begegnet man in vielen religiösen Traditionen. Man denke zum Beispiel an das Alte Testament: «Hört meine Worte: Ist unter euch ein Prophet des Herrn, dem will ich mich kundmachen in Gesichten oder will mit ihm reden in Träumen.»[16]

Der Ruf zum Schamanismus wird zuweilen mit äußerst gemischten Gefühlen aufgenommen; der Adressat mag als «zur Inspiration verdammt»[19] betrachtet werden. Viele lehnen den Ruf zunächst ab – was Joseph Campbell als «Weigerung» oder «Zurückweisung des Rufs» bezeichnete. Doch häufig plagen Geister, Beschwerden und Träume den Adressaten mit immer größerer Hartnäckigkeit und gewinnen schließlich die Oberhand. In vielen schamanischen Traditionen – wie auch in vielen Heldentraditionen – riskiert derjenige, der den Ruf ablehnt, Krankheit, Wahnsinn und Tod.

Einer der frühesten Schamanismusforscher, Bogoras, behauptet, daß «die Zurückweisung der ‹Geister› noch viel gefährlicher ist als die Annahme ihres Rufs. Ein junger Mann, der daran gehindert wird, seinem Ruf zur Inspiration zu folgen, wird entweder krank werden und bald sterben, oder die ‹Geister› werden ihn dazu bringen, sein Heim zu verlassen und weit fortzuziehen, wo er seiner Berufung ohne Behinderung nachkommen kann»[19]. Natürlich gibt es immer Menschen, die sich dem Ruf verweigern wollen, und solche, die ihm nur widerwillig nachkommen und ihre Kunst nur selten praktizieren.

Bei einigen wenigen Stämmen gibt es auch die «Selbstberufung». Selbstberufene gelten jedoch häufig als weniger potente Meister als solche, die durch äußere Kräfte berufen werden. Eine bemerkenswerte Ausnahme stellt der Jivaro-Indianerstamm in Südamerika dar. Hier berufen sich alle schamanischen Novizen selbst, und etablierte Schamanen verkaufen ihnen ihr Wissen (eine Praxis, die westliche Schamanen heute in ihren Weekend-Workshops begeistert nachahmen).

Die Bezahlung bei den Jivaro ist handfest und beschränkt sich nicht auf Gotteslohn. Sie besteht meist aus «geistigen Notwendigkeiten» wie einer oder zwei Schrotflinten nebst Pulver, einem Blasrohr und einer Machete. Da bis zu einem Viertel der Jivaro-Männer Schamanen sein können, entstand so ein blühender Waffenhandel[74].

Andernorts werden Schamanen aufgrund ungewöhnlicher Ereignisse erwählt; das dramatischste und geheimnisvollste davon ist die Initiationskrise.

Die Initiationskrise

Während die Berufung im Traum manchmal ignoriert und verdrängt werden kann, handelt es sich bei der Initiationskrise um etwas weitaus Unabweisbareres. Mit explosiver Gewalt dringt sie ins Leben des Erwählten, zerstört das alte Gleichgewicht und die alte Identität und fordert die Geburt des Neuen.

In der Regel kündigt sie sich bald nach der Adoleszenz mit einem Ansturm ungewöhnlicher psychologischer Erfahrungen an. Manchmal treten dabei neue Talente zutage (erhöhte Sensibilität, gesteigerte Wahrnehmung). Häufiger jedoch legt der werdende Schamane ein ungewöhnliches, mitunter sogar abstruses, gefährliches oder gar lebensbedrohendes Verhalten an den Tag. Dem kann ein wochen-, monate-, unter Umständen jahrelanges unberechenbares Chaos folgen, das das Leben des Schamanen, seiner Familie und seines Stammes völlig durcheinanderbringt.

Die Krise kann abrupt, aber auch langsam einsetzen. Nach Eliade gibt es einerseits «‹Krankheiten›, Anfälle, Träume und Halluzinationen, welche in kurzer Zeit einen Menschen zum Schamanen bestimmen», manchmal dagegen handelt es sich eigentlich nicht um eine Krankheit im strengen Sinn, sondern mehr um eine zunehmende Veränderung der Lebensweise. Der Kandidat beginnt viel zu meditieren, sucht die Einsamkeit, schläft viel, zeigt sich geistesabwesend, hat prophetische Träume, manchmal auch Anfälle. All diese Symptome sind nichts anderes als das Vorspiel des neuen Lebens, das den Kandidaten erwartet, ohne daß er davon weiß. Sein Benehmen erinnert übrigens an die ersten Zeichen der mystischen Berufung, die in allen Religionen dieselben sind und zu bekannt, um dabei zu verweilen.[41]

Bei den Tschuktschen in Sibirien verhält es sich folgendermaßen:

> Bei Männern ist das vorbereitende Stadium der schamanischen Inspiration in den meisten Fällen sehr schmerzhaft und erstreckt sich über eine lange Zeit. Der Ruf kommt auf abrupte und mysteriöse Weise, der junge Novize ist davon sehr verwirrt... Er fühlt sich «schüchtern» und verängstigt; er bezweifelt seine Eignung und seine Kraft, wie es bei allen Sehern, angefangen bei Mose, der Fall gewesen ist. Halb unbewußt und halb gegen seinen Willen durchläuft seine ganze Seele eine seltsame und quälende Metamorphose. Diese Periode kann Monate und manchmal Jahre dauern. Der junge Novize, der «Neuinspirierte» *(tur-ene'nitvillin)*, verliert alles Interesse an den gewöhnlichen Lebensangelegenheiten. Er hört auf zu arbeiten, ißt wenig und ohne Genuß, hört auf, mit Menschen zu sprechen, beantwortet nicht einmal mehr Fragen. Die meiste Zeit verbringt er im Schlaf.
>
> Manche bleiben im Inneren der Behausung und gehen nur selten ins Freie. Andere wandern in der Wildnis umher, unter dem Vorwand, auf die Jagd zu gehen oder die Herde zu hüten, haben aber oft keine Waffen und kein Hirtenlasso dabei. Auf einen solchen Wanderer muß man genau aufpassen, sonst legt er sich womöglich in der offenen Tundra hin und schläft drei, vier Tage, wobei er im Winter Gefahr läuft, unter Treibschnee begraben zu werden.[19]

Ein nepalesischer Schamane schildert seine Berufungskrise so:

> Als ich dreizehn war, wurde ich besessen. Später erfuhr ich, daß es der Geist meines toten Großvaters war, damals jedoch wußte ich nicht, was mir geschah. Ich fing an, heftig zu zittern, und konnte keine Minute stillsitzen, selbst wenn ich nicht zitterte...
>
> Schließlich gingen die Leute aus meinem Dorf auf die Suche nach mir. Als sie mich fanden, hörte ich auf zu zittern und wachte auf. Man brachte mich heim und gab mir zu essen. Meine Familie war sehr besorgt. Ich hatte keinen Appetit und fing in der Nacht wieder an zu zittern.[139]

Im Westen gälte ein solches Verhalten selbstverständlich als Symptom schwerer Psychopathologie. In schamanischen Kulturen wird die Krise jedoch als Beweis dafür gedeutet, daß das Opfer zum Schamanen bestimmt ist. Aus solchen weit divergierenden Interpretationen ergeben sich faszinierende Fragen hinsichtlich der Wirkung unterschiedlicher kultureller Erwartungshaltungen, Diagnosen und Behandlungen (die in einem späteren Kapitel besprochen werden). Vorerst sei festgehalten: Der «Neuinspirierte» durchläuft einen – in den Augen seines Stammes – gefährlichen, aber potentiell wertvollen Entwicklungsprozeß. Bei guter Steuerung kann der Prozeß einen Ausgang nehmen, der dem ganzen Stamm Gewinn bringt und ihm neuen Zugang zu geistigen Reichen und Mächten öffnet. Dies ist offenbar meistens der Fall.

Fünftes Kapitel

Lebenslanges Lernen: Schamanische Zucht und Schulung

Das größte aller Wunder ist nicht der Besieger der Welt, sondern der Bezwinger seiner selbst.
Will Durant,
«The Story of Philosophy»

Hat der Held den Ruf zum Abenteuer erhört und einen Lehrer gefunden, beginnt die Periode der Zucht und Schulung. In dieser Periode werden die Psyche trainiert, der Körper abgehärtet, Süchte reduziert, Ängste konfrontiert, Stärken wie Ausdauer und Konzentration kultiviert. Dies ist meist ein langwieriger Prozeß, bei dem Erfolg in Monaten und Jahren gemessen wird und Geduld nicht nur eine Tugend, sondern eine Notwendigkeit ist. Das Ziel: Leib und Seele für die Geistwelt sensibel zu machen, damit sie zu deren wirksamem Instrument werden. In den klassischen Worten des Chuang Tsu, eines der bedeutendsten Taoisten:

Erst gewinne Herrschaft über den Leib
mit all seinen Organen. Dann
herrsche über die Seele. Erlange das
Ausgerichtetsein auf einen Punkt. Dann
wird die Harmonie des Himmels
herabkommen und in dir wohnen.
Du wirst vor Leben strahlen.
Du wirst im Tao ruhen.[120]

Die Instruktionen des angehenden Schamanen kommen aus der inneren und der äußeren Welt zugleich. In der äußeren Welt sorgt dafür die Lehrzeit bei einem Meisterschamanen. Vom Lehrer lernt der Novize sowohl Theorie als auch Praxis, die Mythen und die Kosmologie, die Rituale und die Techniken der schamanischen Kultur. Diese bilden die Werkzeuge, mit denen die Erfahrungen des Schamanenlehrlings kultiviert, interpretiert und im Rahmen der Stammes- und Schamanentraditionen mit Bedeutung erfüllt werden.

In der inneren Welt lernt der Schamane, Träume, Phantasien, Visionen und Geistkontakte zu pflegen und zu interpretieren. Im Idealfall formen innere und äußere Welt, harmonisch ineinandergreifend, den Novizen zum reifen Schamanen, zum Wanderer und effektiven Mittler zwischen diesen Welten – zwischen dem Heiligen und dem Profanen, zwischen dem Spirituellen und dem Stofflichen.

Die Dauer der Lehrzeit kann stark schwanken, von wenigen Tagen bis zu Jahren. Ist der Novize angenommen worden, kann seine erste Aufgabe in einer rituellen Reinigung bestehen, bei der er alle Tabu-Übertretungen und sonstigen Vergehen beichten muß[147]. Danach beginnt die eigentliche Unterweisung durch den Lehrer, unterstützt natürlich von den Geistern des Lehrers.

Vieles gibt es zu lernen. Auf der theoretischen Seite muß der Schüler zum Mythologen und Kosmologen werden. Um sich für seine «kosmischen Reisen» zu rüsten, muß er die Regionen des mehrschichtigen, innerlich verknüpften Universums kennenlernen, in dem er nach Macht und Wissen suchen wird, und er muß mit den geistigen Bewohnern dieses Reiches vertraut werden – mit ihren Namen, Aufenthaltsorten, Fähigkeiten, Zu- und Abneigungen, wie sie angerufen und wie sie kontrolliert werden können. Denn diese Geister sind es, die er bekämpfen oder sich zum Freund machen wird, die ihn bei seiner Arbeit unterstützen oder behindern werden. Sie sind es, die die im Kosmos wirkende Macht repräsentieren und verkörpern, und die Beziehung zu ihnen wird über seinen Erfolg oder Mißerfolg entscheiden. Daher ist die Kosmologie für den angehenden Schamanen keine trockene Landkarte unbelebter Welten, sondern ein Reiseführer zu einem lebendigen, bewußten, willensbegabten Universum.

Ein Großteil dieses kosmischen Terrains und der Wegweiser, die hineinführen, sind in den Mythen der jeweiligen Kultur erläutert. Fast immer waren in früheren Zeiten Mythen die großen kulturellen Leitlinien für die Lebensführung. Erst in unserer Zeit fehlt Hochkulturen ein gemeinsamer, kohärenter Mythos – eine umfassendes, geschlossenes Weltbild, eine gemeinsam geglaubte Welterklärung. Dieses Fehlen eines gemeinsamen Mythos trägt wahrscheinlich sehr stark zu der Zersplitterung und Entfremdung bei, unter der die zeitgenössische Welt leidet. Vieles mag von unserer Fähigkeit abhängen, wieder einen Mythos zu schaffen, der unserer Zeit und unseren Bedürfnissen angemessen ist.

Joseph Campbell schreibt den Mythen vier Hauptfunktionen zu: eine Entwicklungsfunktion, eine soziale, eine kosmologische und eine religiöse. Die Entwicklungsfunktion besteht darin, dem einzelnen Menschen bei seiner Reifung in den verschiedenen Lebensstadien Leitlinien an die Hand zu geben. Die soziale Funktion besteht in der Festigung der Gesellschaftsstruktur und in der Schaffung eines gemeinsamen Lebensverständnisses und Beziehungsfundaments. Die kosmologische und religiöse Funktion besteht darin, ein Weltbild oder ein Weltverständnis und eine Vorstellung von der Rolle und der Verantwortung des Menschen im Kosmos zu liefern[30].

In jeder dieser vier Hinsichten dienen Mythen dem Schamanen. Das überrascht nicht, da viele Mythen doch wahrscheinlich aus schamanischen Reisen hervorgegangen sind und das dort entdeckte Terrain widerspiegeln[41]. Diese Mythen leiten die Entwicklung des Schamanen, weisen ihm seinen Platz in der Gesellschaft und im Kosmos an und zeigen, welche Beziehung er zu ihnen herstellen soll. Außerdem bilden Mythen das Glaubensgerüst, das er und seine Patienten teilen werden. Dies ist ein entscheidender Punkt, denn neuere Forschungen zeigen, daß eine gemeinsame Glaubensbasis die Wirksamkeit einer therapeutischen Beziehung sehr positiv beeinflussen kann.

Neben dem Mythenstudium muß der angehende Schamane diagnostische und heilende Praktiken einüben, die Kunst des Eintretens in veränderte Bewußtseinszustände und des Reisens meistern lernen und Hilfsgeister gewinnen.

Diese Hilfgeister stellen die inneren Lehrer des Schamanen dar. Sie erscheinen ihm in Träumen, Tagträumen, bildhaften Eingebungen, auf Reisen, in Visionen. Beim schamanischen Training geht es daher zu einem Großteil darum zu lernen, diejenigen Bedingungen und Bewußtseinszustände zu pflegen, die die Geister dazu veranlassen, sich und ihre Botschaft zu offenbaren. Die extremsten dieser Bedingungen werden durch asketische Praktiken und zeitweilige Selbstisolation geschaffen.

Asketische Übungen sind die Kernreaktoren religiöser Disziplin – mächtige, als stärkend und läuternd geltende Werkzeuge. Sie zwingen den, der sie praktiziert, sich seinen Begrenzungen, Ängsten und Selbsttäuschungen zu stellen. Sie sind hochwirksame, aber auch äußerst riskante Instrumente, die viel nützen, aber auch mißbraucht werden können.

Durch Askese können kriegerische Tugenden wie Willenskraft, Mut oder Ausdauer gestärkt werden; es können körperliche und seelische Unreinheiten eliminiert, Klarheit und Konzentration des Geistes gefördert werden[18]. Die Summe dieser Nutzeffekte ist Kraft – körperliche, seelische und geistige Kraft – Kraft, die eigenen Fähigkeiten und Reaktionen zu beherrschen, Versuchungen und Hindernisse zu überwinden, die Macht über Geister und die Kraft, anderen zu dienen und von Nutzen zu sein.

Wie jeder andere spirituelle Weg hat auch die Askese ihre Schattenseiten. So führt sie beispielsweise häufig zu Selbstgerechtigkeit und zu puritanischer Verleugnung der Schönheiten und Freuden des Lebens[188]. Eine weitere Gefahr ist der Extremismus. Die Askese kann fragwürdige und barbarische Extremformen annehmen, bis hin zu Selbstqälerei, Verstümmelung und Tod. Wenn man aber davon ausgeht, daß Askese auch Positives bewirken kann, stellt sich die logische Frage, auf welche Weise dies geschieht. Es gibt mehrere mögliche Mechanismen. Wer Herausforderungen besteht, steigert nachgewiesenermaßen seine Selbstwertschätzung und Effektivität[11]. Daher ist zu erwarten, daß der Asket, der extreme Herausforderungen meistert, auch ein außerordentlich intensives Gefühl persönlicher Stärke entwickelt.

Der Asket, der trotz entgegenstehender Begierden und Ängste an seinen Zielen festhält, führt diesen Motiven – das heißt den entgegenstehenden Begierden und Ängsten – nur wenig Verstärkung zu. Unverstärkte Motive werden tendenziell schwächer und verschwinden sogar. Diese Schwächung der dem spirituellen Streben entgegenstehenden Antriebe, die ein Ziel der meisten Religionen ist, wird traditionell «Läuterung» genannt. Manche Traditionen behaupten, daß in den hohen Regionen der spirituellen Meisterschaft konkurrierende Begierden soweit ausgeschaltet werden können, daß die Psyche in Frieden ruht, frei von allem Konflikt. Untermauert wurde diese Behauptung jüngst durch Studien fortgeschrittener buddhistischer Meditierender, deren auffallende und ganz außergewöhnliche Rorschach-Test-Ergebnisse «keine Anzeichen für sexuelle oder aggressive Triebkonflikte»[24] mehr zeigen. Zwar spricht wenig dafür, daß Schamanen einen so hohen Grad der Läuterung anstreben, aber sie konfrontieren und überwinden doch häufig diverse Ängste und Begierden und erlangen damit einen ungewöhnlich hohen Grad an Konzentration und Kraft.

Auch die Linderung von Schuldgefühlen mag mit zur Wirksamkeit der Askese beitragen. Wer glaubt, daß er sündhaft ist und für seine Sünden büßen muß, dem bietet sich die Askese als «Strafe» geradezu an. Eine solche Logik und solche Praktiken funktionieren bis zu einem gewissen Grad, sind aber auch sehr problematisch. Selbstbestrafung kann das Schuldgefühl vorübergehend lindern, kann aber andererseits die Überzeugung stärken, daß das Schuldgefühl wie auch die Strafe notwendig und angemessen sind.

Asketische Praktiken kommen in unterschiedlicher Ausprägung in verschiedenen Weltteilen vor. In manchen Regionen fast nichtexistent, nehmen sie in Teilen Indiens sowie Japans sehr extreme Formen an. Seit Jahrhunderten pflegen japanische Asketen sich mit fast unvorstellbarer, oft lebensbedrohender Härte zu kasteien.

Viele dieser japanischen Asketen sind als Schamanen bezeichnet worden[18]. Bei näherem Hinsehen trifft aber offenbar nur auf wenige von ihnen unsere Definition des Schamanismus zu. Es wird nicht zwischen Schamanen und Medien unterschieden; außerdem scheint das heutige Schamanentum in Japan, im Vergleich zu früher, einen beträchtlichen Niedergang erlebt zu haben. Kaum ein zeitgenössischer japanischer Schamane tritt tatsächlich in veränderte Bewußtseinszustände ein und reist. Die klassische Trancereise wird meist nur noch symbolisch im Ritual durchgespielt.

> Heute kommt die Trance nur noch selten vor. Die Fähigkeit zu einer solchen Dissoziation und zu der visionären Reise, die damit einhergeht, scheint in den letzten Jahrhunderten abgenommen zu haben, und heute wird die magische Reise für gewöhnlich nur noch durch symbolische Handlungen und bei völlig wachem Bewußtsein vollzogen.[18]

Dies ist ein Beispiel für das, was man die Ritualisierung der Religion nennen könnte: Transzendenz-induzierende Praktiken sinken herab zu unwirksamen Ritualen, direkte Erfahrung weicht Symbolen der Erfahrung, Kenntnis und Verständnis wirksamer veränderter Bewußtseinszustände gehen verloren.

Welche Einschränkungen heute auch gelten mögen, der japanische Schamanismus ist traditionsgemäß von jeher stark asketisch ausgerichtet gewesen, und einige asketische Praktiken haben bis heute überdauert. Die drei Hauptmethoden sind: Reduzierung der Nahrungsaufnahme, Ertragen von Kälte und Einsamkeit.

Reduzierung der Nahrungsaufnahme heißt in ihrer mildesten Form, daß man bestimmte Speisen meidet, etwa Fleisch, Salz und Gekochtes, weil man glaubt, daß sie dem Kraftzuwachs im Wege stehen. In ihrer extremsten Form bedeutet sie Fasten bis zur Schwelle des Todes. Ein solches Extrem ist die kaum vorstellbare Form der Kasteiung, die als «Baumessen» bezeichnet wird.

Die sie auf sich nahmen, waren nicht im strengen Sinne Schamanen, trotzdem sei diese Praxis hier erwähnt, um zu veranschaulichen, bis zu welchen Extremen man die Askese treiben kann. Die «Baumesser» gelobten, sich tausend, zweitausend oder dreitausend Tage auf folgende Weise zu kasteien:

> In der ersten Phase bestand ihre Kost aus Nüssen, Borke, Obst, Beeren, Gras und manchmal Soja, zunächst noch reichlich. Die Menge wurde dann immer mehr reduziert, bis die Teilnehmer am Ende der durch den Schwur festgelegten Zeit ein totales Fasten von vielen Tagen durchgemacht hatten. Im Idealfall, bei genauester Berechnung der Kasteiung, starb der Mann exakt am letzten Tag seines festgesetzten Fastens, aufrecht sitzend in der Lotosstellung. Sein Leib sollte bis auf Haut und Knochen abgemagert sein.[18]

Diese Praxis war in ihrer Radikalität nichts für Halbherzige oder Zaghafte.

Eine zweite schwere Kasteiung ist, sich Kälte auszusetzen. Diese in der Arktis wie in der Antarktis und in Japan verbreitete Technik gilt als sehr förderlich für den Kraftzuwachs. Auch hier kommen fast unglaubliche Extreme vor.

«Unter einem Wasserfall zu stehen, vorzugsweise von zwei bis drei Uhr in der Frühe und vorzugsweise in der strengsten Winterkälte, gilt als unfehlbare Methode, Kraft zu erlangen.»[18] Eine weibliche Praktikantin berichtete, daß sie bei dieser Technik «nicht mehr die mindeste Kälte gespürt» habe. Vielmehr sei «eine beispiellose Konzentration des Geistes» gefördert worden, die die eigentliche Basis ihrer asketischen Kraft gebildet habe[18].

Die dritte große asketische Übung – Rückzug aus der Gesellschaft, Einsamkeit – haben viele religiöse Traditionen gemein. Perioden solch «einsiedlerischer» Askese kennzeichnen das Leben vieler großer Heiliger und Religionsstifter. Jesus fastete vierzig Tage in der Wüste; Buddha meditierte in der Einsamkeit; Mohammed zog sich in eine Höhle zurück. Solche Praktiken kennt man von der Ausbildung der Eskimo-Schamanen, von christlichen Kirchenvätern, die in die Wüste gingen, von Hindu-Yogis und von tibetanischen Mönchen, die sich manchmal bis zu dreizehn Jahre in eine Höhle einmauern lassen. Der Grund, warum die Einsamkeit gesucht wird, ist hauptsächlich der: Die Aufmerksamkeit soll von den Zerstreuungen der Welt ab und auf das Geistige hin gelenkt werden. Dieses Reich des Geistigen findet sich letztlich im Suchenden selber – «Das Himmelreich ist in euch»; «Schaue nach innen, du bist der Buddha» –, doch um es zu finden, bedarf es intensiver Kontemplation und Introspektion. Die Konzentration muß gepflegt, die Empfänglichkeit für die innere Welt vertieft, die Seele beruhigt und der lärmende Widerstreit der Begierden gestillt werden.

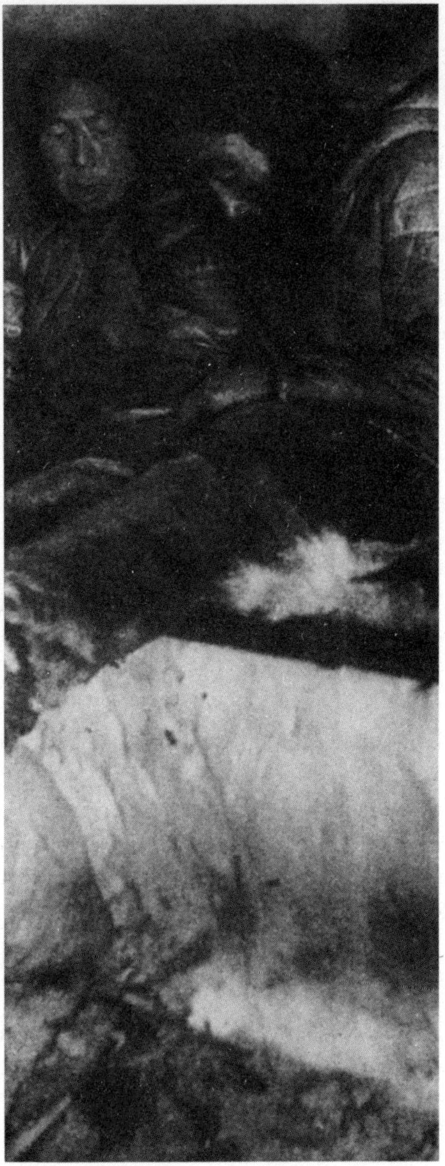

Abb. 1: Aua
mit seiner Frau Orula.

Das «Erkenne dich selbst» ist das Motto dieser Praktiken. Die Ansprüche der Gesellschaft und die weltlichen Ablenkungen behindern meist die profunde innere Suche und Selbsterkenntnis. Deshalb kann ein zeitweiliger Rückzug in die Einsamkeit nötig sein. Mit Wordsworths poetischen Worten:

The world is too much with us; late and soon
Getting and spending, we lay waste our powers;
Little we see in Nature that is ours;
We have given our hearts away...

[Zu viel ist die Welt bei uns; spät und früh
empfangend und gebend, vergeuden wir unsere Kraft;
Kaum sehen wir etwas in der Natur, das unser ist;
Wir haben unsere Herzen fortgegeben...]

Schamanen waren die ersten, die erkannten, welch weitreichenden Nutzen das Alleinsein für die psychologische und geistige Entwicklung hat. Sie waren die ersten, die aus direkter Erfahrung lernten, daß – mit ihren eigenen Worten – «die Macht der Einsamkeit groß und unergründlich ist»[147].

Die zahlreichen Prüfungen, die der bestehen muß, der zu derartiger Konfrontation mit der Abgeschiedenheit und mit sich selbst bereit ist, sind in vielen einschlägigen Biographien beschrieben worden. Der Eskimo-Schamane Aua, von dessen elterlichen Ritualen und Tabus bereits die Rede war, schildert seine Zeit der Einsamkeit wie folgt:

(Seite 70/71) Abb. 2: Die Felsgravuren in der Höhle Les Trois Frères in Frankreich zählen zu den spektakulärsten Beispielen urgeschichtlicher Kunst. Vor Zehntausenden von Jahren krochen unbekannte Künstler in diese Höhlen und ritzten ein Gewirr von Hunderten von Tieren ins Gestein. Die Tierbilder umgeben eine einzelne bisonköpfige Menschenfigur, die man als eine der frühesten Schamanendarstellungen gedeutet hat. (Nachzeichnung der Trois-Frères-Felsgravuren von Henri Breuil.)

> Dann suchte ich die Einsamkeit, und hier wurde ich bald sehr bedrückt. Manchmal brach ich in Weinen aus und fühlte mich unglücklich, ohne zu wissen warum. Dann, ohne Grund, änderte sich das schlagartig, und ich fühlte eine große unerklärliche Freude, eine so mächtige Freude, daß ich sie nicht zurückhalten konnte, sondern ein Lied anstimmen mußte, einen machtvollen Gesang, der nur ein einziges Wort enthielt: Freude, Freude! Und ich mußte so laut singen, wie ich konnte. Und dann, mitten in einem solchen Anfall geheimnisvoller und überwältigender Wonne, wurde ich Schamane, ohne zu wissen, wie das alles geschah. Aber ich war ein Schamane. Ich konnte auf eine völlig neue Art sehen und hören.[147]

Man beachte die extremen Stimmungsumschwünge und den Mangel an Kontrolle. Beides sind übliche erste Einsamkeitsreaktionen und können überraschend stark sein. Bei meinem eigenen ersten Rückzug in die Einsamkeit machte ich ganz ähnliche Erfahrungen: «Jähe, scheinbar grundlose, heftige Stimmungsumschwünge in völlig gegensätzliche Emotionen. Aller meiner Stützen und Ablenkungen beraubt, konnte ich mich nicht mehr der Illusion hingeben, auch nur die leiseste Kontrolle über mein Denken und meine Gefühle zu haben.»[189]

Wer mit sich selbst in der Einsamkeit konfrontiert ist, bemerkt bald, wie ruhelos, wie wenig steuer- und beeinflußbar die untrainierte Psyche ist. Er versteht Sigmund Freuds Wort, daß der Mensch «nicht einmal Herr ist im eigenen Hause ... in seinem Seelenleben»[52] ist, und warum «ausnahmslos alle Schriften verkünden, daß zur Heilserlangung eine Bändigung der Seele notwendig ist»[145]. Einsamkeit und Fasten sind traditionelle Wege, die «Seele zu bändigen».

Nicht zufrieden, sich nur auf eine einzige Weise zu kasteien, verbinden Schamanen zuweilen alle drei asketischen Praktiken, wie im folgenden Bericht ein Eskimo-Schamane namens Igjugarjuk. Als junger Mann empfing er seinen Ruf zum Abenteuer in geheimnisvollen Träumen.

Seltsame unbekannte Wesen kamen und sprachen zu ihm, und als er erwachte, sah er sämtliche Visionen seines Traums so lebhaft vor sich, daß er seinen Gefährten alles darüber erzählen konnte. Bald wurde allen klar, daß er zum Angakoq [Schamanen] berufen war, und ein alter Mann namens Perqanoq wurde zu seinem Lehrmeister bestimmt. Mitten im Winter, bei allerstrengster Kälte, wurde Igjugarjuk auf einen Schlitten gepackt... und weit von seinem Zuhause weggefahren zur anderen Seite des Hikoligjuaq. Nachdem er den vorgesehenen Punkt erreicht hatte, blieb er auf dem Schlitten sitzen, während sein Lehrer ihm eine winzige Schneehütte baute, gerade geräumig genug, daß er im Schneidersitz darin hocken konnte. Er durfte seinen Fuß nicht auf den Schnee setzen, sondern wurde vom Schlitten gehoben und in die Hütte hineingetragen, wo ein Stück Fell, gerade groß genug zum Sitzen, als Teppich diente. Er bekam weder Speise noch Trank; er wurde ermahnt, nur an den Großen Geist und an den Hilfgeist zu denken, der demnächst erscheinen würde – dann wurde er sich selbst und seinen Meditationen überlassen.

Nach fünf Tagen brachte ihm sein Lehrmeister etwas lauwarmes Wasser und verließ ihn dann unter ähnlichen Mahnungen wie zuvor. Nun fastete er fünfzehn Tage, dann bekam er einen weiteren Wassertrunk und ein kleines Stückchen Fleisch, mit dem er weitere zehn Tage auskommen mußte. Am Ende dieser Zeit kam sein Lehrmeister wieder zu ihm und holte ihn nach Hause. Igjugarjuk erklärte, die Belastung durch diese dreißig Tage Fasten und Kälte sei so furchtbar gewesen, daß er «manchmal ein bißchen gestorben» sei. Während der gesamten Zeit dachte er nur an den großen Geist und suchte sein Bewußtsein von allen Erinnerungen an Menschen und Alltagsdinge freizuhalten. Gegen Ende der dreißig Tage kam ein Hilfsgeist in Gestalt einer Frau zu ihm. Sie kam, während er schlief, und schien in der Luft über ihm zu schweben. Danach träumte er nicht mehr von ihr, sondern sie wurde sein Hilfsgeist. Nach dieser Bewährungsprobe wurde er fünf Monate auf strikte Diät gesetzt und durfte mit keiner Frau verkehren. Dann wurde das Fasten wiederholt; denn häufig wiederholtes Fasten ist das beste Mittel, zur Erkenntnis verborgener Dinge zu kommen.[146]

Abb. 3: Igjugarjuk (fotografiert von Knud Rasmussen, 1922).

Igjugarjuks Schlußfolgerung aus alledem: «Die einzig wahre Weisheit lebt fern von der Menschheit, draußen in der großen Einsamkeit, und kann nur durch Leiden erreicht werden. Einzig Entbehrung und Leid kann den Menschen aufgeschlossen machen für das, was anderen verschlossen bleibt.»[134]

Igjugarjuk hätte wahrscheinlich Albert Camus' existentialistischem Diktum zugestimmt: «Wenn ein Mensch gelernt hat – und nicht nur auf dem Papier –, wie er mit seinem Leiden allein sein kann, wie er seine Sehnsucht zu fliehen überwinden kann, dann bleibt ihm nur noch wenig zu lernen.»[209]

Praktiken wie der Rückzug in die Einsamkeit und Fasten erleichtern also den Zugang zur inneren Welt und ihren Bildern, Visionen, Träumen und Geistern. Die Spannweite dieser inneren Erfahrungen ist immens, doch es zeigen sich kulturübergreifende Gemeinsamkeiten. Für den erfolgreichen Kandidaten gipfeln diese Praktiken in bestimmten Erfahrungen, die anzeigen, daß ein gewisser Grad der schamanischen

Meisterschaft erreicht worden ist. Zwei der häufigsten schamanischen Kulminationserfahrungen – das Umhülltwerden von Licht und das Sterben und Wiedergeborenwerden – sind Gegenstand des nächsten Kapitels.

Sechstes Kapitel

Kulmination der Suche: Licht, Tod und Wiedergeburt

Damit der Geist Licht statt Finsternis sieht, muß sich die ganze Seele von dieser unsteten Welt abkehren, bis ihr Auge einen Blick für das Vorhandensein und den strahlenden Glanz dessen bekommt, das wir das Gute nennen. Es mag daher durchaus eine Kunst geben, die sich zum Ziel gesetzt hat, genau das zu erreichen. SOKRATES

Manche Erfahrungen sind allein bestimmten Wegen eigentümlich, andere sind derart «traditionsübergreifend», daß man sie fast als universell bezeichnen kann. Zwei solche (nahezu) universelle Erfahrungen sind das Erleben von Lichterscheinungen und das Sterben und Wiedergeborenwerden. Sie gelten oft als wichtige Meilensteine auf dem spirituellen Weg, und im Schamanismus können sie sogar das Zeichen dafür sein, daß die Suche zu Ende ist.

Licht

Nicht zufällig heißt einer der häufigsten für das Ziel der spirituellen Suche verwandten Begriffe *Erleuchtung*. Er hat wörtliche wie auch sinnbildliche Bedeutunge. Sinnbildlich bezeichnet er einen deutlichen, qualitativen Erkenntnissprung, im konkreten Sinn eine Erfahrung des Lichterfülltseins, des Durchtränktseins von Licht. Das im Abendland wohl bekannteste Beispiel ist das Damaskuserlebnis des Paulus, das ihn buchstäblich drei Tage blendete. Kirchenvater Augustinus «nahm mit dem geheimnisvollen Auge meiner Seele das Licht wahr, das sich niemals ändert»[186]. Jakob Böhme, der bekannte mystische Schuhmacher, berichtet von seiner Erleuchtung, daß in ihm, während er mit seiner verderbten Seele gerungen habe, ein herrliches Licht aufgestiegen sei, ein Licht, das seiner widerspenstigen Seele ganz fremd gewesen sei, das ihn aber erstmals die wahre Natur Gottes und der Menschen habe erkennen lassen[121]. Eliade bemerkt dazu: «Offensichtlich ist das ‹innere Licht›, das nach langen Konzentrations- und Meditationsanstrengungen aufstrahlt, allen religiösen Traditionen wohlbekannt...»[41]

Solche Erfahrungen können sich auch spontan einstellen. Nach einer Umfrage wollen 5 % der amerikanischen Bevölkerung schon Erleuchtungen dieser Art gehabt haben. Solche Menschen schneiden übrigens bei Tests zur Untersuchung der psychischen Gesundheit vielfach außerordentlich gut ab[64].

Damit soll nicht gesagt sein, daß alle Erfahrungen inneren Lichts die gleichen seien – sie sind es nicht –, und es soll auch nicht gesagt sein, daß alle religiösen Traditionen sie in gleicher Weise bewerten. Manche Religionen sehen sie als Zeichen des Fortschritts, andere als verführerische Abwege, die es zu erkennen und sorgsam zu vermeiden gilt; wieder andere, so etwa die Iglulik-Schamanen, halten sie für essentiell und ekstatisch.

Hat der Iglulik-Schamane seinem Schüler die ersten vorbereitenden Instruktionen gegeben, dann ist nach Rasmussen

> das Nächste, was ein alter Schamane für seinen Schüler tun muß, ist, ihm anak ua zu verschaffen, sein sogenanntes «angákoq», ein ganz spezielles Element, das diesen Mann in einen angákoq (Schamanen) verwandelt. Es heißt auch seine quamenEq, seine «Erhellung» oder «Erleuchtung», denn anak ua besteht aus einem mysteriösen Licht, das der Schamane plötzlich in seinem Körper

spürt, in seinem Kopf, im Gehirn, ein unerklärliches Scheinwerferlicht, ein leuchtendes Feuer, das es ihm ermöglicht, im wörtlichen wie im übertragenen Sinn im Dunkeln zu sehen, denn er kann jetzt, selbst mit geschlossenen Augen, die Finsternis durchdringen und Dinge und kommende Ereignisse wahrnehmen, die anderen verborgen bleiben; so hat er Einblick in die Zukunft und in die Geheimnisse anderer.

Wenn ein junger Schamane dieses Licht zum erstenmal wahrnimmt... ist es, als höbe sich das Haus, in dem er ist, plötzlich in die Luft; er kann weit in die Ferne sehen, durch Berge hindurch, als wäre die Erde eine riesige Ebene, und er könnte bis ans Ende der Erde schauen. Nichts ist ihm mehr verborgen; er kann nicht nur Dinge in weiter Ferne erkennen, sondern er entdeckt auch Seelen, gestohlene Seelen, die entweder in fernen fremden Landen gefangengehalten werden oder nach oben oder nach unten ins Totenreich gebracht worden sind.[147]

Der Iglulik-Eskimo Aua, von dessen bemerkenswertem Leben wir schon hörten, erfuhr seine *quamenEq* (schamanische Erleuchtung) schließlich allein in der Wildnis. Er hatte zunächst im Beisein seiner Lehrer Übungen durchgeführt, aber die Suche war unvollendet geblieben. Deshalb ging er in die arktische Wildnis, um in der Einsamkeit zu suchen, was ihm unter Menschen entgangen war. Dort packten ihn wilde Stimmungsschwankungen, Anfälle tiefster Melancholie, aber auch höchster Freude.

Und dann, mitten in einem solchen Anfall geheimnisvoller und überwältigender Wonne, wurde ich Schamane, ohne zu wissen, wie das alles geschah. Aber ich war ein Schamane. Ich konnte auf eine völlig neue Art sehen und hören. Ich hatte meine quamenEq gewonnen, meine Erleuchtung, das Schamanenlicht des Gehirns und des Leibes, und das auf eine Weise, daß ich nicht nur durch die Finsternis des Lebens hindurchschauen konnte, sondern daß dieses Licht auch von mir ausstrahlte, unsichtbar für die Menschen, sichtbar aber für alle Geister der Erde und des Himmels und des Meeres, und diese kamen jetzt zu mir und wurden meine Hilfgeister.[147]

So wurde Aua, wie seinen schamanischen Vorvätern seit Hunderten, Tausenden, vielleicht Zehntausenden von Jahren, endlich das innere Licht und die Vision zuteil, die ihm das Ende seiner Suche anzeigten – die «Geisterschau», die es ihm ermöglichen sollte, Ursachen und Heilmethoden für die Leiden seines Volkes zu «sehen». Die Menschen glaubten noch ganz unmittelbar an das Visionäre, und die Schamanen waren diejenigen, die es auf sich nahmen, ihnen diese Vision zu erschließen.

Tod und Wiedergeburt

«Nur im Angesicht des Todes wird das Selbst des Menschen geboren», sagte Augustinus[209]. Die außerordentliche transformative Kraft einer Konfrontation mit dem Tod ist weder den alten Religionen noch den modernen Psychologen verborgen geblieben. «Die Konfrontation mit unserem persönlichen Tod... hat die Macht, einen grundlegenden Wandel in der Art und Weise, wie wir in der Welt leben, auszulösen... Der Tod wirkt als Katalysator, der uns von einem Zustand des Seins zu einem höheren bringen kann...»[209]

In vielen Kulturen und Religionen müssen die Mitglieder bereit sein, sich nicht nur dem leiblichen Tod, sondern auch dem Ich-Tod zu stellen. Damit ist der Tod einer alten Identität gemeint, die unserem derzeitigen Entwicklungsstufe nicht mehr angemessen ist. Das alte Ich-Gefühl muß sterben, und aus seiner Asche muß eine neue Identität erblühen, die unserem Entwicklungs- oder geistigen Ziel entspricht.

Diese Erfahrung des Sterbens und Wiedergeborenwerdens ist ein Motiv, das sich durch viele Weltreligionen, Weltkulturen und Weltmythen zieht[121]. In etlichen Eingeborenenkulturen bestehen die sogenannten Übergangsriten *(rites de passage)* aus Tod-Wiedergeburt-Ritualen, die bei wichtigen Lebensabschnitten inszeniert werden. Bei Pubertätsriten zum Beispiel «stirbt» die Kindheitsidentität, und Jungen und Mädchen werden als Erwachsene wiedergeboren und anerkannt. Wer eine tiefe Bekehrung erlebt, kann das Gefühl haben, im alten fleischlichen Ich abzusterben und im Geist oder in Christus wiedergeboren zu werden (das *Born-again*-Erlebnis des enthusiastischen Christentums). «Neugeburt» ist eine Forderung in vielen religiösen Traditionen.

Schamanen kommen dieser Forderung nach, und Tod- und Wiedergeburt-Erfahrungen werden weithin als unabdingbar für die schamanische Meisterschaft betrachtet. Rasmussen schreibt:

> Ehe ein Schamane das Stadium erreicht, da es irgendein Hilfsgeist für wert erachten würde, zu ihm zu kommen, muß er durch Mühen und Ringen und gedankliche Konzentration noch eine weitere große und unerklärliche Fähigkeit für sich erwerben: Er muß sich als Skelett sehen können. Obwohl kein Schamane sich erklären kann, wie und wodurch er das schafft, kann er durch die Kraft, die sein Hirn vom Übernatürlichen bezieht, gleichsam nur durch den Gedanken, seinen Leib von Fleisch und Blut entkleiden, so daß nichts als die Knochen übrigbleiben ... Indem er sich solchermaßen nackt sieht, befreit vom verweslichen und vergänglichen Fleisch und Blut, weiht er sich in der heiligen Sprache der Schamanen seiner großen Aufgabe, durch denjenigen Teil des Körpers, der nach dem Tod am längsten der Einwirkung von Sonne, Wind und Wetter widersteht.[147]

Diese Erfahrungen können sich spontan oder durch einen Akt willentlicher Imagination einstellen und entweder als tatsächliches physisches Geschehen oder auch sinnbildlich ausgelegt werden. Der Schamane deutet seine Tod-Wiedergeburt-

Erfahrungen häufig als echtes physisches Geschehen, bei dem sein Körper durch die Geister erst zerstückelt und dann neu zusammengesetzt wird («Initiationszerstückelung»). Er glaubt dann, daß er

> von Dämonen oder von seinen Ahnengeistern zerschnitten wird; seine Knochen werden gesäubert, das Fleisch wird abgekratzt, das Flüssige weggeschüttet, die Augen werden aus ihren Höhlen gerissen... Dann werden seine Gebeine mit frischem Fleisch bedeckt, und in gewissen Fällen gibt man ihm auch neues Blut.[44]

Der Schamane sieht sich dadurch mit einem neuen Körper ausgestattet, der den strapaziösen Anforderungen seines Berufs besser gewachsen ist.

Dieser Initiationszerstückelung ähnelt die tantrische Praxis des *gChod* aus Tibet. Die Teilnehmer am *gChod*-Ritus steigern Distanzierung und Mitgefühl dadurch, daß sie sich vorstellen, wie ihr Körper zerstückelt und rachsüchtigen Gottheiten und hungrigen Dämonen zum Fraß vorgeworfen wird. Der Hauptunterschied scheint darin zu bestehen, daß der Tantriker diese Erfahrungen als willentliche Visualisierung erkennt, der Schamane sie dagegen als unfreiwillige Heimsuchung erlebt.

Von ähnlichen Erfahrungen des Zerstückelt- und Wiederzusammengesetztwerdens, des Todes und der Wiedergeburt, berichten zeitgenössische westliche Teilnehmer an Intensiv-Psychotherapien und Meditationspraktiken. Die drastischsten Erlebnisse dieser Art treten bei der sogenannten holotropen und bei der LSD-unterstützten Therapie auf. *Holotrop* heißt: auf Ganzheit oder Totalität abzielend. Die holotrope Therapie, entwickelt von Stanislav und Christina Grof, verbindet Hyperventilation, Musik und Körperarbeit. Diese hochwirksame Kombination kann stark veränderte Bewußtseinszustände und tiefe psychologische Einsichten hervorrufen. Die holotrope Therapie ist möglicherweise eine der stärksten nichtmedikamentösen Methoden, therapeutisch wirksame veränderte Bewußtseinszustände herbeizuführen[69].

Studien aus holotropen und LSD-Sitzungen haben uns von diesen faszinierenden und mysteriösen Tod-Wiedergeburt-Erfahrungen die eindringlichsten, detailliertesten und genauesten Schilderungen geliefert, die wir besitzen. Es lohnt sich daher, diese Schilderungen genauer zu betrachten, um damit unsere Informations- und Verständnislücken im Hinblick auf die schamanischen Traditionen zu füllen. Die beste Instanz dafür ist Stanislav Grof, der mehrere tausend klinische Studien solcher Therapien durchgeführt hat – das umfangreichste einschlägige Forschungsprogramm der Welt.

Die LSD- oder holotropisch intensivierte Tod-Wiedergeburt-Erfahrung hat ungeheure, den Teilnehmer bis in die tiefsten Tiefen seelisch und geistig aufwühlende Kraft. Grof beschreibt sie wie folgt:

> Die körperliche und seelische Qual gipfelt in einem Gefühl, nun in jeder denkbaren Hinsicht von Grund auf vernichtet zu sein. Man ist physisch zerstört, emotional zusammengebrochen und geistig geschlagen; unverzeihliches moralisches Versagen macht eine ewige Verdammnis von transzendenten Ausmaßen gewiß. Diese Erfahrung wird gewöhnlich als «Tod des Ich» bezeichnet; sie zieht offenbar die sofortige gnadenlose Vernichtung aller vorherigen Verankerungen im Leben des Einzelnen nach sich.
>
> Nachdem der Patient an den Rand der totalen Vernichtung gelangt und kosmisch «am Boden zerstört» ist, erfüllen ihn Visionen eines blendendweißen oder goldenen Lichts. Die eingezwängte Welt des klaustrophobischen Geburtsringens geht plötzlich auf und weitet sich ins Unendliche. Es herrscht eine Atmosphäre des Befreit- und Erlöstseins, der Liebe und Vergebung. Der Patient fühlt sich entlastet, gesäubert und geläutert; er spricht davon, welch eine unglaubliche Menge persönlichen «Mülls», nämlich Schuld, Angst und Aggression, er losgeworden sei. Dies verbindet

> sich zumeist mit brüderlichen Gefühlen für alle Mitmenschen und mit dankbarer Erwiderung von Herzlichkeit, Liebe und Freundschaft. Unvernünftiger und überzogener Ehrgeiz, Begierde nach Geld, Rang, Ruhm, Macht oder Ansehen erscheinen in diesem Zustand als belanglos, absurd und kindisch. Oft entsteht eine starke Neigung, mit anderen zu teilen, ihnen zu dienen und zu helfen. Die Welt erscheint als strahlend und unglaublich schön. Allen Sinnen stehen die Wege weit offen, und die Empfänglichkeit für äußere Reize ist gesteigert. Der Einzelne, der sich auf diesen Erlebnisbereich eingestimmt hat, erkennt in sich echte positive Werthaltungen: Sinn für Gerechtigkeit, Achtung vor dem Schönen, Gefühle der Liebe, Achtung vor sich selbst und anderen.[68]

Die Intensität dieser Erfahrungen ist mit Worten oft gar nicht zu beschreiben. Gut eingefangen ist ihre emotionale Kraft in den Bildern der Zeichnerin Harriette Frances, einer Teilnehmerin an einer der frühen LSD-Studien. Ihre Darstellungen, die auf den folgenden Seiten wiedergegeben sind, dokumentieren nicht nur die Bildwelt eines LSD-induzierten Todes- und Wiedergeburtsprozesses, sondern zeigen vor allem auch die erstaunliche Ähnlichkeit dieses Prozesses mit uralten schamanischen Erfahrungen.

Das Todes- und Wiedergeburtserlebnis hat sich in der Menschheitsgeschichte wahrscheinlich zahllose Male wiederholt, es unterlag und unterliegt jedoch von Fall zu Fall extrem unterschiedlichen Deutungen. Ein LSD-Therapiepatient aus dem zwanzigsten Jahrhundert wird es als Auflösung und Neuzusammensetzung des Selbstbildes deuten; der Kontemplative könnte es als spirituellen Tod und Auferstehung deuten. Der Schamane jedoch deutet es traditionsgemäß «wörtlich» als Zerstörung und Wiederherstellung seines Leibes, seiner Physis. Er nimmt die Bilder der physischen Zerstückelung «für bare Münze». Diese buchstäbliche, konkrete Interpretation geistiger Bilder zieht sich als roter Faden durch weite Bereiche des Schamanismus.

Wie ist sie nun zu beurteilen, diese immer wiederkehrende Erfahrung qualvollen Sterbens, Zerstückelt- und Zerstörtwerdens mit anschließendem Wieder-Heil-Werden, Wieder-Zusammenwachsen, Wieder-Geborenwerden? Zweifellos ist sie eine höchst intensive, in allen Epochen und Kulturen auftretende Erfahrung, von den einen gesucht, von den anderen ungewollt erlitten. Sie scheint einen tiefen, archetypischen, geheimnisvollen Prozeß der menschlichen Psyche zu symbolisieren, einen Prozeß mit beträchtlichen Heilungspotential. Die folgende Hypothese ist ein Versuch, diesen Prozeß psychologisch zu deuten.

Die Erfahrung des Todes und der Wiedergeburt, der Zerstückelung und des Wieder-Heil-Werdens scheint ein psychologischer und/oder geistiger Transformationsprozeß zu sein, der vor allem in überwältigend starken emotionalen Erregungs- und Streßzuständen auftritt. Die Erregung steigert psychische Spannungen und Konflikte bis ins Unerträgliche. Das Ergebnis ist eine Krise, in der alte strukturierende Kräfte nicht mehr in der Lage sind, das frühere psychische Gleichgewicht aufrechtzuerhalten. Die alten psychodynamischen Kräfte – Konflikte, Gewohnheiten, Konditionierungen, Strukturen, Überzeugungen und die alte Identität – werden in die Knie gezwungen, die Organisation der Psyche bricht vorübergehend zusammen. Schlüsselresultat dieses Zusammenbruchs ist, nach Grof, daß das alte einengende Selbstbild und die damit zusammenhängende restriktive Seins- und Weltsicht gesprengt werden[68].

Dieser destabilisierende Prozeß wird projiziert, verbildlicht und als Bildfolge wahrgenommen. Es handelt sich um sogenannte autosymbolische Bilder, die den eigenen psychischen Zustand veranschaulichen. So kann die erste Phase der unerträglichen psychischen Spannung und des Zusammenbruchs – bei Patienten ebenso wie bei Schamanen – symbolisch als Vision physischer Folter, körperlichen Zerrissenwerdens, des

Abb. 4: Der Todes- und Wiedergeburtszyklus, gezeichnet von Harriette Frances, einer Versuchsperson in einer der frühen LSD-Studien. Ihre Bilder zeigen viele Schlüsselelemente des Tod-Wiedergeburt-Erlebnisses unter LSD-Einfluß sowie die bemerkenswerten Parallelen zu schamanischen Erfahrungen. Hier tritt die Probandin, bei beginnender LSD-Wirkung, langsam in einen veränderten Bewußtseinszustand ein. Die Wahrnehmung ändert sich, die Umgebung nimmt ein fremdartiges Aussehen an.

Abb. 5: Der veränderte Zustand vertieft sich, sie fühlt sich hinuntergezogen in einen wirbelnden Tunnel, vorbei an skelettartigen Symbolen des Todes und der Vernichtung, der Unterwelt entgegen.

Abb. 6: In der Unterwelt wird sie durchbohrt und gequält und ist von Bildern des Todes und Verfalls umgeben.

Abb. 7: Sie wird zerrissen und in ein Skelett verwandelt, sieht aber über sich ein Licht, das sie verzweifelt zu erreichen sucht.

Abb. 8: Darum ringend, aus dem Reich des allverzehrenden Todes und der Vernichtung zu entkommen, spürt sie eine helfende Hand.

Abb. 9: Sie sieht einen Vogel – bei Schamanen häufig ein Machttier und Geistsymbol – und ruft ihn um Beistand an.

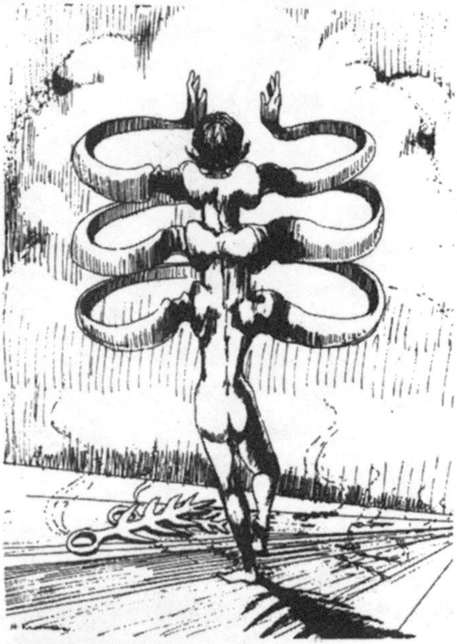

Abb. 10: Der Körper beginnt sich neu zu formen. Dies entspricht der schamanischen Erfahrung, mit einem neuen Leib ausgestattet zu werden. Dieser neue Leib gilt bei Schamanen als kräftiger und als besser tauglich für die künftige Schamanenarbeit.

Abb. 11: Abschluß der Wiederherstellung ihres Körpers.

Abb. 12: Erlebnis der Wiedergeburt. Der Körper ist wieder ganz und heil, und sie ist von Vögeln umgeben. Es erfüllt sie ein ekstatisches Gefühl, geläutert, verjüngt und gestärkt zu sein und eine Erfahrung von lebensverändernder Kraft und Bedeutung gemacht zu haben. Zwanzig Jahre später hält die Zeichnerin dieses Erlebnis immer noch für eines der bedeutendsten Ereignisse ihres Lebens.

Sterbens und Verwesens oder als Kriegs- und Zerstörungsszenen erlebt werden.

Aus diesem neu destrukturierten Chaos erwächst Reorganisation und Rekonstruktion. Diese Reorganisation findet statt in einer Psyche, die von alten, einengenden, verzerrenden Gewohnheiten nun zumindest teilweise befreit ist. Gesteuert werden kann die Reorganisation von archetypischen Kräften und von dem Trieb zur Ganzheit (Holotropismus), den so viele Psychologen und Kontemplative als Wesensteil der Psyche beschrieben haben. Das Ergebnis kann eine «neu aufgebaute» Psyche und Identität sein, ein «neu zusammengesetztes» Bewußtsein, das weniger konfliktträchtig, anfällig und der Vergangenheit verhaftet, gesünder, integrierter, «heiler» ist. Die alte Identität ist tot, und eine neue ist geboren.

Abb. 13: Schamanentracht mit stilisierter Skelettdarstellung, Symbol für das eindringliche Todes- und Wiedergeburtserlebnis bei der Initiation des Schamanen.

Diese Rekonstruktion, Reintegration und Ganzwerdung spiegelt sich in den begleitenden Bildern. So mag der Schamane sehen, wie die Geister seinen Leib neu zusammenfügen, dem Therapiepatienten können Geburtsbilder vor Augen treten, der Kontemplative kann sich als «aus dem Geist neugeboren» empfinden.

Ein solcher Prozeß – die tiefgreifende Zerstörung alter konditionierter Strukturen und Selbstbilder mit anschließendem Neuaufbau auf effektiverer, integrierterer Ebene – vermag möglicherweise die dramatischen Besserungen und Durchbrüche zu erklären, die solchen Tod-Wiedergeburt-Erfahrungen folgen können. Diese Nutzeffekte und Durchbrüche können sein: Genesung von schwerer Initiationskrankheit bei Schamanen; Linderung oder völliges Verschwinden chronischer Psychopathologie bei Patienten; Befreiung von Egoismus und Verstrickungen bei Therapeuten. Wie durchschlagend solche Heilwirkungen sein können, ist in alten wie neuen Berichten eingehend belegt. Stanislav Grof schließt: «Intensive Erfahrungen, in denen man stirbt und wiedergeboren wird, können zu einer erheblichen Besserung verschiedener emotionaler, psychosomatischer und zwischenmenschlicher Probleme führen, die sich zuvor allen psychotherapeutischen Behandlungsversuchen ... hartnäckig widersetzt haben.»[69]

Die Wichtigkeit dieses Prozesses faßte schon Jesus vor zweitausend Jahren in ein Gleichnis von zeitloser Bildkraft: «Wenn das Weizenkorn nicht in die Erde fällt und erstirbt, so bleibt's allein; wenn es aber erstirbt, bringt es viel Frucht.»[17] Die Erfahrung des Todes und der Wiedergeburt kann reiche Frucht tragen. Wie bei vielen anderen psychologischen und geistigen Transformationen waren die Schamanen die ersten, die diese Frucht erkannten und einbrachten.

Siebtes Kapitel

Primitiver Irrer oder werdender Mystiker? Konventionelle Ansichten

Der Geist erst macht gesund und krank, macht froh und elend, reich und arm.

EDMUND SPENSER

Der wohl kontroverseste Aspekt des Schamanismus ist die Frage nach der psychischen Gesundheit der Schamanen. Hier gehen die abenteuerlichsten, widersprüchlichsten Beschreibungen und Diagnosen um. Schamanen sind auf vielfältige Weise abgestempelt, in Schablonen gepreßt, pathologisiert, verteufelt, seziert und abqualifiziert worden.

Die wohlwollenderen Diagnosen fassen den Schamanen als geheilten Geisteskranken und als Trickster auf. Freigebig wurden auch die Etiketten «hysterisch», «neurotisch», «epileptisch» und «schizophren» gebraucht. Ebenso wurde der Schamane als Scharlatan, als veritabler Idiot und als regelrechter Psychotiker diffamiert. In jüngerer Zeit schlug das Pendel manchmal weit in die andere Richtung aus, und man hob den Schamanen unkritisch auf ein Podest. Man nannte ihn Yogi, Psi-Meister, Meister des Todes.

Die traditionelle Ansicht der Mehrheit betrachtete Schamanen als psychisch schwer gestört. Folglich galten und gelten sowohl die Schamanen als auch der Schamanismus häufig als unglückliches Produkt primitiver – und noch dazu schwer gestörter – Gemüter. Die Frage nach dem psychischen Zustand des Schamanen wiegt daher schwer; mit ihr steht und fällt im Grunde der Status der ganzen jahrtausendealten Tradition.

Es lohnt daher, die Stichhaltigkeit der am häufigsten gestellten Diagnosen einmal kritisch und ausführlich zu durchleuchten.

Einschränkend ist vorauszuschicken, daß es keinen Grund gibt anzunehmen, Schamanen seien eine homogene Gruppe. Psychologische Tests verweisen gerade auf das Gegenteil[44]. Nach allem, was wir wissen, zeigen sie ebensowenig eine Einheitspersönlichkeit und passen ebensowenig in eine Einheitsdiagnose, wie es westliche Ärzte tun – eigentlich eine Binsenweisheit, aber es ist erstaunlich, wie oft sie vergessen wird.

Wir dürfen bei unserer Urteilsbildung nicht nur vom Verhalten der Schamanen selbst ausgehen, vielmehr müssen wir die Interaktion zwischen dem Verhalten der Schamanen einerseits, unseren westlichen psychologisch-diagnostischen Betrachtungsperspektiven andererseits und schließlich den psychologischen Fachkenntnissen und kulturellen Perspektiven der Forscher, von denen die Diagnosen stammen, zugrunde legen. Besonders zwei schamanische Verhaltensweisen müssen wir unter die Lupe nehmen, da gerade sie häufig als krankhaft interpretiert worden sind. Die erste davon ist die Initiationskrise, das plötzliche Einsetzen schmerzhafter Symptome und ungewöhnlicher Erfahrungen, die in manchen Fällen die Tür zum schamanischen Leben aufstoßen.

Die zweite ist die schamanische Reise. Hierbei tritt der Schamane in einen veränderten Bewußtseinszustand ein und hat dann das Empfinden, seinen Körper zu verlassen und andere Welten zu bereisen. Die Reise enthält mehrere Elemente, die westlichen Forschern Mißtrauen einflößen «müssen»: den veränderten Bewußtseinszustand, in den sich der Schamane hineinbegibt, die reiche Bilder- und Visionenwelt der Reise sowie die Präsenz von Geistern. Daß Schamanen diese Bilder, Visionen, Geister und anderen Welten für ebenso real halten wie wir unsere normale Wach-Wirklichkeit, vertieft das westliche Mißtrauen nur noch.

Die Beobachter, die schamanisches Verhalten als pathologisch gedeutet haben – könnten sie nicht selber blinde Flekken und Voreingenommenheiten haben? Hier müssen wir mögliche «Tendenzen» westlicher Kultur und Psychologie in Rechnung stellen. Außerdem müssen wir berücksichtigen, daß es den Anthropologen an psychologischem Fachwissen und persönlicher Erfahrung mit schamanischem Training und veränderten Bewußtseinszuständen gemangelt haben kann.

Diagnostische Vor-Urteile

Heutige Anthropologen haben für die Gefahren, die der Blick durch eine kulturell gefärbte Brille mit sich bringt, eine beträchtliche Sensibilität entwickelt. Wer andere Völker nur an der Elle der eigenen Kultur mißt, sieht ihr Verhalten allzu schnell als barbarisch, primitiv oder krankhaft an. Solch tendenziöse Einfärbung scheint auch bei der Beurteilung des Schamanismus mitgespielt zu haben:

> ... das negative Bild des Schamanen, wie es sich in der Regel (allerdings nicht ausschließlich) in der frühen anthropologischen Literatur findet, ist Ausdruck eines Zeitgeistes, der die westliche rationalistisch-positive Ideologie zur Norm erhob, nach der alle anderen Kulturen und Institutionen beurteilt wurden. Nichtwestliche Erklärungssysteme galten, soweit sie von dieser eurozentrischen positivistischen Norm abwichen, als anormal, als kollektive Ignoranz und als Irrglaube; als – psychopathologisch gesprochen – Ausdruck eines gestörten Verhältnisses zur Wirklichkeit.[98]

Wer etwa im Westen behauptete, Geister zu sehen und von ihnen verfolgt zu werden, könnte schnell als Psychotiker eingestuft werden, da solche Überzeugungen und Erfahrungen nicht zur westlichen Kulturwirklichkeit zählen. In schamanischen Kulturen dagegen sind sie die Norm. Dort würde, wer *nicht* an Geister und die Möglichkeit, von ihnen verfolgt zu werden, glaubt, als Abweichler gelten. So wird eine der zentralen Fähigkeiten des Schamanen – die Fähigkeit, mit Geistern zu interagieren und sie zu kontrollieren – in der einen Kultur als normal und wünschenswert, in der anderen als Störung und Gefahr gesehen. «Was dem westlichen Psychiater am schamanischen Verhalten als hysterisch oder psychotisch erscheinen mag, gilt der betreffenden Bevölkerung als ehrwürdiges Ritual.»[108] Es ist daher nur folgerichtig, daß manche Forscher, verblendet von den eigenen Kulturspezifika, die schamanische Initiationskrise und die schamanische Reise als psychotische Episoden abtun konnten.

Dieser Mangel an psychologischem Fachwissen kann auch zu weiteren pathologischen Deutungen beigetragen haben. Weil Anthropologen oft nicht genau wußten, worauf sie achten sollten, fehlen ihren Berichten manchmal wesentliche diagnostische Daten, die uns erlauben würden, das Wesen schamanischer Erfahrungen genau zu bestimmen und sie als krankhaft oder nicht krankhaft einzustufen. So werden zum Beispiel die visionären Erfahrungen des Schamanen in früheren wissenschaftlichen Berichten pauschal «Halluzinationen» oder «neurotische Träume» genannt, ohne präzisere Beschreibung oder Erklärung. Ähnlich heißt die angebliche Epilepsie, die manchmal bei Initiationskrisen auftritt, dort schlicht «Anfall», ein Ausdruck, der eine genaue Diagnose unmöglich macht.

Hinzu kommt ein weiteres Problem, das erst in jüngerer Zeit als solches erkannt worden ist: Die meisten Forscher haben selber nie schamanisch «praktiziert». Im Zentrum des Schamanismus steht jedoch das Eintreten in veränderte Bewußtseinszustände, und es kann außerordentlich schwierig sein, veränderte Bewußtseinszustände zu beurteilen, ohne sie «am eigenen Leibe» erfahren zu haben[179]. Wenn dieses Fehlen persönlicher Erfahrung sich mit Unkenntnis der möglichen Spannweite und des Wertes abweichender Bewußtseinszustände verbindet, können sich diese Faktoren zu gefährlichen Verzerrungen summieren. Der Psychologe Richard Noll, der zu diesem Problem wichtige Arbeit geleistet hat, verweist darauf, daß «dem Interpreten, der keine persönliche Erfahrung mit veränderten Bewußtseinszuständen hat, der sich nur mit den veränderten Zuständen der Diagnostischen Handbücher auskennt und nur Erfahrungen auf der alltäglich-normalen Bewußtseinsebene als gültige, geistig gesunde Phänomene anerkennt, die unglaublichen Sagas der Schamanen tatsächlich psychotisch vorkommen müssen»[130]. Dies ist ein Beispiel für die von Michael Harner so genannte «Kognizentrik», die Neigung, abweichende Bewußtseinszustände aus der begrenzten Sicht und Erfahrung des eigenen Zustands heraus zu deuten (und abzuwerten).

Die Deutung des Sinns und der Signifikanz jedweden Verhaltens hängt sehr wesentlich von der psychologischen Warte und Theorie ab, von der man ausgeht. Was von der einen Warte als kerngesund gilt, kann von der anderen Warte bereits als pathologisch gelten. Zu den Wesensmerkmalen echter mystischer Erfahrung beispielsweise zählt ein Gefühl der Verschmelzung, bei dem die feste Grenze zwischen Ich und Nicht-Ich verfließt. Viele östliche und manche westliche Psychologen halten dies für ein Zeichen hoher psychischer Gesundheit[193]. Traditionelle Psychanalytiker betrachten solche Erfahrungen jedoch häufig als bedauernswerten Ausdruck von Neurosen, wenn nicht gar Psychosen.

Die Neigung der Analytiker, mystische Erfahrungen als pathologisch zu deuten, ist hier besonders wichtig, denn es war die Psychoanalyse, die in der Anfangszeit überwiegend als Deutungsrahmen schamanischer Erfahrungen diente. Gewiß hat die Psychoanalyse wichtige Beiträge zu unserem Verständnis der Psyche und des Verhaltens geleistet, aber wie jede psychologische Schule hat sie ihre Scheuklappen und blinden Flecken. Von besonderer Tragweite ist der Umstand, daß sie aus der Erforschung europäischer Psychopathologie heraus entstand und sich folglich auf Krankheit und Frühentwicklung konzentrierte. So gibt es seit jeher bei Analytikern eine Tendenz, auch gesundes Verhalten unter diesem Aspekt (Frühentwicklung, pathologische Entwicklung) zu sehen. Wie der humanistische Psychologe Abraham Maslow schreibt: «Es ist, als hätte Freud uns die kranke Hälfte der Psychologie geliefert, die wir jetzt mit der gesunden Hälfte ergänzen müssen.»[116]

Das anthropologische Ergebnis dieser Freudianischen Dominanz war ein Hang, das (in westlichen Augen) ungewöhnliche Verhalten Angehöriger anderer Kulturen als krankhaft, primitiv oder regressiv zu interpretieren. Richard Noll stellt einen «virulenten Einfluß der Freudianisch-psychoanalytischen Tradition auf Kultur- und Persönlichkeitsstudien» fest, der zu «unnötigen psychopathologisierenden Deutungen kulturübergreifender Verhaltensweisen» geführt habe[151]. Damit sollen die vielen wertvollen klinischen Beiträge, die die Psychoanalyse geleistet hat, nicht schlecht gemacht werden, doch soll hervorgehoben werden, daß die unangemessene Anwendung psychoanalytischer Sichtweisen und Theorien auf die Völker und Verhaltensweisen anderer Kulturen zu folgenschweren Mißverständnissen führen kann.

Fatal werden diese Mißverständnisse besonders dann, wenn es um veränderte Bewußtseinszustände geht. Bis vor kurzem hat die westliche Psychologie und Anthropologie nur eine sehr kleine Bandbreite von Zuständen als normal anerkannt – hauptsächlich unseren normalen Wachzustand sowie den träumenden und den traumlosen Schlafzustand. Zustände, die nicht in dieses schmale Feld fallen, galten von vornherein als krank. Richard Noll meint dazu: « ... Bewußtseinszustände, die in irgendeiner Weise verändert sind, werden herkömmlicherweise schon allein deshalb als pathologisch betrachtet, weil sie von ... dem ‹Normalzustand› abweichen, an dem alle anderen Zustände gemessen werden.»[130]

Dies hat sich nun in letzter Zeit stark geändert. Es ist klar geworden, daß die Bandbreite potentieller gesunder Bewußtseinszustände erheblich größer ist als bisher vermutet. Studien von fremden Kulturen, religiösen Traditionen sowie Meditations- und Yogaschulen haben eine verblüffende Plastizität des Bewußtseins offenbart. Viele «neue» Zustände sind erkannt worden – etwa Zustände extremer Konzentration, Ruhe, Klarheit und geschärfter Wahrnehmung.

Doch, wie gesagt, dies sind neue Entdeckungen. Bis in jüngste Zeit sind auch Zustände außergewöhnlicher Freude, der Wonne, des Mitleidens allzu oft noch als Ausgeburt krankhafter oder primitiver Gemüter gesehen worden. Mystisches Erleben wurde als neurotische Regression, ekstatische Zustände als Narzißmus, Erleuchtung als Regression in intrauterine Stadien abgetan[194]. In einem Buch über die Geschichte der Psychiatrie heißt es: «Die offensichtlichen Ähnlichkeiten zwischen schizophrenen Regressionen und den Praktiken von Yoga und Zen zeigen, daß der allgemeine Trend in den östlichen Kulturen dahingeht, sich von einer überwältigend schweren physischen und sozialen Realität in das eigene Innere zurückzuziehen.»[3]

Kurz, es hat in der westlichen Psychiatrie Tradition, Mystiker als Irre, Heilige als Psychotiker und Weise als Schizophrene zu betrachten, und dies ungeachtet der Tatsache, daß die großen Heiligen und Weisen möglicherweise den Gipfel menschlicher Entwicklung repräsentieren und den stärksten Einfluß auf die menschliche Geschichte gehabt haben. «Wer sind die Einzelmenschen, die für die größten Wohltäter der lebenden Menschheit gelten dürfen?» fragt Arnold Toynbee. «Ich würde nennen: Konfuzius und Lao-tse; Buddha; die Propheten von Israel und Juda; Zarathustra, Jesus und Mohammed; schließlich Sokrates.»[185]

Dieses historische Argument gegen die Gleichsetzung mystischer und pathologischer Bewußtseinszustände hat sich mittlerweile durch die Forschung bestätigt. Mehrere hundert wissenschaftliche Studien haben klargemacht, daß beispielsweise die durch Meditation und Yoga induzierten veränderten Bewußtseinszustände eine ganz eigene Qualität haben und nicht mit psychopathologischen Störungen verwechselt werden dürfen[164]. Wilber vertritt emphatisch die Ansicht, daß diese Zustände nur der für krankhaft halten könne, der in seinen intellektuellen Forschungen nicht über oberflächliche Eindrücke hinausgehe.

Resümee: Allem Anschein nach sind religiöse Erfahrungen und Bewußtseinszustände allzu vorschnell als pathologisch etikettiert worden – aufgrund kultureller Voreingenommenheiten, des Mangels an psychologischer Fachkenntnis, der einseitig psychoanalytischen Orientierung der Pathologie, und schließlich der Unkenntnis der möglichen Spannweite und des Wertes bestimmter veränderter Bewußtseinszustände. Die Bewußtseinszustände und Praktiken der buddhistischen Meditation und des hinduistischen Yoga zum Beispiel werden allerdings allmählich als gültig und wertvoll anerkannt. In bezug auf den Schamanismus ist ein solcher Meinungsumschwung erst in Ansätzen spürbar. Ältere Vorstellungen – denen zufolge Schamanismus als Syndrom psychischer Gestörtheit gilt – sind noch bestimmend. Prüfen wir daher das Für und Wider der Pathologien und Diagnosen, die am häufigsten mit dem Schamanentum in Verbindung gebracht worden sind. Es handelt sich, um in der alten und unpräzisen Sprache der anthropologischen Literatur zu bleiben, um *Epilepsie*, *Hysterie* und *Schizophrenie*. Untersuchen wir, was für und gegen diese althergebrachten Diagnosen spricht, und betrachten wir dann neuere Interpretationen.

Epilepsie

Die Epilepsie-Hypothese stützt sich auf Beschreibungen schamanischer «Anfälle» während der Initiationskrise. Nur selten sind diese Anfälle von Anthropologen direkt beobachtet worden; meist wurden sie ihnen von Schamanen viele Jahre später aus der Erinnerung geschildert. Schon dies allein würde eine präzise Diagnose schwierig machen, denn die Erinnerung an frühere Krankheiten kann bekanntlich recht ungenau sein. Erschwerend kommt hinzu, daß die Anthropologen häufig die zu einer genauen Diagnosestellung nötigen anamnesischen Fragen nicht kannten. Alles in allem ergab sich daraus eine Sammlung von Beschreibungen, die so vage und wenig zweckdienlich ist, daß man unmöglich sagen kann, ob es sich wirklich um Epilepsie gehandelt hat, geschweige denn um welchen Typus von Epilepsie.

Ein Anthropologe beobachtete eine Serie von Anfällen bei einer Frau, die Schamanin werden wollte und von ihrem Stamm aber abgelehnt wurde. Er kam zu dem Schluß, daß

> ... das typische Erscheinungsbild des hysterischen Charakters, mit starker sexueller Erregung, unverkennbar gegeben war: Sie lag auf dem Bett in einem Zustand, schwankend zwischen großer Starre («Rückwärtsbeugung») und Entspannung; sie suchte das Licht zu meiden ... vorübergehend war sie gegen Nadelstiche unempfindlich ... manchmal zeigten kontinuierliche Bewegungen mit Beinen und Becken starke sexuelle Erregung an ... Ihre Realitätswahrnehmung war offenbar reduziert, denn während des Anfalls erkannte sie nicht, daß Personen bei ihr waren. Von Zeit zu Zeit jedoch, zumindest am Ende ihrer Anfälle, war sie sich ihrer Umgebung gut bewußt, und vor den Anfällen suchte sie sich abzusondern und für gewisse Bequemlichkeiten während des Anfalls zu sorgen.[165]

Diese Beschreibung ist zwar eine der detailliertesten in der Literatur, aber für eine ordentliche Diagnosestellung immer noch zu ungenau. Die Symptome deuten auf «hysterische Epilepsie«, doch für eine exakte und stichhaltige Diagnose brauchte man weitere Angaben über den Anfall und eine Beschreibung der subjektiven Erfahrungen der Patientin sowie Labordaten.

Welches sind nun die möglichen Ursachen schamanischer «Anfälle»? Denkbar wären verschiedene Typen der Epilepsie, so die *Grand Mal-* und die Temporallappenepilepsie, hysterische Anfälle oder emotionale Erregungszustände.

Die *Grand Mal*-Epilepsie ist die klassische «große» Form des Krampfanfalls. Der Patient verliert das Bewußtsein und fällt zu Boden. Nach ein paar Sekunden treten Muskelkontraktionen ein, gefolgt von heftigen Zuckbewegungen des ganzen Körpers. Die Bewegungen lassen allmählich an Häufigkeit nach und hören schließlich ganz auf, der Patient bleibt bewußtlos und schlaff liegen. Langsam kehrt das Bewußtsein zurück, oft jedoch bleibt der Patient noch einige Zeit verwirrt und matt und kann sich an den Anfall nicht erinnern.

Möglicherweise bedeutsamer für die schamanische Pathologie ist die Temporallappenepilepsie (Schläfenlappenepilepsie). Diese Form der Störung ist besonders interessant, weil sie nicht nur Verhaltensveränderungen, sondern auch heftige und ungewöhnliche subjektive Erlebnisse hervorruft. Bei einem Anfall kann der Patient Halluzinationen, starke Emotionen von Angst bis Ekstase und ein Gefühl der Unwirklichkeit empfinden. Es kann dabei zu unbewußten automatischen Bewegungen kommen, die ganz «fehl am Platz» sind.

Sowohl die *Grand Mal-* als auch die Schläfenlappenepilepsie sind organisch bedingt – das heißt, sie werden von Gehirnanomalien verursacht und treten daher zumeist über lange Zeit immer wieder erneut auf. Die Tendenz aller Berichte über schamanische «Anfälle» geht jedoch dahin, daß die Attacken nur während einer bestimmten Zeit sehr starker emotionaler Belastung – der Initiationskrise – auftreten und dann spontan verschwinden. Dies spricht gegen einen organischen Ursprung und gegen die Epilepsie-Hypothese.

Damit bleiben die beiden anderen Hauptmöglichkeiten übrig, die hysterische Epilepsie und emotionale Erregungszustände. Hysterische Epilepsie ist eine Spielart der «Hysterischen Neurose, Konversionstyp», wie sie klinisch heißt. Hier werden seelische Konflikte in körperliche Symptome umgewandelt («konvertiert»), die einem epileptischen Anfall gleichen. Es scheint möglich, daß manche schamanische «Anfälle» von dieser Art sind. Daß sie in seelischen Streßzeiten auftreten, anschließend meist verschwinden und von angehenden Schamanen erwartet werden, spricht insgesamt für eine psychische Ursache. Eine andere Möglichkeit ist, daß manche dieser «Anfälle» schlicht extreme seelische Erregung widerspiegeln und nicht als epileptische – auch nicht als hysterisch-epileptische – Attacken aufzufassen sind.

Als Fazit bleibt zu ziehen, daß die vorliegenden Berichte so vage sind, daß definitive Aussagen über das Auftreten von Epilepsie bei Schamanen nicht getroffen werden können. Für organische Epilepsie bestehen ohnehin kaum Anhaltspunkte. Für die Anfälle wäre höchstens eine psychische Genese denkbar. Nicht alle Schamanen bekommen Anfälle; außerdem läßt die Epilepsie-These andere schamanische Erfahrungen unerklärt, zum Beispiel die Reise.

Insgesamt ist es also sicher falsch, Schamanen pauschal als Epileptiker zu bezeichnen oder zu glauben, der Schamanismus ließe sich durch das Phänomen der Epilepsie erklären oder abtun.

Hysterie

Die zweite Pathologie, die häufig mit Schamanismus in Verbindung gebracht wird, ist die Hysterie. Dies ist ein alter Sammelbegriff für eine ganze Reihe von Störungen, die heute meist unter der Bezeichnung «hysterische Neurosen»[4] zusammengefaßt werden. Sie teilen sich in zwei Hauptgruppen, die Konversionsstörungen und die dissoziativen Störungen. Konversionsstörungen treten auf, wenn ein Mensch seelische Konflikte unbewußt in körperliche Symptome umwandelt. Zu den Konversionsstörungen zählt, wie bereits besprochen, die hysterische Epilepsie.

Bei hysterischen Neurosen vom dissoziativen Typus sind die Symptome dagegen seelisch, nicht körperlich. Das Schlüsselelement ist ein Verlust der bewußten Reflexion und der Kontrolle mentaler Prozesse wie Erinnerung, Wahrnehmung und Identität. Zu den dissoziativen Störungen werden unter anderem gerechnet: multiple Persönlichkeit, Depersonalisation und Trancezustände. Im Fall der *multiplen Persönlichkeit* existieren im Individuum zwei oder mehr verschiedene Persönlichkeiten, die abwechselnd die Identität und das Verhalten des Betreffenden bestimmen. Beim *Depersonalisationssyndrom* kommt es permanent oder wiederholt zu Gefühlen der Selbstentfremdung, zu einer «Entfernung» vom eigenen Ich; das «übliche Gefühl der eigenen Wirklichkeit» verzerrt sich oder geht verloren. *Trancezustände* schließlich sind veränderte Bewußtseinszustände, bei denen die Aufmerksamkeit getrübt oder selektiv gebündelt ist.

Wir wollen nun hysterisch-dissoziative Störungen betrachten und untersuchen, inwieweit sie als Erklärung für schamanische Erfahrungen dienen könnten. Drei schamanische Erfahrungsbereiche sind als «hysterisch» eingestuft worden: die Initiationskrise, der schamanische Mediumismus und die schamanische Reise. Sie seien nacheinander betrachtet.

Es ist nicht sehr erstaunlich, daß die Initiationskrise mit ihren vielfältigen seltsamen Erlebnissen und Verhaltensweisen das Etikett «hysterisch» auf sich gezogen hat. Die Konstellation extremer Bewußtseins-, Identitäts- und Verhaltensumschwünge, die sie begleiten kann, läßt sich möglicherweise als eine Randform der hysterischen Dissoziation deuten. Doch auch hier erhebt sich wieder das Kardinalproblem, daß die vorliegenden Schilderungen von Initiationskrisen zu ungenau sind, um eine sichere Diagnose zu gestatten. Man kann daher lediglich sagen: Diossoziation könnte bei Initiationskrisen eine Rolle spielen.

Der zweite Aspekt des Schamanismus, bei dem Dissoziation mitspielen könnte, ist der Mediumismus oder das «Channeling», wie man es neuerdings nennt. Dabei scheinen ein oder mehrere Geister aus dem Schamanen zu sprechen; sein Bewußtseinszustand kann sich dabei von voller, wacher Bewußtheit bis zur völligen Absenz bewegen. Während dieser Absenz kann es scheinen, als trete der (die) Geist(er) an die Stelle der Persönlichkeit des Schamanen, dessen Körperhaltung, Verhalten, Manierismen und Stimme sich stark verändern können.

Dieses Phänomen kennt man aus vielen Kulturen und Zeiten. Im Westen war eines der frühesten und berühmtesten Beispiele das Orakel von Delphi, das von Bauern wie von Königen befragt wurde. Eine regelrechte Modewelle erlebte die Geisterbefragung als Spiritismus im späten neunzehnten Jahrhundert; heute ist sie unter dem Namen «Channeling» erneut *en vogue*.

Die westliche Psychologie neigt dazu, diese Erscheinung – wie sie sich auch nennen mag – als Form der Dissoziation zu betrachten. In Lehrbüchern kann man lesen: «Eine seltsame, relativ unerforschte und unverstandene Form der Dissoziation sind die Trancezustände von Medien bei spiritistischen Séancen.»[129]

Hier stoßen zwei Weltanschauungen auf interessante Weise zusammen. Für die westliche Psychiatrie ist der Mediumismus eine Form der Dissoziation, wobei die «Geister» als abgespaltene Teile der eigenen Psyche gelten. Der Schamane dagegen (und das westliche Medium) erlebt (und betrachtet meist auch) die «Geister» als selbständige Wesenheiten, die eigenes Wissen und eigene Weisheit besitzen und dem Medium darin oft überlegen sind. Über das «Wahr» und «Falsch» dieser beiden Sichtweisen zu entscheiden, mag zunächst einfach scheinen, erweist sich bei näherer Betrachtung aber als heikler als gedacht, wie wir noch sehen werden.

Hier ist zunächst festzuhalten, daß eine Reihe sorgfältiger Studien daruaf hindeutet, daß Mediumismus oder Channeling möglicherweise ein komplexes Phänomen ist, das neben vielerlei Unsinn manchmal auch sinnvolle, profunde Information liefern kann[79, 102]. Es als «Hysterie» abzustempeln, wäre ein verhängnisvoller Fehler, der uns hindern würde, eine ungewöhnliche Eigenschaft der Psyche so gründlich zu erforschen, wie sie es verdient.

Das dritte Phänomen schließlich, das mit Dissoziation zu tun haben könnte, ist die schamanische Reise. Während der Reise fällt der Schamane in Trance, er nimmt seine Umwelt nur noch reduziert wahr und reist in andere Welten, um dort eine Vielzahl von Geistwesen zu kontaktieren und manerlei visionäre Erfahrungen zu machen.

Westliche Psychiater könnten die Meinung vertreten, es handle sich tatsächlich um eine Form der Dissoziation, da die Person ja in Trance fällt und Trancezustände als eine Form der Dissoziation rubriziert sind. Stillschweigend wird dabei jedoch unterstellt, daß diese Trancen krankhaft seien. Schamanen, ihre Stammesgenossen und viele Anthropologen wären nicht dieser Meinung. Für den Stamm ist die schamanische Reise vielmehr ein Hoffnungsstrahl, der Heilung und Hilfe aus den höheren Sphären auf die Welt bringen kann.

Mehrere Argumente sprechen dagegen, die schamanische Reise als Dissoziationsleiden einzuordnen. Zunächst einmal ist die Reise nicht nur kulturell sanktioniert, sondern kulturell hochgeschätzt, und sie als Störung einzustufen, könnte heißen, «zwischen Klinik und Kultur nicht unterscheiden» zu können[210]. Außerdem hat der Schamane Kontrolle über die Trance und kann sie willentlich einleiten und beenden. Das ist ein grundlegender Unterschied zu den klassischen Dissoziationsleiden, die das Opfer zu «überfallen» und zu tyrannisieren scheinen. Der «sibirische Schamane mag in einen Zustand teilweiser hysterischer Dissoziation verfallen wie ein Hysteriker – sagen wir – in England, aber er sucht diesen Zustand bewußt und erntet dafür Autorität und Achtung von seinem Stamm».[210]

Darüber hinaus scheint die schamanische Reise nicht unbedingt als psychologischer Abwehrmechanismus zu fungieren. Bei den klinischen Dissoziationsleiden wirkt die Dissoziation als Abwehrmechanismus: Sie schwächt und verzerrt das Bewußtsein, damit seelische Leiden und Konflikte nicht wahrgenommen werden. Bei der schamanischen Reise scheint gerade das Umgekehrte der Fall zu sein. Gezielt und willentlich öffnet sich der Schamane entweder dem eigenen Leiden oder dem anderer Menschen, oder auch dem Leiden von Geistern in anderen Welten, in dem Versuch, Abhilfe für dieses Leid zu finden.

Damit soll nicht bestritten werden, daß die Reise – wie übrigens auch fast jedes andere schamanische Verhalten – manchmal ein Abwehrmechanismus sein *kann*. Ich persönlich habe enormes Vertrauen in die Fähigkeit des Menschen, fast alles zum Abwehrmechanismus zu machen. Das ist aber etwas ganz anderes als die Behauptung, die Reise diene überwiegend oder ausschließlich der Abwehr.

Es gibt also offenbar mehrere klinische und soziokulturelle Argumente gegen die Auffassung, die schamanische Reise sei eine dissoziative Störung. Außerdem birgt diese diagnostische Abstempelung auch beträchtliche Gefahren.

Die erste Gefahr – sie liegt auf der Hand – ist die Konnotation des zwangsläufig Krankhaften. Dadurch wird die in der Literatur bereits verbreitete Sicht des Schamanen als Geistesgestörten nur noch weiter verstärkt.

Eine damit verbundene Gefahr ist der Fallstrick des Reduktionismus. Das einmal aufgeklebte diagnostische Etikett bringt es mit sich, daß man dazu neigt, den gesamten Prozeß – in diesem Fall die schamanische Reise – auf «nichts weiter als» Dissoziation zu reduzieren. In westliche Diagnosekategorien gezwängt, kann ein reicher, komplexer und kulturell hochbewerteter Prozeß leicht als kuriose kulturelle Spielart eines verbreiteten Abwehrmechanismus diagnostiziert und abgetan werden.

Diese Gefahren des Pathologisierens und des Reduktionismus erstrecken sich weit über den Schamanismus hinaus auf alles Religiöse. Werden die schamanische Reise und die damit verbundenen Trancezustände auf Dissoziation reduziert, so verstärkt sich dadurch die Neigung, alle mystischen Bewußtseinszustände «diagnostisch» zu erfassen und abzutun – wobei jahrtausendelang gerade diese Erfahrungen oft als *summum bonum*, als höchstes Ziel und höchstes Gut menschlichen Seins galten. Insgesamt verliert man dadurch den Blick für die mögliche Einzigartigkeit und den Wert dieser Bewußtseinszustände und macht untendenziöse Forschung von vornherein schwierig oder unmöglich; man erklärt das Unbekannte in den Begriffen des Bekannten und das Unvertraute in den Begriffen des Vertrauten und setzt stillschweigend voraus, daß wir von den großen spirituellen Heroen und ihren Praktiken nichts zu lernen haben.

Über Existenz, Ausmaß und Art etwaiger Hysterie im Schamanismus lassen sich also keine sicheren Aussagen machen. Bei einigen «Anfällen» und sonstigen anormalen Verhaltensweisen während der schamanischen Initiationszeit mag hysterische Konversion und Dissoziation mitspielen. Doch auch hier wieder fehlen uns handfeste, verläßliche Daten über das, was Schamanen in dieser Periode wirklich erleben.

Hysterische Dissoziation könnte auch bei zwei weiteren schamanischen Verhaltensweisen beteiligt sein, nämlich bei Geistbesessenheit und der schamanischen Reise. Diagnostiziert man diese jedoch als bloße Dissoziationsleiden, so riskiert man eine Aufoktroyierung westlicher Kultur- und Diagnoseperspektiven und preßt diese reichhaltigen Phänomene ins Krankenbett bloßer diagnostischer Kategorien. Es scheint daher sinnvoller, sich auf das Sammeln präziserer Daten über die Phänomene selbst zu konzentrieren, statt sie nur zu diagnostizieren und abzustempeln.

Schizophrenie und andere Formen der Psychose

Der Epileptiker, Neurotiker und Hysteriker mag eine gestörte Persönlichkeit sein, bewahrt aber immerhin noch Kontakt zur Konsensus-Realität. Der Psychotiker dagegen lebt in einer eigenen Welt, verloren in Privatphantasien, unfähig, sie als die Illusionen und Wahnvorstellungen zu erkennen, die sie sind. Dem Außenstehenden erscheint das Erleben des Psychotikers bizarr und unbegreiflich.

Ebenso seltsam und unbegreiflich kann das Erleben des Schamanen – das ihm selbst und seinen Stammesgenossen völlig vernünftig und normal erscheinen mag – einem kulturell Außenstehenden vorkommen. Es überrascht daher nicht, daß der westliche Beobachter es manchmal als psychotisch und schizophren einstuft. Ein Forscher zum Beispiel beschrieb den Mohave-Schamanen als «totalen Psychotiker»[36], und ein Psychiater schloß, Schizophrenie und Schamanismus hätten «völlig realitätsfremde Vorstellungsbildung, abnorme

Wahrnehmungserfahrung, tiefes emotionales Aufgewühltsein und bizarre Manierismen» gemeinsam. Der einzige Unterschied, den er zwischen schamanischen und westlich-schizophrenen Episoden erkennen könne, sei der Grad, in dem die beiden Kulturen sie akzeptierten[169].

Die schamanischen Erlebnisse, die in westlichen Augen die merkwürdigsten sind und wesentlich zur Schizophrenie-Diagnose beigetragen haben, sind die Initiationskrise und die visionären Erfahrungen des Schamanen auf seiner Reise. Diese beiden Erfahrungen müssen wir daher untersuchen, um die Gültigkeit der Gleichsetzung von Schamane und Psychotiker zu überprüfen.

Im Gegensatz zur Initiationskrise lassen sich die Erfahrungen und Bewußtseinszustände des Schamanen auf der Reise relativ genau einschätzen, da wir viele detaillierte Berichte darüber haben, und zwar sowohl von Beobachtern als auch von Schamanen selbst. Hinzu kamen in letzter Zeit Schilderungen westlicher Menschen, die eine schamanische Ausbildung durchlaufen und ihre eigenen Reisen beschrieben haben. Wenn man diese Schilderungen mit dem Krankheitsbild der Schizophrenie vergleicht, was wir später tun werden, treten deutliche Unterschiede zutage. Es ist daher nicht mehr haltbar, die schamanische Reise als Indiz für Schizophrenie zu werten.

Viel weniger klar ist das Bild bei der schamanischen Initiationskrise. Wie gesagt haben wir über diese Krisen kaum Daten aus erster Hand, und was wir haben, ist bestenfalls lückenhaft. Eine definitive Diagnosestellung ist daher unmöglich. Doch zwei Fragen müssen angesprochen werden: ob das Verhalten während der Krisen psychotischer Symptomatik entspricht, und wenn ja, ob es der schizophrenen Symptomatik entspricht.

Die Psychose-Diagnose für die Initiationskrise geht vom Erleben und Verhalten des Schamanen aus. Der angehende Schamane kann in dieser Zeit das Empfinden haben, von Geistern gequält und beherrscht zu werden. Er kann in beträchtlichem Maß verwirrt erscheinen, emotional aufgewühlt, menschenscheu, er kann eine ganze Skala ungewöhnlicher und befremdlicher Verhaltensweisen zeigen (etwa nackt herumlaufen, Nahrung verweigern, sich selbst beißen). Diese Empfindungen und Verhaltensweisen sind aus westlicher Sicht «wunderlich», und der Glaube, man werde von Geistern gequält, gälte in unserer Kultur sicher als Wahnvorstellung.

In der schamanischen Kultur gilt der Glaube an Geistbesessenheit und -verfolgung dagegen nicht als Wahn, sondern stimmt voll überein mit der kulturellen Weltsicht. Außerdem steht der Schamane mit solchen Erfahrungen nicht allein. Viele Menschen in seinem Stamm können sich manchmal verfolgt fühlen. Der Unterschied besteht darin, daß der Schamane nicht über Verfolgung durch Geister klagt, sondern die Geister beherrschen und als Helfer nutzen lernt.

Angesichts der mageren Datenlage und der Kulturabhängigkeit der Begriffe «normal» und «geistesgestört» können wir also keine sichere Aussage darüber machen, ob die schamanische Initiationskrise manchmal von psychotischen Episoden begleitet ist. Wir können lediglich sagen, daß das eigentümliche Verhalten, die emotionale Aufgewühltheit, die Verwirrung und Inkohärenz ins Bild einer psychotischen Episode passen *könnten*. Es ist also möglich, daß angehende, durch eine Initiationskrise zu ihrem Beruf hingetriebene Schamanen zuweilen eine vorübergehende Psychose durchmachen. Es gibt jedoch keinen klaren Anhalt dafür, daß diese Psychose über die Initiationsphase hinaus andauert, und aus verschiedenen Gründen ist es ziemlich unwahrscheinlich, daß es sich um Schizophrenie handelt. (Der an näheren differentialdiagnostischen Angaben interessierte Leser sei auf den nachfolgenden Abschnitt verwiesen.)

Wie läßt sich die oft wiederholte, jahrzehntelang in der Literatur widerhallende Behauptung, der Schamane sei bestenfalls ein geheilter Irrer oder schlimmstenfalls aktiv psychotisch und schizophren, abschließend beurteilen? Die am häufigsten als psychotisch eingestuften schamanischen Erfahrungen sind die Reise und die Initiationskrise. Von der schamanischen Reise können wir klar sagen, daß sie eine Erfahrung ganz eigener, einmaliger Art ist und nicht mit etwas Psychotischem verwechselt werden darf.

Weniger eindeutig ist die Sachlage bei der Initiationskrise. Manche der Schamanen, die eine solche Krise durchlaufen, erleiden möglicherweise eine vorübergehende psychotische Störung. Wichtig ist aber festzuhalten, daß nur ein kleiner Prozentsatz aller Schamanen eine Initiationskrise hat, und daß von diesen wiederum wohl nur einige ins Psychotische abgleiten. Das heißt, nur ein sehr kleiner Prozentsatz aller Schamanen wird psychotisch. Zudem ist diese Psychose kurzlebig und wahrscheinlich keine Form der Schizophrenie. Im Gegenteil, am Ende kann der Schamane als einer der psychisch gesündesten Menschen seines Stammes dastehen.

Damit soll nicht gesagt sein, daß alle Schamanen ein Muster an geistiger Gesundheit oder Musterbürger seien. Manche bedienen sich aller möglichen betrügerischen Tricks. Jedoch kann – jahrzehntelanger Spekulation zum Trotz – die große Mehrheit der Schamanen keinesfalls als geisteskrank diagnostiziert oder als epileptisch, hysterisch, schizophren oder psychotisch abgestempelt werden. Kurz: Man kann den Schamanismus nicht mehr als wirres Produkt primitiver oder krankhafter Gemüter abtun.

Typen von Psychosen, die bei der Initiationskrise auftreten können

Wenn es bei der Initiationskrise zu einer psychotischen Episode kommt, gibt es meiner Meinung nach vier mögliche Diagnosen, die zutreffen könnten. Die erste könnte sein: *kurze reaktive Psychose.* Wie der Name schon sagt, ist dies eine kurze (mindestens einige Stunden, höchstens einen Monat dauernde) Episode, die im Gefolge einer Streßsituation auftritt und von starker emotionaler Aufgewühltheit gekennzeichnet ist, auf die jedoch stets die völlige Genesung folgt[4].

Weitere mögliche Diagnosen sind *Schizophrenie* und ihre kurzlebige Variante, die *schizophreniforme Störung.* Nach der gegenwärtigen diagnostischen Praxis muß eine psychische Störung mindestens sechs Monate andauern, um in die Kategorie «Schizophrenie» zu fallen. Ist sie kürzer, stimmt aber ansonsten mit dem klinischen Bild der Schizophrenie überein, wird die Diagnose «schizophreniforme Störung» gestellt.

Die vierte Möglichkeit ist die *atypische Psychose.* Hierunter fallen psychotische Episoden, die die Kriterien für spezielle psychotische Störungen wie Schizophrenie nicht erfüllen oder bei denen keine ausreichenden Informationen für eine genauere Diagnose vorhanden sind.

Was läßt sich für und gegen diese einzelnen Diagnosen sagen? Bei der Spärlichkeit und Unzuverlässigkeit der klinischen Daten ist eine definitive Diagnosestellung ausgeschlossen, aber die einzelnen Möglichkeiten lassen sich wie folgt beurteilen.

Das *Diagnostic and Statististical Manual* des amerikanischen Psychiatrie-Verbandes definiert atypische Psychosen als Fälle mit psychotischer Symptomatik, «welche die Kriterien für irgendeine spezielle psychische Störung jedoch nicht erfüllen», beziehungsweise als «Psychosen, über die keine ausreichenden Informationen für eine spezielle Diagnose verfügbar sind»[4]. Das paßt sicherlich zum Bild der schamanischen Symptomatik. Man könnte also einfach sagen: Wenn bei der Initiationskrise eine psychotische Episode auftritt, kann sie als atypische Psychose eingestuft werden.

Andererseits zeigt die Initiations-Episode aber auch Ähnlichkeiten mit der kurzen reaktiven Psychose. Symptome und Verhalten passen dazu, die Episode ist kurzlebig, es folgt völlige Wiederherstellung. Die angemessenen Diagnosen könnten also entweder «atypische Psychose» oder «kurze reaktive Psychose» lauten.

Am häufigsten jedoch ist die Diagnose «Schizophrenie» gestellt worden. Teilweise mag dies auf mangelndes psychiatrisches Fachwissen der Forscher zurückzuführen sein. Nichtpsychiater kennen oft die vielen Spielarten der Psychose nicht und halten unter Umständen alle Psychosen für Schizophrenie. Wegen der kurzen Dauer der Initiationskrankheit und wegen ihres guten Ausgangs scheint Schizophrenie freilich die am wenigsten wahrscheinliche Diagnose.

Es gibt noch weitere Umstände, die gegen Schizophrenie oder auch nur schizophreniforme Störung sprechen. Zunächst einmal sind längst nicht alle Schamanen den Anthropologen schizophren erschienen. Ferner differenzieren viele Stammeskulturen sehr genau zwischen schamanischen Krisen und Geisteskrankheit. Und drittens machen Schamanen nach der Krise psychisch oft einen gesunden, ja «übergesunden» Eindruck. Ganz anders der Schizophrene, dessen Krankheit sich im Lauf der Jahre häufig («progressiv») verschlimmert. Der außerordentlich gute geistige Gesundheitszustand von Schamanen spricht im übrigen auch gegen die meisten anderen Diagnosen wie Epilepsie und Hysterie. Zwar gibt es bei diesen Störungen Spontanheilungen, man würde aber kaum erwarten, daß die Genesenen hinterher zu den fähigsten Stützen der Gesellschaft werden.

Der Schamane dient am Ende seiner Gemeinschaft – dies zählt sogar zu seinen definierten Eigenschaften –, während der Schizophrene kaum nennenswerte Beiträge leistet. Manche Forscher haben auf eine Korrelation zwischen psychischer Gesundheit und gesellschaftlichem Engagement hingewiesen[193]. Gesunde neigen dazu, sich mehr dem Dienst am Mitmenschen zu widmen, und dies mag ein weiteres Argument dagegen sein, den Schamanen als psychisch Gestörten zu betrachten.

Sehr nützlich für eine definitive Einschätzung des Gesundheitszustandes von Schamanen wären gute psychologische Testdaten. Leider gibt es sie so gut wie gar nicht. Viel Aufhebens wurde von einer älteren Rorschach-Studie an Apache-Indianern gemacht, die keine Hinweise erbrachte, daß Schamanen schwer neurotisch oder psychotisch seien[22], doch diese Studie war mit Fehlern behaftet und bietet daher keine allzu verläßliche Urteilsgrundlage[44]. Psychologische Tests helfen uns also bei der Bewertung der Persönlichkeit und der psychischen Gesundheit von Schamanen derzeit kaum weiter.

Achtes Kapitel

Psychotischer Zusammenbruch oder spiritueller Aufbruch? Neuere Ansichten

Von äußeren Fakten haben wir genug, übergenug, mehr, als die wuselnden Gelehrten je zu einem einzigen Ganzen werden verknüpfen können, genug, um die geschäftigen Popularisierer bis ans Ende ihrer Tage mit Stoff für ihre helläugig-wissenden Ergüsse zu versorgen; doch über die inneren Fakten – das, was im Zentrum vorgeht, wo die Kräfte unseres Schicksals sich zuerst bemerkbar machen – wissen wir noch viel zu wenig.

William Barrett

Jahrzehntelanger Versuche ungeachtet, sie in diagnostische Schubfächer zu pressen, widersetzen sich Schamanen einer glatten, griffigen «Psychiatrisierung». Gewiß können ihre Initiationskrisen als seelische Krisenphasen, zuweilen sogar als kurze Psychosen gesehen werden, doch ihre visionären Reisen und veränderten Bewußtseinszustände sind unter Kontrolle, dienen nützlichen sozialen Zwecken und sind klar unterscheidbar von den schizophrenen Wahnvorstellungen, mit denen man sie so oft verwechselt hat.

Gerade die Initiationskrise hat immer wieder für Aufsehen gesorgt (wobei man stets daran denken muß, daß sie nur bei einem kleinen Prozentsatz der Schamanen auftritt). Am wichtigsten ist womöglich aber nicht die Krise selbst, sondern ihr Ausgang. Denn «der Schamane ist nicht einfach ein Kranker», wie Eliade schreibt, «er ist vor allem ein Kranker, der sich selber geheilt hat»[41]. So gesehen «ist der Schamanismus keine Krankheit, sondern das Geheiltwerden von einer Krankheit»[2].

Tatsächlich steht der Schamane am Ende oft als eines der funktionstüchtigsten Mitglieder seiner Gemeinschaft da und zeigt, nach Eliade, Anzeichen «einer übernormalen Nervenkonstitution»[41]. Immer wieder wird er als besonders energie- und kraftvoll geschildert, als ungewöhnlich konzentrationsfähig, als jemand, der veränderte Bewußtseinszustände unter Kontrolle hat, als hochintelligent und führungsbegabt, als jemand, der komplexe Sachverhalte, Mythen und Rituale begreift. Obwohl also die Symptome und Verhaltensweisen der schamanischen Initiationskrise sowohl nach westlichen als auch nach den eigenen Stammesnormen ungewöhnlich und seltsam anmuten mögen, genesen Schamanen nicht nur von ihrer «Krankheit», sondern «funktionieren» anschließend oft außerordentlich gut als Führer und Heiler ihres Volkes[41, 149, 153].

Wie sollen wir diese merkwürdige Mischung aus Initiations-Gestörtheit und anschließender Gesundheit beurteilen? Die Schulpsychiatrie rechnet bei Psychosen kaum je mit der Möglichkeit eines positiven Ausgangs; das bereits zitierte amerikanische Standardwerk erwähnt sie nicht einmal. Bleibt zu fragen, ob es nicht irgendwelche Fakten und Diagnosen gibt, die *sowohl* zur Initial-Pathologie als auch zur nachfolgenden Genesung passen.

Die Antwort heißt: ja. Schamanen sind nicht die einzigen Menschen, bei denen man beobachtet hat, daß es ihnen nach einer psychischen Störung besser ging als vorher. Vor mehr als zweitausend Jahren erklärte Sokrates, unsere größten Segnungen entstünden uns aus dem Wahnsinn, vorausgesetzt, der Wahnsinn werde uns als Göttergeschenk gegeben[114]. Ähnlich äußerte sich in jüngerer Zeit der namhafte Psychiater Karl Menninger: «... manche Patienten haben eine Geisteskrankheit, und dann geht es ihnen besser! Ich meine damit, es geht ihnen besser als je zuvor... Dies ist eine außerordentliche und wenig beachtete Wahrheit.»[114]

In unserer Zeit sind überraschend viele psychologisch oder psychiatrisch Tätige zu ähnlichen Beobachtungen gekommen. Ich sage überraschend, weil die Möglichkeit in der traditionellen psychiatrischen Literatur kaum erwähnt wird. Und doch haben Forscher in beträchtlicher Zahl – darunter sehr namhafte – erkannt, daß psychische bis hin zu psychotischen Störungen die Funktion von Wachstumserfahrungen haben können, die zu größerem seelischen oder geistigen Wohlbefinden führen. Eine Untersuchung solcher Störungen könnte daher ein erhellendes Licht auf die schamanische Initiationskrise werfen.

Der allgemeine Ablauf ist folgender: An eine temporäre psychische Störung schließt sich eine Wiederherstellung an, die den Menschen auf eine höhere Ebene der Funktionsfähigkeit hebt als vor der Krise. Aus dieser Perspektive kann, was zunächst wie eine reine Beeinträchtigung, wie Gestörtheit und Krankheit aussah, später als Entwicklungs- und Wachstumsschritt neu gedeutet werden. Diesen Krisen hat man zahlreiche Namen gegeben, die jeweils von unterschiedlicher Warte aus einzelne Aspekte des Vorgangs beleuchten. So sind Störungen mit positivem Ausgang, an denen der Mensch wächst, als «positive Desintegration», «Regenerationsprozeß», «Erneuerung» oder «schöpferische Krankheit» bezeichnet worden[33, 43, 137].

Solche Krisen und Psychosen werden in besonderem Maße mit mystischen oder transpersonalen Erfahrungen in Verbindung gebracht. In diesem Zusammenhang heißen sie «mystische Erfahrungen mit psychotischen Zügen», «göttliche Krankheiten», «spirituelle Krisen» und «transpersonale Krisen»[67, 107, 114].

Diese Namen und Bezeichnungen wollen verdeutlichen, daß eine vorübergehende psychische Störung manchmal Teil eines substantiellen Wachstums- und Entwicklungsprozesses sein oder einen solchen nach sich ziehen kann. Mithin lassen sich einige – allerdings nur einige – psychische Störungen heute eher als Entwicklungskrise denn als rein krankhafter Prozeß deuten.

Entwicklungskrisen sind Phasen starken seelischen Drucks, die mit Umbrüchen und Wendepunkten im Leben einhergehen. Sie können von beträchtlicher, manchmal sogar lebensbedrohender seelischer Aufgewühltheit gekennzeichnet sein. Umbruchsphasen dieser Art treten spontan ein – geläufigste Beispiele sind Adoleszenz- und Midlife-Krisen –, können aber auch durch wachstumsbeschleunigende Techniken wie Psychotherapie und Meditation herbeigeführt werden.

Zu diesen Krisen kommt es, weil das seelische Wachstum selten reibungslos und geradlinig in Richtung höheren Wohlbefindens, Klarheit und Reife verläuft. Vielmehr stockt es periodisch, wird unterbrochen von Phasen der Verwirrtheit und des Infragestellens, in Extremfällen der Desorganisation und Verzweiflung. Die beiden Löwen, die die Pforten östlicher Tempel bewachen, sollen, wie man manchmal sagt, Verwirrung und Paradoxie darstellen; beides muß überwinden, wer zu wahrer Weisheit gelangen will.

Deshalb heißt es auch, daß für den, der wahre Weisheit sucht, Klarheit zur Falle werden kann. Wenn wir ein Welt- und Selbstverständnis entwickeln, neigen wir dazu, krampfhaft daran festzuhalten. Wir klammern uns an unser altgewohntes Verständnis, weil es uns davor bewahrt, uns der ewig sich wandelnden Neuheit und Unsicherheit des Lebens stellen zu müssen. Wir halten daran fest, nicht wissend, daß die

Welt ein Mysterium ist und daß – paradoxerweise – das Gefühl des Nichtwissens eine notwendige Vorbedingung dafür ist, daß Weisheit aufdämmern kann. Denn Klarheit «vertreibt die Furcht, aber sie macht auch blind»[31], und wer daran festhält, lernt nicht mehr.

Werden diese Krisen erfolgreich bewältigt, dann können sich Desorganisation und Aufgewühltheit als das Mittel entpuppen, durch das einengende, überholte Lebensmuster abgeworfen werden. Alte Überzeugungen, Ziele, Identitäten und Lebensstile können umbewertet und abgelegt und neue, lebensaffirmierendere angenommen werden. Es scheint daher, daß psychische Pein und Verwirrung einerseits ein Symptom seelischen Krankseins und Niedergangs, andererseits eine Symptom entwicklungsmäßigen Fortschreitens und Wachsens sein kann.

Diese Krisen können durch Streß, aber auch durch Psychotherapie und spirituelle Praktiken ausgelöst werden. Sie können auch spontan eintreten, als Ausdruck innerer Kräfte, die eine Entwicklung erzwingen, ob das Individuum es will oder nicht. Diese Entwicklungskräfte sind als Individuation, Selbstaktualisierung oder auch Transzendenz umschrieben worden. Sie schaffen eine dynamische Spannung zwischen den Kräften des Wachstums und dem verführerisch Vertrauten, zwischen dem Sog der Transzendenz und dem Beharrungsvermögen der Routine. Wie John Perry, ein Jungianischer Psychiater, bemerkt:

> Der Geist strebt ständig nach Befreiung aus seinem Gefangensein in eingefahrenen oder konventionellen psychischen Strukturen. Spirituelle Arbeit ist der Versuch, diese dynamische Energie freizusetzen, die sich aus ihrer erstickenden Fesselung an alte Formen losreißen muß ... Wird im Entwicklungsprozeß eines Menschen diese Arbeit der Geistfreisetzung zwingend nötig, wird sie aber nicht freiwillig, in Kenntnis des Ziels und mit beträchtlicher

> Anstrengung in Gang gesetzt, so neigt die Psyche dazu, selbst die Initiative zu ergreifen und die bewußte Persönlichkeit zu überrollen... Die individuierende Psyche verabscheut die Stasis, wie die Natur das Vakuum verabscheut.»[137]

Mit anderen Worten: Statt Stagnation zu dulden, schafft die Psyche lieber «selbst» die Entwicklung vorantreibende Krisen. Das kann ganz gewiß bei Schamanen der Fall sein. Viele sind von der Aussicht auf ihren neuen Beruf alles andere als begeistert und widersetzen sich den Anfangszeichen und -symptomen auf das heftigste. Dabei riskieren sie einiges; viele Stammesmythen berichten, daß, wer dem Ruf nicht folgt, krank wird, den Verstand verliert, stirbt.

Wenn die Kräfte des Wachstums den Widerstand der Trägheit brechen, kommt es zu einer Umbruchs- oder Entwicklungskrise. Die Symptome dieser Krise variieren je nach Persönlichkeit und Reifegrad des Menschen. Sie reichen von primitiver Pathologie auf der einen Seite bis zu «transpersonaler» Pathologie auf der anderen[204]. In letzterem Fall wird die Krise neuerdings als transpersonale oder spirituelle Krise *(spiritual emergency)* und als spiritueller Durchbruch *(spiritual emergence)* bezeichnet[66, 67, 70]. Diese Art Krisen sind es, die der schamanischen Initiationskrise wohl am nächsten stehen und am meisten zu ihrem Verständnis beitragen können.

Die Erforschung transpersonaler Krisen steckt noch in den Kinderschuhen. Zwar werden sie schon seit Jahrhunderten als Komplikation spiritueller Praktiken beschrieben, doch eingehende Untersuchung und systematische Behandlung haben gerade erst begonnen. Die folgende Klassifikation ist daher zunächst einmal nur ein Versuch und wird künftig sicherlich verfeinert werden. Sie gibt uns eine erste Handhabe, zwischen unterschiedlichen Typen der spirituellen Krise zu differenzieren und Licht auf die verschiedenen Formen zu werfen, die schamanische Initiationskrisen annehmen können.

Formen der spirituellen Krise

Folgende heute anerkannte Formen der spirituellen Krise haben den engsten Bezug zum Schamanismus und seiner Initiationskrise: mystische Erfahrungen mit psychotischen Zügen, schamanische Reisen, Besessenheit, Erneuerung, Kundalini-Erlebnisse und mediale Öffnung.

Mystische Erfahrungen mit psychotischen Zügen sind meist kurze Episoden, bei denen eine bessere Prognose möglich ist als bei anderen Psychosen[114]. Diese Kombination mystischer und psychotischer Erfahrungen scheint zum Bild mancher schamanischer Krisen zu passen (merkwürdiges Verhalten, doch zugleich mystisch-sinnvolles Erleben).

Spirituelle Krisen vom Typus der *schamanischen Reise* sind gekennzeichnet durch Symptome, wie sie sowohl bei der schamanischen Initiation als auch bei der schamanischen Reise auftreten. Dazu Stanislav und Christina Grof:

> Transpersonale Krisen dieses Typs zeigen große Ähnlichkeit mit dem, was die Anthropologen die schamanische oder Initiations-Krankheit nennen... Die Erfahrungen von Menschen, deren transpersonale Krise stark schamanische Züge hat, kreisen um physisches Leid und Todesbegegnung, gefolgt von Wiedergeburt und Elementen des Aufstiegs oder des magischen Fluges. Ferner spüren solche Menschen eine besondere Verbundenheit mit den Elementen der Natur und treten in Kommunikation mit Tieren oder Tiergeistern. Nicht selten kommt es zu einem Aufwallen außerordentlicher Kräfte und Heilimpulse... Wie die Initiationskrise kann auch die transpersonale Episode vom schamanischen Typ, angemessen unterstützt, zu guter Anpassung und überdurchschnittlichem Funktionieren führen.»[66]

Die Ähnlichkeit solcher Erfahrungen – Tod und Wiedergeburt, magischer Flug, Begegnung mit Tiergeistern, Heilimpulse – mit klassischen Schamanenerlebnissen ist augenfällig. Denkbar wäre daher, daß die schamanische Initiationskrise einen tiefgründenden, nicht an bestimmte Kulturen und Epochen gebundenen psychischen Prozeß widerspiegelt. Aus der Psyche moderner westlicher Zeitgenossen, die von Autos und Computern umgeben sind, scheint dieser Prozeß ebenso hervorbrechen zu können wie aus der Psyche urzeitlicher Schamanen, die in Zelten und Schneehütten hausen. Eindeutig wird hier ein tiefes, vielleicht archetypisches Muster ausgespielt. Die Grofs schließen daher, daß «Menschen, deren spirituelle Krisen diesem Muster folgen, von einem archaischen Prozeß erfaßt sind, der den tiefsten Urgrund der Psyche berührt»[66]. Deshalb können alte schamanische Weisheiten über die richtige Bewältigung solcher Krisen für uns moderne Menschen sehr lehrreich sein.

Erfahrungen von *Besessenheit* sind in der gesamten Menschheitsgeschichte bezeugt und lassen sich zu den Hauptmerkmalen der schamanischen Krise zählen. Heute können sie entweder spontan oder im religiösen und psychotherapeutischen Rahmen auftreten. Die Erfahrung, mit Zorn und Haß zu kämpfen oder davon übermannt zu werden, kann von schrecklicher Intensität sein. So machtvoll, abstoßend und fremdartig erscheinen diese Emotionen, daß der Betroffene das Gefühl haben kann, wortwörtlich von einem Dämon gepackt worden zu sein und mit ihm um sein Leben und seinen Verstand ringen zu müssen. Angesichts der Dramatik eines solchen Geschehens sind sogar einige Psychiater zu dieser Meinung gekommen[135]. Andere deuten Besessenheit in mehr psychologischer Weise, als Ausdruck starker archetypischer Muster, der therapeutisch behandelt werden kann. Die Grofs behaupten sogar: «Bei guter Unterstützung können Erfahrungen dieser Art äußerst befreiend und heilsam sein.»[66]

Erneuerungsprozeß nennt der Psychiater John Perry die Erfahrung einer tiefgreifenden, allumfassenden Zerstörung, der eine Regeneration folgt. Wer diesen Prozeß durchläuft, wird von Bildern überwältigt, in denen er miterlebt, wie er selbst und die Welt vernichtet wird. Diese Vernichtung ist jedoch kein Schlußpunkt, sondern nur der Auftakt zu Wiedergeburt und Regeneration. Aus den Bildern der Verheerung wächst ein Erleben persönlicher Erneuerung und Wiedergeburt und der Regeneration der ganzen Welt. Wir erinnern daran, welch wichtige Rolle Todes- und Wiedergeburtsbilder bei der schamanischen Krise spielen.

Der Erneuerungsprozeß kann mit beträchtlichem Streß und Konflikt verbunden sein; er kann bis ins Psychotische hineingehen. Psychiater unterscheiden diesen Prozeß meist nicht von anderen Psychosen und unterdrücken sie alle gleichermaßen mit Medikamenten. Perry behauptet jedoch:

> Wird einem Menschen, der diese aufwühlende Erfahrung durchläuft, Liebe, Verständnis und Ermutigung entgegengebracht, dann löst sich die spirituelle Krise bald von selbst, ohne daß man sie medikamentös «abtreiben» muß. Die bruchstückhafteste «Gedankenkrankheit» kann sich binnen kurzer Zeit ordnen und kohärent werden, wenn jemand da ist, der mit Mitgefühl darauf reagiert. Eine solche Beziehung ist in den meisten Fällen weitaus besser als ein Tranquilizer.[137]

Die fundamentale Veränderung bei diesem «Erneuerungsprozeß» – so sagt man – besteht darin, daß sich das alte, überholte Selbstbild auflöst und per Wiedergeburt durch ein neues, angemesseneres Bild ersetzt wird. Dann gilt der Erneuerungsprozeß als potentiell wertvoller Wachstumszyklus.

Das Erwachen der *Kundalini*-Kraft ist ein Prozeß, der am detailliertesten in Indien beschrieben wurde, wenngleich in vielen Kulturen und religiösen Gruppen wichtige Parallelen bestehen. Gemäß indischer Tradition ist die Kundalini die schöpferische Energie des Universums. Der Mensch hat an dieser Energie teil, doch meist schlummert sie ungenutzt und unerkannt in ihm. Durch gezielte spirituelle Praktiken kann sie geweckt werden (gelegentlich erwacht sie auch spontan), wodurch enorme, manchmal überwältigende physische und seelische Kräfte entfesselt werden. Das Resultat ist ein farbenreiches Spektrum intensiver körperlicher, psychischer und geistiger Erfahrungen, die ebenso ekstatisch wie beängstigend sein können. Physisch können sie sich als Zittern, Krämpfe, Schütteln, seelisch als intensive Gefühle, Erregung, Erhitzung, Schmerz, helle Lichter und lebhafteste innere Bilder bemerkbar machen. Dies sind nur wenige Beispiele aus der breiten Skala körperlicher, psychischer und geistiger Symptome, die, bei unrichtiger Diagnose, als unzusammenhängende psychische Störungen betrachtet würden. Kundalini-Krisen nehmen jetzt auch im Westen zu, da immer mehr Menschen sich intensiv mit Meditation und Yoga beschäftigen. Hinter den ungewöhnlichen Symptomen und der starken Agitiertheit bei manchen schamanischen Krisen könnte Kundalini stehen.

Mediale Öffnung, der letzte Typus der spirituellen Krise, ist für den in der westlich-wissenschaftlichen Kultur erzogenen Menschen wohl am schwersten zu akzeptieren. Der Betreffende glaubt, plötzlich eine oder mehrere übersinnliche Fähigkeiten zu besitzen (manchmal völlig gegen seinen Willen), etwa die Fähigkeit zu außerkörperlichen Erfahrungen oder visionäre oder mediale (spiritistische) Begabungen – was wir alles aus dem Schamanismus kennen. Ohne zunächst auf die Frage der Echtheit des Erlebten einzugehen, kann man konstatieren, daß der Mensch jedenfalls durch solche Erfahrungen große Schwierigkeiten bekommen kann. Er kann sich von einer Flut ungewohnter Erfahrungen überwältigt fühlen und fürchten, den Verstand zu verlieren.

Dies also sind einige im Zusammenhang mit der schamanischen Initiationskrise besonders wichtige Formen der «spirituellen Krise». Beim gegenwärtigen, noch geringen Erkenntnisstand gibt es keinen Grund anzunehmen, daß nur eine einzige Art von schamanischer Krise existiert. Anhand der eben dargestellten Übersicht wird man in Zukunft vielleicht die verschiedenen Typen näher klassifizieren können.

Der reduktionistische und der «elevationistische» Irrtum

Es gibt zwei gegensätzliche Arten von Fehldiagnosen, die in diesem Zusammenhang gestellt werden können. Die «reduktionistische» verkennt eine etwa vorhandene spirituelle Komponente und erschöpft sich in einer Reduktion aufs rein Krankhafte. Die «elevationistische» verwechselt eine Krankheit, beispielsweise Schizophrenie, mit einer primär spirituellen Krise.

Darin spiegeln sich zwei Extremhaltungen gegenüber religiösen Erfahrungen. Die eine hält alles religiöse Erleben – milde ausgedrückt – für Selbsttäuschung. Die andere bejubelt jedes psychopathologische Phänomen als Form des Wachstums und der Heilung. Nach dieser Anschauung sind alle Psychosen Wachstumsprozesse; Geisteskrankheit gibt es überhaupt nicht, obwohl sie fast die Hälfte der Krankenhausbetten im Lande füllt.

Bei allem ideologischen Streit in diesem Punkt sieht die Indizienlage insgesamt so aus, daß es *beides* gibt, pathologische und religiös-mystische Erfahrungen, und keine von beiden kann restlos auf die andere reduziert oder im Begriffssystem der anderen erklärt werden. Die beiden zu verwechseln, heißt in den von Ken Wilber treffend so genannten «Prä-Trans-Irrtum»[202] zu verfallen. Dabei werden krankhafte Regressionen in vor-ichhafte Entwicklungsstadien mit Progressionen auf über-ichhafte Ebenen verwechselt, die vor-ichhaften Regressionen Schizophrener mit den über-ichhaften Erkenntnissen von Heiligen.

Damit soll nicht gesagt sein, daß die Unterscheidung zwischen den beiden Erfahrungskategorien immer leicht ist. Die genauen Unterscheidungskriterien werden heute erst allmählich entwickelt, und die Aufgabe kompliziert sich durch das Vorhandensein von Hybridformen, in denen mystische und krankhafte Erfahrungen koexistieren[114]. Gewiß können spirituelle Praktiken und Erweckungen (um religiöse Termini zu gebrauchen) und transpersonale Techniken und Bewußtseinszustände (um psychologische Termini zu gebrauchen) ungelöste Konflikte aufleben lassen und verschärfen. Das ist nicht von vornherein schlecht, weil der Prozeß Fragen und Schwierigkeiten an die Oberfläche bringen kann, die der Untersuchung und Heilung bedürfen. Herauskommen kann dabei die Heilung spezifischer Konflikte und eine bessere Persönlichkeitsintegration[67].

Behandlung spiritueller Krisen

Werden spirituelle Krisen erkannt und richtig behandelt, können sie, wie es scheint, manchmal zu wertvollen Wachstumserfahrungen werden; daher spricht man in diesem Zusammenhang auch von «spirituellem Durchbruch» *(spiritual emergence)*. Werden sie aber durch traditionelle – insbesondere medikamentöse – Behandlung unterdrückt, kann der Wachstumsprozeß erstickt werden.

Mehrere Faktoren haben sich bei der Behandlung spiritueller Krisen als hilfreich erwiesen. Der erste ist eine vertrauensvolle Beziehung, in der der Patient sich gut aufgehoben und sicher fühlt. Der zweite ist eine positiv-hoffnungsvolle Haltung, bei der der Patient erwartet, daß «etwas herauskommt», daß ein Wandel und letztlich eine Heilung möglich ist. Solche Haltungen beim Patienten begünstigen den therapeutischen Erfolg[119]. Offenes Äußern der hervorbrechenden Erfahrungen kann hilfreich sein und durch eine Vielzahl therapeutischer Techniken gefördert werden[70].

Wir sehen jetzt schon deutlicher, wie die schamanische Krise in dieses große Bild paßt. Sie geht mit Symptomen und Verhaltensweisen einher, die seltsam, ja krankhaft anmuten. Sie kann aber einen positiven Ausgang nehmen, wenn der werdende Schamane vom Stamm als solcher anerkannt wird und die kulturell angemessene Unterstützung, Lenkung und «Therapie» erfährt. Mit Unterstützung ist hier gemeint: eine Beziehung zu einem erfahrenen Schamanen, eine positive Neuinterpretation der Störung als Teil der schamanischen Erweckung sowie schamanische Praktiken, die den Novizen befähigen, mit den aufsteigenden Erfahrungen zu arbeiten. Solcherart unterstützt, kann der Schamane von der Initiationskrise nicht nur genesen, sondern gekräftigt und gereift aus ihr hervorgehen, mit der Fähigkeit, anderen zu helfen. Schamanische Kulturen bieten seit Jahrhunderten die Art von Beistand, die, wie Psychologen heute entdecken, bei spirituellen Krisen hilfreich sein kann.

Da Entwicklungskrisen die Tendenz haben, ungelöste Konflikte ans Licht zu heben, ist der Schluß gerechtfertigt, daß schamanische Initiationskrisen unter Umständen eine Mischung aus progressiven und regressiven Kräften, aus Wachstumszeichen und pathologischen Symptomen darstellen; eine umfassende Betrachtung wird beide Komponenten anzuerkennen haben. Eine Interpretation zumindest ist nun endgültig auszuschließen: Schamanen und ihre Initiationskrisen lassen sich keinesfalls als durchwegs rein pathologisch abtun. Etwas viel Reicheres, Komplexeres und Konstruktiveres scheint sich hier abzuspielen, das eine vorurteilsfreie Würdigung und Erforschung verdient.

Was wir hier als «spirituelle Krise» bezeichnet haben, könnte eine neu wiederentdeckte Form genereller Entwicklungskrisen schlechthin sein. Diese Entwicklungsperspektive erlaubt es uns, schamanische wie auch zeitgenössische spirituelle Krisen als verwandt und als schwierige, wenngleich potentiell fruchtbare Reifungskrisen zu betrachten. Diese Perspektive hält uns den Blick sowohl für die psychische Störung als auch für das Wachstumspotential offen. Sie leugnet weder das Qualvolle noch das Entwicklungstreibende noch das Transzendente, das in der Krise verborgen sein kann.

Aus der Entwicklungsperspektive ergeben sich auch neue Ansätze und Folgerungen für eine adäquate Therapie. Einmal wird dadurch die traditionelle psychiatrische Strategie, spirituelle Krisen routinemäßig mit der chemischen Keule zu unterdrücken, fragwürdig. Zum anderen erscheint für diese Patienten unterstützende therapeutische Tiefenarbeit angebracht, und für schamanische Krisen scheinen traditionelle schamanische Heilmethoden angeraten. Das Wissen um die Existenz solcher spiritueller Krisen kann uns helfen, sie zu erkennen und angemessen zu behandeln und die in der schamanischen Tradition und ihren Ausübenden verkörperte Heilweisheit richtig zu würdigen.

Neuntes Kapitel

Schamanismus und Schwindelei

So kostbar ist die Wahrheit, daß der Mensch naturgemäß sparsam damit umgeht.

Mark Twain

Zur Pathologisierung der Schamanen kam schließlich noch die Kriminalisierung: Nicht nur als psychisch gestört, sondern auch als Scharlatane hat man sie immer wieder bezeichnet. Während man über die Indizienlage für psychische Störungen streiten kann, gibt es für Betrug und Täuschung allerdings klare Beweise.

Da der Ruf des Schamanen weitgehend auf seiner Fähigkeit beruht, übernatürliche Kräfte zu zeigen, überrascht es nicht, daß er versucht sein kann, dem Übernatürlichen ein bißchen nachzuhelfen. Dies tut er auf vielerlei Weise, etwa indem er durch bestochene Spione persönliche Informationen über einen Patienten beibringen läßt, die später mit angemessenem Tamtam hervorgeholt werden können. Der Spion kann auch den Gesundheitszustand des Patienten ausspähen, als Entscheidungshilfe, ob der Schamane den Fall annehmen soll. Eine solche Entscheidung ist von einiger Tragweite, denn wenn der Patient stirbt, kann der Schamane seinen Ruf verlieren – und bei manchen Stämmen unter Umständen sogar auch sein Leben[153].

Die schamanische Trickkiste

Um ihrem Wirken theatralisches Flair zu verleihen, greifen Schamanen nicht ungern zu Mogeleien. Wenn sie zum Beispiel Fremdstoffe aus dem Körper eines Patienten heraussaugen, spucken sie gern auf demonstrative Weise ein Objekt aus (einen Wurm, ein blutiges Haarbüschel), das sie vorher heimlich in den Mund genommen haben. Die Eskimo-Schamanen der St.-Lorenz-Insel (Alaska) tun manchmal so, als zerquetschten sie einen Stein zu Sand und formten ihn wieder zu Stein[195]. Lange Beobachtungen unter Eskimo-Schamanen führten den Anthropologen Bogoras zu dem Schluß:

> Es kann kein Zweifel sein, daß Schamanen bei ihren Auftritten mit Betrügereien in der verschiedensten Form arbeiten und daß sie sich dessen auch voll bewußt sind. «Es gibt viele Lügner in unserem Beruf», sagte mir der Schmane...
>
> Er selbst war freilich bereit zu schwören, daß er nie zu solchen Praktiken griff. «Schau mir ins Gesicht», sagte er; «wer lügt, dessen Zunge stottert. Wem aber die Sprache glatt von den Lippen geht, der muß die Wahrheit sprechen.» Eine etwas zweifelhafte Logik, aber ich hütete mich, das laut zu sagen.[19]

Schamanen können sogar körperliche Kampfspuren vortäuschen, als Beweis eines Sieges über böse Geister. Rasmussen hat einen solchen Fall beobachtet und beschreibt ihn wie folgt:

> Während unseres Aufenthalts auf South Hampton Island war ich Zeuge eines solchen Falles, wo ein Schamane namens Saraq auszog, um gegen böse Geister zu kämpfen, aber ich entdeckte, daß er etwas Karibu-Blut mitgenommen hatte und sich damit, als ihm sonst niemand zuschaute, einrieb. Als er zurückkam, erklärte er, der ihn begleitende Schamane habe den bösen Geist nicht festhalten können, aber er, Saraq, habe ihn gepackt und ihm eine tiefe

> Stichwunde beigebracht. Dann sei der Geist geflohen, doch die Wunde sei so tief gewesen, daß er sich nicht vorstellen könne, daß er überleben werde. Alle glaubten seinem Bericht, alle glaubten, daß er den bösen Geist vertrieben habe, der das Dorf geplagt hatte, und niemand hatte mehr Angst.[147]

Das Erlernen solcher Tricks kann zur Ausbildung gehören. Kwakiutl-Schamanen (aus der Gegend von Vancouver in Kanada) erlernen beispielsweise während ihrer Ausbildung

> ... eine seltsame Mischung aus Pantomime, Gaukelei und empirischen Kenntnissen, darunter die Kunst, Ohnmachten zu simulieren, Nervenanfälle vorzutäuschen, die Lehre magischer Gesänge, die Technik, sich selbst zum Erbrechen zu bringen, und ziemlich präzise Kenntnisse in der Praxis der Auskultation und der Geburtshilfe, die Einsetzung von «Träumern», das heißt von Spionen, die die privaten Unterhaltungen belauschen und dem Schamanen Informationen über das Herkommen und die Symptome der Krankheit verschiedener Leute beschaffen müssen. Insbesondere erlernen sie die *ars magna* einer bestimmten Schamanenschule der Nordwestküste des Pazifik: den Gebrauch eines kleinen Federbüschels, das der Praktiker in einer Höhle seines Mundes verbirgt, um es im gegebenen Moment ganz blutig wieder auszuspucken, nachdem er sich auf die Zunge gebissen oder das Blut aus dem Zahnfleisch gesaugt hat, um es dem Kranken und den Umstehenden feierlich zu präsentieren als den pathologischen Körper, der dank seiner Manipulationen ausgestoßen wurde.[109]

Dies sind harmlose Tricks, die sogar hilfreich sein können, insofern sie den Glauben an die Heilkräfte des Schamanen stärken und eine starke Placebo-Reaktion auslösen. Nicht jede Unlauterkeit ist freilich so gutartig. Berichten zufolge verabreichen manche Schamanen ihren Patienten Toxine oder psychedelische Mittel, um die Krankheit und ihre Heilung noch dramatischer zu machen[153]. Bei Jivaro-Schamanen kommt es vor, daß sie Nachbarn, die sie nicht leiden können, verhexen und sie dann an ihren schamanischen Partner zur Behandlung überweisen[74]. Selbst Tötungsversuche werden unternommen. Rasmussen berichtet:

> Will ein Schamane nun jemandem durch Zauberei schaden, jemandem, den er nicht leiden kann oder auf den er Neid empfindet, wird er sich zunächst irgendeinen Gegenstand zu beschaffen suchen, der dem Betreffenden gehört; diesen nimmt er und spricht Übles darüber... in der Hoffnung, daß das Üble weiterdringt an die Person, der er schaden will; entdeckt er dabei eine starke zerstörerische Kraft, die zum Beispiel in einem Grabe verborgen liegen kann, dann muß er den Gegenstand, denn er böse bespricht, in das Grab reiben. Dadurch können Krankheiten, Wahnsinn und Feindschaften entstehen, die bis zum Totschlag führen.[147]

Kein Wunder also, daß Schamanen immer ambivalente Gestalten gewesen sind, verehrt und gesucht wegen ihrer Heilfähigkeiten, zugleich gefürchtet und gehaßt wegen ihrer destruktiven Kräfte.

Unzweifelhaft kommen im Schamanismus alle möglichen Schwindeleien vor. Fünf Hauptfragen ergeben sich daraus:

1. Arbeiten alle Schamanen mit Tricks und Betrug?
2. Dienen die Tricks teilweise nicht eigennützigen Zwecken des Schamanen, sondern dem Wohle des Patienten und des Stammes? Mit anderen Worten: Sind es manchmal «fromme Lügen»?
3. Sind Schamanismus und schamanische Praktiken *völlig* wirkungslos und nur auf Gaunerei aufgebaut, wie manche behaupten, oder haben einige Praktiken, für sich genommen, wertwolle, wirksame Eigenschaften?
4. Greifen Schamanen mehr zu Schwindelei als andere Heiler und Berufsausübende?
5. Betrügen Schamanen sich selbst?

Wir beginnen mit der Frage, ob alle Schamanen mit Tricks und Schwindelei arbeiten. Die Antwort lautet: Wir wissen es nicht. Unbestreitbar, Schwindeln ist weitverbreitet, doch viele Anthropologen waren auch beeindruckt von der Echtheit des Engagements der Schamanen und ihrem aufrichtigen Wunsch zu helfen. Die Frage ist außerdem, ob ein Trick als Betrug gewertet werden soll, wenn der Schamane subjektiv glaubt, daß er dem Patienten damit helfen kann.

Erwartungshaltungen

Hier ist die Frage zu stellen, wieviel Trickserei dem Patienten nützlich sein beziehungsweise vom Schamanen therapeutisch sinnvoll eingesetzt werden kann. Eine der großen wissenschaftlichen Entdeckungen von heute ist die ungeahnt starke Heil- oder Placebowirkung, die von nichtspezifischen Faktoren – etwa Vertrauen zum Arzt – ausgehen kann. Der Ruf des Arztes, der äußere Rahmen und die Rituale bei der Verabreichung und Einnahme von Medikamenten, das alles kann fast ebenso wichtig sein wie der Wirkstoff selbst. Die Psychiater von heute, die Antidepressiva und angstdämpfende Mittel verschreiben, wissen genau, daß sie gut daran tun, Zuversicht auszuströmen, soll die Arznei den größtmöglichen Effekt haben, denn die Erwartungshaltungen sowohl des Arztes als auch des Kranken neigen dazu, zur *self-fulfilling prophecy* zu werden.

Vielleicht sind Schamanen – mit ihrer scharfen Beobachtungsgabe – zu den gleichen Schlußfolgerungen gekommen, und verströmen deshalb bewußt möglichst viel Zuversicht, um die Zweifel des Patienten, und vielleicht auch die eigenen, auszuräumen. Rasmussen beispielsweise zitiert folgende Selbstbewertung eines Schamanen: «Ich glaube, daß ich ein besserer Schamane bin als andere in meinem Land. Ich würde sagen, daß ich bei meinen Untersuchungen und Vorhersagen kaum je einen Fehler mache. Deshalb halte ich mich für einen vollkommeneren, besser ausgebildeten Schamanen als die anderen unter meinen Landsleuten, die oft Fehler machen.»[147]

Die Tricks und das überströmende Selbstbewußtsein des Schamanen können die Heilerwartung und damit auch die Heilchancen des Patienten steigern:

> Die Tricks des Schamanen dienen ganz offensichtlich als Symbol seiner Heilkraft. Sie beeindrucken seine Klientel mit seinem magischen Können und Wissen und liefern einen konkret-sichtbaren Beweis für die Krankheit des Patienten in Form eines Wurms oder blutigen Federbüschels. Da die Tricks den Glauben des Patienten und des Stammes an die Macht des Schamanen stärken, steigern sie die Kraft seiner Suggestion und das erwartungsvolle Heilvertrauen des Kranken ganz immens.
>
> Wir brauchen nicht daran zu zweifeln, daß die Heilrituale, die teilweise ja sehr stark mit Suggestion arbeiten, wirksam sind. Ihr genesungsunterstützender Wert bei seelischen und körperlichen Erkrankungen ist wiederholt beobachtet worden und gut dokumentiert.[195]

Es ist daher möglich, daß Schamanen einige ihrer Tricks ganz bewußt zur Steigerung des Therapieerfolgs einsetzen. Ein Spezialfall davon tritt ein, wenn der Schamane seine Arbeit aus einem veränderten Bewußtseinszustand heraus betrachtet. Er mag zum Beispiel einen Wurm hervorziehen, den er im Mund verborgen hatte, und verkünden, hier sei die Krankheit des Patienten. Ein Außenseiter würde, was ganz verständlich ist, den Schamanen für einen dreisten Scharlatan halten. Der Schamane im veränderten Bewußtseinszustand kann jedoch die Prozedur ganz anders sehen. In seinem hellseherischen Zustand kann es für ihn so aussehen, als sei die Krankheit in das Objekt in seinem Mund hineingesogen worden, so daß dieses Objekt nun, jedenfalls aus seiner Perspektive, neben natürlichen auch übernatürliche Aspekte hat. Michael Harner erläutert:

> Er «erbricht» dieses Objekt und zeigt es dem Kranken und seiner Familie mit den Worten: «Jetzt habe ich es herausgesaugt. Hier ist es.» Die Nichtschamanen denken, daß es der materielle Gegenstand selbst ist, der herausgesaugt worden ist, und der Schamane enttäuscht sie nicht. Gleichzeitig lügt er aber auch nicht, weiß er doch, daß das einzig Wichtige am tsentsak (dem spirituellen Beistand oder Helfer) das Übernatürliche, die übernatürliche Essenz ist, die er, wie er aufrichtig glaubt, nun aus dem Leib des Kranken entfernt hat. Dem Laien zu erklären, er habe diese Objekte schon im Mund gehabt, würde keinen fruchtbaren Zweck erfüllen und es ihm unmöglich machen, ein solches Objekt vorzuzeigen als Beweis dafür, daß ihm die Heilung gelungen ist [78]

Aus der Sicht des Schamanen gelten also einige der «Tricks», die er benutzt, als wesentlicher Bestandteil des Heilungsprozesses; sie werden in erster Linie zum Wohle des Patienten eingesetzt.

Mehr als Taschenspielertricks

Die Frage stellt sich, ob der Schamanismus sich in der «Vortäuschung falscher Tatsachen» erschöpft. Manche Beobachter haben das geglaubt und Schamanen schlichtweg als Kirmesgaukler und Scharlatane abgetan. Natürlich wird es einige geben, die in dieses Bild passen, doch eine Reihe verschiedener Indizien sprechen dagegen, daß man das Schamanentum insgesamt damit «abhaken» kann.

Da ist zunächst einmal die enorme Dauerhaftigkeit der Tradition. In verschiedenen Formen lebt der Schamanismus ungebrochen seit Jahrtausenden, und es ist schwer – oder überhaupt nicht – vorstellbar, daß eine Tradition in so vielen Kulturen so lange bestehen kann, ohne einen substantiellen und wirksamen Kern zu besitzen. Wenn wir daran denken, daß die naturwissenschaftlich orientierte Medizin des Westens eine Geschichte von nur rund einem Jahrhundert aufweist und die Psychotherapie noch weniger, dann wirkt die Langlebigkeit des Schamanismus nur um so erstaunlicher.

So mancher Anthropologe war beeindruckt von der offenkundigen Echtheit des Engagements der Schamanen, und manche ihrer psychologischen und pharmakologischen Techniken sind aus westlich-wissenschaftlicher Sicht durchaus sinnvoll. So haben sich einige Techniken, etwa die schamanische Reise, auch für westliche Menschen als durchschlagend wirkungsvoll erwiesen.

Schließlich ist anzumerken, daß der Schamanismus eine kohärente Weltsicht bietet, die Ursachen und Heilmöglichkeiten von Krankheiten erklärt. Innerhalb dieser Weltsicht erscheinen die schamanischen Praktiken sowohl dem Schamanen als auch dem Kranken als sinnvoll und logisch. Dies ist wichtig, denn eine gemeinsame weltanschauliche Basis bei Therapeut und Patient und eine gemeinsame Auffassung von Verursachung und Heilung von Krankheiten können einen Heilmythos und einen kurativen Kontext schaffen, der den Placebo-Effekt fördert und der Heilung zuträglich ist. Wichtig ist dabei wohl nicht so sehr, ob der Heilmythos «wahr» ist, sondern ob er sowohl dem Patienten als auch dem Therapeuten einleuchtet[50].

Betrügen Schamanen mehr als andere Heiler und Berufsausübende? Das Bestreben, andere zu beeindrucken, ist universal und «allzumenschlich»; wer könnte behaupten, daß er nie zu zweifelhaften Mitteln griffe, um sein persönliches und berufliches Image aufzubessern? Nach Goffman gibt es «kaum einen gewöhnlichen Beruf oder eine Beziehung ... deren Akteure nicht auf verdeckte Handlungen zurückgreifen, die mit dem hervorgerufenen Eindruck unvereinbar sind»[60]. Außerdem ist der Schamane ja keineswegs der einzige, der bewußt und unbewußt mit dem Placebo-Effekt arbeitet. «Die Geschichte der (westlichen) medizinischen Behandlung ist zum allergrößten Teil bis in die jüngste Zeit die Geschichte des Placebo-Effekts.»[162] Zum beträchtlichen Teil beruht die Wirksamkeit heutiger Psychotherapien wahrscheinlich nicht auf Theorien und Techniken des Therapeuten, auf die er sich so viel zugute hält, sondern auf seinem Engagement, seinem Mitempfinden und auf der Echtheit und Wärme der Beziehung. Manche behaupten, daß Schamanismus und Psychotherapie in dieser Hinsicht vieles gemeinsam haben[195] – eine Behauptung, die natürlich von vielen Psychotherapeuten bestritten wird.

Selbstbetrug und Heilung

Sowohl Schamanen als auch Psychotherapeuten können sich selbst betrügen. Beide können irrigerweise glauben, ihre Behandlungserfolge seien speziellen Techniken (etwa dem Aufdecken und Interpretieren von Kindheitstraumata in der Psychotherapie, der Austreibung und Bekämpfung von Geistern im Schamanismus) zu verdanken. In hohem Grade mag der Heilerfolg aber einfach aus der Wärme und Unterstützung durch eine liebevolle Beziehung herrühren[209].

Der Schamane wie der Psychotherapeut muß sich damit abfinden, daß seine Techniken bei weitem nicht so stark und so universal wirken, wie ihm lieb wäre. Beide stehen immer wieder – bedrückend oft – vor Fällen, in denen ihr Können versagt, und verlieren am Ende manchmal den Glauben an ihre Kunst, doch werden Schamanen – wie Therapeuten aller Art – auch immer wieder von starken sozialen und psychologischen Kräften zum Glauben an ihr Gewerbe motiviert. Schließlich haben sie viel Zeit und Geld in ihre Ausbildung investiert, und ihr Einkommen und ihre Stellung hängt davon ab. Mit diesem unangenehmen Konflikt konfrontiert, können sowohl Schamanen als auch Psychotherapeuten zum Selbstbetrug greifen, um den Glauben an die eigene Effektivität zu stärken[195]. Diese Selbsttäuschungen können die Gestalt vielfältiger psychologischer Abwehrmechanismen annehmen, etwa von Rationalisierung, Verdrängung, selektiver Erinnerung. Mit Hilfe der Rationalisierung kann der ausgebliebene Heilerfolg nachträglich mit Schwierigkeiten begründet werden (Widerstand des Patienten, Bösartigkeit der Geister). Verdrängung und selektive Erinnerung können Schamanen und Therapeuten helfen, ihre Mißerfolge zu vergessen, die Erfolge dagegen – oder zumindest die legitimen Gründe für ihr Scheitern – mit um so lebhafterer Klarheit im Gedächtnis zu behalten.

Diese Abwehrmechanismen werden von den Bedürfnissen und Forderungen der Patienten und der Gesellschaft tendenziell verstärkt. Hilfesuchende Menschen projizieren gern Heilfähigkeiten in den Heiler hinein, im verzweifelten Versuch, sich zu suggerieren, daß sie geheilt werden können. «Es ist für einen Heiler schwer, seinen eigenen Wert in Frage zu stellen, wenn er von Patienten, Verwandten und dem ganzen sozialen Umfeld ständig darin bestärkt wird. Wenn der soziale Konsensus jemandem Heilfähigkeit zuspricht, dann ist er ein Heiler.»[195]

Schmanen arbeiten also allem Anschein nach ausgiebig mit Tricks und Täuschungen, doch sie stehen damit keineswegs allein da. Bewußte und unbewußte Schönung des professionellen Image ist offensichtlich eine Tendenz der menschlichen Natur und kommt in den meisten Berufen vor. Häufig glauben Schamanen außerdem subjektiv an einige der Techniken, die Außenstehenden als krasse Mogelei vorkommen, und es ist möglich, daß Schamanen sich selbst fast ebensoviel vormachen wie ihren Klienten. Zudem ist die schamanische

Schwindelei durchaus nicht immer eigennützig. Patienten, die glauben, daß sie geheilt werden – auch wenn dieser Glaube durch Schwindelei seitens des Heilers zustande gekommen ist –, genesen eher als solche, die nicht daran glauben. Wie Henry Ford gesagt hat: «Wer glaubt, daß er etwas kann, hat ebenso recht wie derjenige, der es nicht glaubt.» Einerseits steht fest, daß Schwindelei im Schamanismus gang und gäbe ist; andererseits steht fest, daß der Schamanismus nicht als reine Schwindelbranche abgetan werden kann.

Dritter Teil

DAS UNIVERSUM DES SCHAMANEN

Zehntes Kapitel

Viele Welten, viele Geister

Wir sehen die Dinge nicht, wie sie sind, sondern wie wir sind.

JÜDISCHES SPRICHWORT

Um die Erfahrungen des Schamanen verstehen zu können, müssen wir sein Universum verstehen. Wie ist der Kosmos beschaffen, den der Schamane glaubt bereisen, erforschen, sich sogar unterwerfen zu können? Welcher Art ist seine Kosmologie? Zum Glück reicht uns hier eine skizzenhafte Darstellung; wir brauchen nicht auf die vielen Details und kulturspezifischen Varianten einzugehen, die Eliade so gewissenhaft beschrieben hat.

Viele Welten

Das Universum des Schamanen besteht aus drei Ebenen, einer unteren, mittleren und oberen Welt. Die Ober- und Unterwelt kann sich ihrerseits wieder mehrschichtig sein. Was den Schamanen zum «kosmischen Reisenden» macht, ist seine Erfahrung, sich in diesem Kosmos mit seinen vielen Etagen nach Belieben bewegen zu können. Eliade führt dazu aus:

> Die schamanische Technik par excellence besteht im Übergang von einer kosmischen Region zur anderen: von der Erde zum

> Himmel oder von der Erde zur Unterwelt. Der Schamane kennt das Geheimnis des Durchbrechens der Ebenen. Dieser Verkehr zwischen den kosmischen Zonen ist durch die Struktur des Universums möglich gemacht.[41]

Mit «Struktur des Universums» meint Eliade das Miteinander-verbunden-Sein der einzelnen Stockwerke. Die drei Welten und ihre zahlreichen Schichten hängen nämlich durch eine Mittelachse, die *axis mundi* oder Weltachse, zusammen. Diese Achse, so Eliade, wird in vielen Mythen beschrieben. Dabei tritt stets ein bestimmter Grundaufbau des Kosmos zutage:

> ... das Schema, auf das es ankommt, scheint durch alle Einflüsse hindurch: Es gibt drei große kosmische Regionen, welche man der Reihe nach durchmessen kann, weil sie durch eine Mittelachse miteinander in Verbindung stehen. Und diese Achse gilt als «Öffnung», als «Loch»; durch dieses Loch steigen die Götter auf die Erde herab und die Toten in die unterirdischen Gefilde, durch dieses Loch vermag die Seele des in Ekstase befindlichen Schamanen aufzufliegen oder abzusteigen, wie er es bei seinen Himmels- oder Unterweltsreisen bedarf.[41]

Die Mittelachse nimmt drei Formen an, die sämtlich in diversen Kulturen und Mythen, sowohl in schamanischen als auch nichtschamanischen, zu finden sind. Die erste ist der «kosmische Berg» im Zentrum der Welt. Die zweite ist die «Weltsäule», die den Himmel tragt. Die dritte ist der symbolträchtige «Weltenbaum», Sinnbild für Leben, Fruchtbarkeit und heilige Regeneration. Auf ihm steigt der Schamane in andere Welten empor. In welcher Gestalt sie auch erscheint, die Weltachse ist das kosmologische Symbol der Verbindung zwischen den Welten – eines Verbindungsweges, der für den Schamanen als einzigen Menschen gangbar ist.

Die Welten und Weltebenen des Schamanen hängen aber

nicht nur zusammen, sie interagieren auch miteinander. Schamanen glauben, daß diese Interaktionen vom Wissenden wahrgenommen und sogar beeinflußt werden können und daß der Schamane, wie eine Spinne im Mittelpunkt eines kosmischen Netzes, ferne Reiche erfühlen und beeinflussen kann. Insofern war der Schamane ein Vorläufer späterer chinesischer Weiser, die sagten: «Himmel, Erde und die zehntausend Dinge bilden einen Leib.»

Alle Teile dieses innerlich verkoppelten Universums werden meist – bis zu einem gewissen Grade – für lebendig und bewußt gehalten. In zeitgenössischer philosophischer Terminologie würde man von *Hylozoismus* und *Animismus* sprechen. Hylozoismus meint, daß neben der organischen auch die anorganische Materie als belebt gedacht wird. Animismus bedeutet (bei Stammeskulturen), daß alles nicht nur als belebt, sondern auch als beseelt gedacht wird. Wird dieser Glaube von westlichen Menschen vertreten, bezeichnet man ihn als *Panpsychismus* – er ist, was man wohl kaum betonen muß, in unserer extrem materialistischen Zeit ziemlich außer Mode. In anderen Epochen aber hat er auch bei uns berühmte Befürworter gehabt, darunter Philosophen ersten Ranges wie Leibniz, Schopenhauer und Whitehead.

Als Metaphysiker neigen Schamanen dazu, Realisten zu sein. Das heißt, der westliche Mensch wird die oberen und unteren Welten, die der Schamane durchmißt, höchstwahrscheinlich für mentale Konstruktionen halten, der Schamane dagegen hält sie für eigenständig existierende Reiche. Michael Harner schreibt, kraft der Psyche durchschreite der Schamane «die Tür zu einer anderen Realität, die unabhängig von dieser Psyche existiert»[76]. Dies ist ein weiteres Beispiel für die objektive, buchstäbliche, realistische Erfahrungsinterpretation, die für die schamanische Weltsicht so charakteristisch ist.

Für die Stammesgenossen der Schamanen ist dieser vielschichtige Kosmos ein Mythos und ein Glaubensartikel. Für die Schamanen ist er eine direkte Erfahrung. Sie allein durchmessen die kosmischen Räume und benutzen eine Kosmologie als persönlichen Reiseführer. Nur sie, schreibt Eliade,

> ... verwandeln einen kosmo-theologischen Gedanken in ein *konkretes mystisches Erlebnis*. Dieser Punkt ist von Wichtigkeit; er verdeutlicht den Unterschied zum Beispiel zwischen dem religiösen Leben eines nordasiatischen Volkes und dem religiösen Erlebnis seiner Schamanen – nur dieses ist ein persönliches und ekstatisches.[41]

Da allein der Schamane die in Mythos und Kosmologie eines Stammes beschriebenen Reiche selber «erfährt», stellt sich die Frage, ob seine Reisen und Schilderungen rückwirkend den Mythos und die Kosmologie mitgeformt haben. Um die Frage allgemeiner zu formulieren (und sie zu einer sehr wichtigen zu machen): Bis zu welchem Grade *erschaffen* spirituell Praktizierende die Kosmologie ihrer Tradition aus ihrer Erfahrung heraus, und bis zu welchem Grade werden ihre Erfahrungen umgekehrt von ihrer Kosmologie bedingt oder zumindest mitgeprägt? Inwieweit erzeugt die religiös-mystische Praxis die Theorie und inwieweit die Theorie die Praxis? Was ist das Huhn und was das Ei? Oder liegt eine dialektische Wechselwirkung vor?

Eliade meint, die Kosmologie bestimme das Erleben des Schamanen. Er räumt zwar ein, daß eine Reihe von Epen durch Berichte von schamanischen Reisen mitgeformt worden sein könnte, bestreitet aber einen Einfluß dieser Reisen auf die Kosmologie. «Nicht etwa die Schamanen haben ... die Kosmologie, Mythologie und Theologie ihres jeweiligen Stammes geschaffen, sie haben sie nur verinnerlicht, neu belebt und als Reiseplan für ihre ekstatischen Reisen benützt.»[41]

Michael Harner andererseits bemerkt: Was den Schamanismus definiere, seien seine Techniken, und die Erfahrungen, die mit diesen Techniken ermöglicht würden, erlaubten es den Ausübenden, ihre eigenen Schlußfolgerungen zu ziehen und ihre eigene Kosmologie zu erschaffen.

> Letztendlich ist der Schamanismus nur eine Methode, keine Religion mit einem festen Dogmengefüge. Die Menschen gelangen somit zu eigenen, aus ihrem Erleben abgeleiteten Schlüssen darüber, was sich im Universum abspielt, und welcher Begriff – wenn überhaupt – höchste Wirklichkeit kennzeichnen könnte.[76]

Nach dieser Auffassung kann individuelle schamanische Erfahrung den individuellen, und vielleicht auch den kulturellen Glauben mitprägen. Offensichtlich ist jedoch, daß der Schamane schon ein gewisses kosmologisches Vorverständnis mitbringen muß. Warum sollte er sich die Fähigkeit aneignen, in die obere Welt zu reisen, wenn er nicht schon daran glaubte, daß es sie gibt? Die Mythen weisen eine ganz erhebliche kulturelle Variationsbreite auf, und Schamanen tendieren dazu, Erfahrungen zu machen, die mit den Mythen ihrer Kultur übereinstimmen. Ähnlich neigen Psychotherapiepatienten dazu, Erlebnisse und Träume zu haben, die zur theoretischen Schule ihres Therapeuten passen. Es scheint also, daß – kurzfristig – die schamanische Erfahrung sicherlich von der kulturellen Kosmologie geformt wird. Langfristig tritt vielleicht auch das Umgekehrte ein, so daß die schamanische Erfahrung rückwirkend das Bild des Kosmos prägt.

Viele Geister

Das Universum des Schamanen ist erfüllt von Leben, Bewußtheit und Geistern. Diese Geister – allgegenwärtig, mächtig und gelegentlich übelwollend – haben einen enormen Einfluß auf alle Stammeskulturen. Was immer geschieht, Gutes und Schlechtes, Glück und Unglück, Erfolg und Fehlschlag, es wird meist dem Wirken von Geistern zugeschrieben.

Der normale Mensch steht in diesen Kulturen den Geistern weitgehend passiv gegenüber und sieht sich als hilfloses Opfer. Er hat kaum Kontrolle über sie, er kann nur blindlings den generationenlang überlieferten Tabus folgen, beten, opfern und den Schamanen bitten, für ihn Fürsprache einzulegen. Der Schamane ist es, der Kontrolle über die Geister hat. Für viele Anthropologen ist diese Kontrolle denn auch ein definierendes Charakteristikum des Schamanismus.

Um die Geister zu beeinflussen, muß der Schamane zunächst lernen, sie zu sehen. Ehe wir daher auf die Natur der Geister eingehen, lohnt es sich für uns, zu untersuchen, auf welche Weise der Schamane sie wahrnehmen lernt.

Geisterschau

Da die Geister dem untrainierten Auge meist unsichtbar sind, besteht ein wichtiger Teil der schamanischen Ausbildung darin, die Fähigkeit der «Geisterschau» zu erwerben, eine besondere Sehweise («Vision»), die sie erkennbar macht. Das erklärt, so Eliade, die «außerordentliche Bedeutung der ‹Geisterschau› in allen Varianten schamanischer Initiation»[41].

Bei der Wichtigkeit dieses Geistersehens verwundert es nicht, daß beträchtliche Mühe darauf verwandt wird, es zu erlernen. Diverse Aspekte der schamanischen Ausbildung haben wir bereits besprochen, darunter auch solche, die die Geisterschau fördern. Dazu kann eine Vielzahl spezieller Techniken eingesetzt werden, von denen einige sehr strapaziös sind. Initianden der Jivaro-Indianer Südamerikas warten unter Fasten und Drogeneinnahme oft mehrere Tage, bis sie den ersten Geist sehen. Bei einem anderen Stamm reibt der

Meister die Augen seines Schülers mit Kräutern ein. Dann setzen sie sich einander gegenüber:

> Drei Tage und drei Nächte bleiben die beiden einander gegenüber sitzen und singen und läuten mit ihren Glocken. Sie nehmen keine Mahlzeit zu sich, bis die Augen des Lehrlings hellsehend geworden sind. Am Ende des dritten Tages kehren sie in den Wald zurück, um neue Kräuter zu suchen ... Wenn der junge Mann am Ende des siebten Tages die Waldgeister sieht, ist die Zeremonie beendet. Andernfalls muß diese siebentägige Zeremonie wiederholt werden.[110]

Zur Geistersuche werden meist spezifische Bedingungen hergestellt, etwa abgedunkeltes Licht und veränderte Bewußtseinszustände, Bedingungen, die den Blick für innere Bilder schärfen. Trance und Drogengenuß kann Bilder intensivieren; Dunkelheit macht den Menschen für sie empfänglicher.

Wie ist das schamanische Geisterschau-Training zu beurteilen? Eine psychologische Erklärung könnte sein, daß der Schamane den inneren Bilderfluß, den jedermann während einer Trance sieht, organisieren und interpretieren lernt. Selbst im alltäglichen Bewußtseinszustand sieht der Mensch, wenn er die Augen schließt, einen fast ununterbrochenen Bilderstrom. In veränderten Bewußtseinszuständen können diese Bilder klarer, bedeutungsvoller, archetypischer werden.

Möglicherweise haben Schamanen eine besonders ausgeprägte Neigung, diesen Fluß zu Geistererscheinungen und anderen zu ihrer Erwartungswelt passenden Bildern zu organisieren. Eine Untersuchung bei Zinanteco-Indianern in Mexiko ließ eine Anzahl von Wahrnehmungsunterschieden zwischen Schamanen und Nichtschamanen deutlich werden[166]. Der Experimentator zeigte den Versuchspersonen eine Serie verschwommener, unscharfer Fotos und bat sie zu sagen, was sie sahen. Schamanen sagten viel seltener «Ich weiß nicht» als

Nichtschamanen, obwohl die Bilder so schemenhaft waren, daß man fast nichts darauf erkennen konnte. Außerdem lehnten sie angebotene Interpretationshilfen öfter ab als Nichtschamanen und gaben lieber eigene Deutungen.

Solche Befunde lassen es denkbar erscheinen, daß Schamanen eine besondere Fähigkeit besitzen, unklare Daten zu sinnvollen Mustern zu ordnen – anders gesagt: Sie neigen dazu, mehrdeutige Erfahrungen zu kohärenten logischen Bildern zu organisieren. Sehr wahrscheinlich spiegeln diese Bilder die persönlichen Kategorien des Schamanen wider. Das würde heißen, daß der Schamane besonders geschickt darin ist, das zu finden, was er zu sehen erwartet, also auch unter den vielen Bildern, denen er auf seinen Séancen begegnet, gezielt Geister zu finden. Diese Befunde müßten natürlich noch durch Nachfolgeuntersuchungen untermauert werden, und es wäre zu prüfen, ob sie auch auf Schamanen in anderen Weltteilen zutreffen.

Psychologe Richard Noll hat die Meinung vertreten, daß Schamanen darüber hinaus auch intensive «Phantasierer» sein können[132]. Untersuchungen an gut hypnotisierbaren Menschen haben ergeben, daß rund 4 % der Bevölkerung wohl das sind, was man «phantasieanfällig» nennen könnte. Es sind Menschen, die «einen Großteil der Zeit phantasieren, die typischerweise ‹sehen›, ‹hören›, ‹riechen›, ‹berühren› und voll-sinnlich erfahren, was sie phantasieren»[205].

Vielleicht sind auch manche Schamanen «phantasieanfällige» Persönlichkeiten, die ihre intensiven inneren Bilder auf eine persönlich wie gesellschaftlich nützliche Weise zu organisieren vermögen und aus ihnen lernen können. Besonders gut beherrschen sie offenbar die Kunst, Geisterbilder zu erschaffen und zu erkennen. Dahingestellt sei, ob sich damit *alle* Geistererfahrungen erklären lassen und ob Geister ausschließlich als Imaginationsbilder betrachtet werden können. Die schwierig zu beantwortende Frage nach dem Wesen der

Geister kommt am Schluß des Kapitels zur Sprache. Jedenfalls bewahrheitet sich beim Schamanen beispielhaft das Wort des großen Arztes Paracelsus aus dem sechzehnten Jahrhundert: «Jedermann kann seine Vorstellungskraft so schulen und einrichten, daß er in Berührung mit Geistern kommt und von ihnen unterwiesen werden kann.»[133]

Die Aufgabe des Novizen, die Geister sehen zu lernen, umfaßt zwei Stadien. Das erste ist, sie überhaupt einmal, wenn auch nur ganz kurz, zu Gesicht zu bekommen. Dann geht es darum, diese flüchtige, momentane Geisterschau zu vertiefen und zu stabilisieren, so daß sie zu einer bleibenden visionären Eigenschaft wird, zur Fähigkeit, willentlich Geister zu rufen und zu sehen. Eliade sagt über dieses Initiationstraining: «Diese ganze lange und anstrengende Zeremonie hat den Zweck, das erstmalige, vorübergehende ekstatische Erlebnis des Zauberlehrlings... in eine dauernde Verfassung zu verwandeln, in der man ‹die Geister sehen›, das heißt an ihrer ‹geisterhaften› Natur teilnehmen kann.»[41]

Die schamanische Aufgabe ist nur ein Sonderfall einer allgemeinen Aufgabe, vor der Mystiker aller Traditionen stehen, nämlich nach der ersten Berührung mit dem Transzendenten diese Fähigkeit zu stabilisieren und weiterzuentwickeln. Sie müssen – wie Huston Smith es eloquent ausdrückte – lernen, Erleuchtungsblitze in bleibendes Licht zu verwandeln[175]. Weniger dichterisch, aber psychologisch präziser könnten wir sagen: Ihre Aufgabe besteht darin, eine Gipfelerfahrung zu einer Plateauerfahrung, einen vorübergehenden veränderten Bewußtseins*zustand* zu einem dauerhaften veränderten Bewußtseins*zug* zu machen.

Selbst dieser veränderte Bewußtseinszug stellt für einige Traditionen noch nicht das höchste Ziel dar, denn jenseits der Fähigkeit, willentlich in transzendente Zustände einzutreten, liegt ein Zustand, in dem transzendente Bewußtheit auch den normalen Wachzustand durchdringt. Dies ist das *sahaj sa-*

madhi des Yoga, das «offenäugige Samadhi» des Zen, der Vergöttlichungszustand des christlichen Mystikers[62] – Höhenregionen des spirituellen Trainings, die wohl auch der Schamane erreichen kann. Zwar gibt es keine Indizien, daß Schamanen die genannten Samadhis praktizieren; doch es gibt Hinweise darauf, daß reife Schamanen am Ende in ihrem normalen Zustand Fähigkeiten – beispielsweise die Geisterschau – entwickeln, die sie anfangs nur in veränderten Bewußtseinszuständen praktizieren konnten[7].

Kategorien von Geistern

Viele Klassen von Geistern vermag der Schamane zu sehen und anzurufen – tierische und menschliche, niedere und höhere, kontrollierbare und unkontrollierbare. Wie Eliade anmerkt, ist der Schamane «ein Mensch, der konkrete, unmittelbare Beziehungen zu der Welt der Götter und Geister hat; er sieht sie von Angesicht zu Angesicht, er spricht mit ihnen, bittet sie, fleht sie an – aber er ‹kontrolliert› nur eine beschränkte Anzahl von ihnen»[41].

Diejenigen, die er kontrollliert, sind seine «Hilfsgeister». Häufig werden sie als Tiere gesehen, als sogenannte «Kraft-» oder «Machttiere». Nach Eliade «können sie ... in Bären-, Wolfs-, Hirsch-, Hasen- und in jeder Vogelgestalt erscheinen»[41]. Auch andere Erscheinungsformen sind möglich.

Bemerkenswert ähnliche «Begegnungen» können bei Psychotherapien auftreten. Eine Anzahl von Therapeuten arbeitet mit gezielten Visualisierungstechniken, um Bilder von «Machttieren» und «Geistführern» heraufzubeschwören, und ermutigt den Klienten anschließend, mit diesen Führern zu interagieren und von ihnen zu lernen. Da Visualisierungstechniken immer beliebter werden, häufen sich nun auch solche Erfahrungen, und eine Reihe von Therapeuten hat berichtet, daß sie sehr hilfreich sein können[56].

Begegnungen mit «Geistführern» treten bei psychedelischen Therapien auch spontan auf. Nach Stanislav Grof gehören sie «zu den wertvollsten und beglückendsten transpersonalen Erfahrungen»[69]. Auffallend häufig zeigen sich Gleichklänge zwischen archaisch-schamanischen und zeitgenössisch-psychedelischen Erfahrungen – vielleicht ein Hinweis darauf, daß Schamanen schon vor langer Zeit tiefe archetypische Bereiche der Psyche erschlossen haben, die den meisten Menschen verborgen bleiben.

Funktionen von Geistern

In welcher Form auch immer sie erscheinen, Geister können dem Schamanen auf viererlei Weise helfen: auf Reisen, indem sie Kräfte und Fähigkeiten verleihen, durch Lehren und durch Besessenheit.

Die Geister können mit dem Schamanen auf ekstatische Reise gehen, können ihn begleiten und sogar in den Himmel heben. Sie können ihn gegen Bedrohungen verteidigen, regelrecht für ihn kämpfen. Ihre Stärke kann seine Stärke werden, wenn er freiwillig mit ihnen verschmilzt und dadurch an ihren Kräften und Fähigkeiten teilhat. Er kann sich, in einen Adler verwandelt, zum Himmel emporstürmen sehen, oder zum Tiger werden und dessen Kraft in sich spüren. Nach Rückkehr von der Reise kann er seinen «Machttiertanz» vollführen, bei dem er sich wie das Tier bewegt und entsprechende Geräusche macht, um dadurch das Tier und die Tiererfahrung präsent zu halten.

Im folgenden Fallbeispiel erzählt ein Teilnehmer an einem Schamanismus-Workshop davon, wie er sein Machttier fand. Der Fall demonstriert die Eindringlichkeit solcher Begegnungen und zugleich das Faktum, daß sie auch westlichen Menschen zugänglich sind.

Ich ging auf eine Reise in die Unterwelt, um Machttiere zu treffen und Beistand von ihnen zu erbitten. Ich begann die Reise, indem ich auf Hawaii eine Höhle betrat und durch einen Stollen in die Tiefe hinabfuhr, bis ich die Unterwelt erreichte, die zunächst wie eine kleine grüne Kugel aussah. Bei meiner Landung fand ich mich in einem üppiggrünen Dschungel voller Tiere.

Sofort fühlte ich mich zu einem Löwen hingezogen. Ich bat ihn, während des Workshops bei mir zu bleiben und mich an seiner Kraft, seiner Stärke, seiner Gewandtheit, Sensibilität und Behendigkeit teilhaben zu lassen.

Dann fragte ich ihn, was ich wissen oder tun mußte. Da sprang der Löwe mich an, sprang in mich hinein und verschmolz mit mir, so daß mein schamanischer Leib Mensch und Löwe zugleich war und ich seine Kraft spürte. Dieses Kraftgefühl war sehr hilfreich, da es einem Gefühl der Kontraktion entgegenzuwirken schien, das mit Ängsten und Schuldgefühlen zusammenhing, die ich erlebt hatte.

Am Ende der Reise kehrte ich durch den Stollen zurück in die Höhle und von dort in den Workshop-Raum. Dabei hatte ich das klare Empfinden, daß der Löwe mit mir kam. Ich fühlte mich geheilt, gestärkt und gekräftigt.

Wie sollen wir solche Berichte von Verschmelzungen mit Machttieren beurteilen? Psychologisch hat der Prozeß viel für sich; er wird in Ost und West ausgiebig benutzt, in alten Religionen ebenso wie in der modernen Psychologie. Eine Reihe psychologischer Mechanismen könnte mitspielen, so etwa das Einholen einer Erlaubnis (beispielsweise die Erlaubnis, sich stark oder einflußreich zu fühlen), das So-tun-als-ob (als ob man eine bestimmte erwünschte Eigenschaft hätte), das Rollenspiel, Glaube und Identifikation. Wie immer der Mechanismus konkret aussehen mag – klar ist, daß die Visualisierung des Verschmelzens mit einem Machttier außerordentlich stärkend wirken kann. Therapeuten berichten von guten Erfolgen mit dieser Methode[45, 187].

Das wohl endrucksvollste Beispiel unter den religiösen Traditionen ist das sogenannte Gottheits-Yoga des tibetanischen Buddhismus. Der Yogi visualisiert dabei, daß er eine göttergleiche Gestalt erschafft und mit ihr verschmilzt, eine Gestalt, die alle Tugenden in höchstem Maß verkörpert: bedingungslose Liebe, grenzenloses Mitgefühl, tiefste Weisheit und derlei mehr. Nach der Verschmelzung versucht der Yogi – wie der Schamane beim Machttiertanz – sich wie die Gottheit zu bewegen, zu sprechen, zu handeln. Mit anderen Worten: Nach der Verschmelzung mit ihrem Verbündeten suchen sowohl der Shamane als auch der Yogi die Eigenschaften ihres Verbündeten zu verkörpern, zu erfahren und auszudrücken. Der Unterschied ist, daß der Schamane das Machttier für real hält, der Yogi die Gottheit aber letztlich für ein mentales Produkt, eine Projektion. Die potentielle Kraft dieser Visualisierungen läßt sich daraus erahnen, daß die Tibetaner das Gottheits-Yoga als eine der wirkungsvollsten und entwickeltsten ihrer zahlreichen Praktiken betrachten. Sie behaupten – der vielleicht frappierendste Effektivitätsanspruch, den man sich denken kann –, man könne durch den Gottheits-Yoga in der Spanne eines einzigen Menschenlebens zum Buddha werden, statt im Lauf von «drei zahllosen Äonen», die es sonst dauert[82].

Die Verschmelzung mit einem Machttier gilt also weithin als eine Technik von äußerst starker Wirkung. Dies ist ein weiteres Beispiel dafür, daß Psychologen des zwanzigsten Jahrhunderts Techniken wiederentdecken, die Schamanen seit (wahrscheinlich) mehr als zwanzig Jahrhunderten benutzen.

Die Geister instruieren und lehren auch. «In der Zeit des ersten Kontaktes fungieren die Geister sogar überwiegend als Lehrer.»[168] Die Vermittlung von Lehren vollzieht sich dann meist in veränderten Bewußtseinszuständen (Traum, Trance, Reise) und in jenem seltsamen Prozeß, der Mediumismus heißt.

Mediumismus und «Channeling»

Mediumismus – heute verwendet man gerne den Ausdruck «Channeling» – kommt bei Schamanen sehr häufig vor; möglicherweise sind sie die ersten Medien der Weltgeschichte gewesen. Eine Untersuchung von einundzwanzig Kulturen, in denen Schamanen Seelenflüge unternehmen, ergab, daß in mehr als der Hälfte dieser Kulturen der Schamane auch Medium ist[140].

Unter Mediumismus oder Channeling versteht man, daß aus dem Munde eines Mediums (das als Kanal, «Channel», funktioniert) ein Geistwesen spricht. Der Bewußtseinszustand des Mediums kann von voller Bewußtheit mit vollständiger Erinnerung an den Prozeß bis zu totaler Bewußtlosigkeit und Amnesie reichen. Stimme, Gesichtsausdruck, Akzent, Körperhaltung und Verhalten des Mediums können sich ändern, wodurch der Eindruck entsteht, Person und Persönlichkeit des Mediums seien gegen eine andere «ausgetauscht» worden – ein manchmal äußerst dramatischer Effekt.

Mediumismus ist ein weltweites Phänomen und durchaus keine Randerscheinung. In den Weltreligionen spielte und spielt er eine große Rolle: Bei einer Untersuchung von 188 Kulturen fand man in mehr als der Hälfte entsprechende Anhaltspunkte[21]. Es gibt viele berühmte Beispiele, das bekannteste dürfte das Orakel von Delphi sein. Tausend Jahre lang haben delphische Tempelpriesterinnen – besessen vom Gott Apoll – für Könige wie Bettler «orakelt».

Zu den bekanntesten Besuchern des Orakels zählte der sprichwörtlich reiche König Krösus. Nach noch mehr Reichtum gierend, wollte er wissen, ob er seine Nachbarn überfallen könne. Das Orakel weissagte: «Wenn Krösus den Halys überschreitet, wird er ein großes Reich zerstören.»[79] Dadurch ermutigt überschritt Krösus den Fluß und zerstörte tatsächlich ein großes Reich: sein eigenes.

Auch in militärischen Angelegenheiten wurde das Orakel befragt, etwa wegen einer Strategie gegen die marodierenden Etrusker. Es riet: «Benutzt so wenig Schiffe wie möglich.» In bewundernswert festem Glauben an das Orakel schickte man ganze fünf Schiffe gegen die gesamte etruskische Flotte. Aus sportlichem Ehrgeiz traten die Etrusker dagegen auch nur mit fünf Schiffen an. Sie wurden prompt versenkt. Sofort schickten die Etrusker weitere fünf. Sie wurden ebenfalls versenkt. Das Spiel wiederholte sich ein drittes und ein viertes Mal. Am Ende zogen sich die Etrusker eingeschüchtert zurück[79].

Das Orakel war es auch, das Sokrates – sehr zu dessen Überraschung – zum weisesten Mann in Athen erklärte. Natürlich waren nicht alle Sprüche des Orakels so dramatisch und wirkungsvoll wie obige Beispiele. Doch es vermochte sich einen hinreichend guten Ruf zu bewahren, um mehr als tausend Jahre «gefragt» zu bleiben und großen Einfluß auf die griechische Geschichte auszuüben.

Medimusmus war und ist in vielen Religionen wichtig. Verweise darauf gibt es im Alten wie im Neuen Testament, und er hat auch in der jüdischen Mystik eine erhebliche Rolle gespielt[81]. Einige äußerst einflußreiche religiöse Texte, denen große Denker immer wieder Weltgeltung zugesprochen haben, sind offenbar so entstanden. Genannt seien Teile des Koran und buddhistische Schriften aus Tibet[79].

Im Westen erlebt der Mediumismus derzeit unter der Bezeichnung «Channeling» eine neue Blüte[102, 79]. Das heutige Channeling zeigt sowohl Unterschiede als auch Ähnlichkeiten zu früheren mediumistischen Praktiken. Heute entstehen durch Channeling literarische, musikalische, metaphysische, religiöse und psychologische Werke. Neu ist die Betonung der Psychologie, neu sind teilweise auch die angeblichen Quellen. Im Altertum liehen Götter, Göttinnen und Engel den Medien die Stimme, im neunzehnten Jahrhundert waren Indianer, Orientalen und Geister von Verstorbenen große Mode; heute «channelt», wer etwas auf sich hält, gern spirituelle Meister, höherentwickelte Wesen von anderen Planeten und sonstige Außerirdische.

Die Qualitätsspanne des gechannelten Materials ist außerordentlich breit. Da gibt es viel Plumpes und Plattes, viel durchsichtige Selbstbeweihräucherung, viel sachlich Falsches und Lächerliches. Zu der eher erheiternden Beispielen zählen Produkte wie «Leah, eine Entität sechster Dichte vom Planeten Venus, sechshundert Jahre in der Zukunft»[158] und Medien wie Mademoiselle Helene Smith. Mademoiselle Smith will unter anderem mit ihrem Geistführer Leopold zum Mars gereist sein und «farbige Beschreibungen der Marslandschaft und Proben der Schriftkunst und der Sprache der Einwohner»[129] zurückgebracht haben. Das ist beträchtlich mehr, als alle sowjetischen und amerikanischen Raumsonden erbeuten konnten. Hervorbringungen dieses Schlages rangen Ken Wilber, einem der bekanntesten Autoren, die heute über Psychologie und Religion schreiben, den Stoßseufzer ab: «Höhere Intelligenzen müßten Niveauvolleres zu bieten haben als das dumme Zeug, das die meisten Channels heute von sich geben.»[203]

Viel seltener, aber immerhin doch, kommen beim Channeling gut beurteilte literarische Werke heraus, außerordentlich komplexe und in sich stimmige (wenn auch nicht unbedingt verifizierbare und richtige) Metaphysik und hilfreiche – zuweilen sogar profunde – spirituelle Werke.

Die wohl berühmtesten literarischen Erzeugnisse stammen von Pearl Curran, einer nicht sonderlich gebildeten Hausfrau aus St. Louis, beziehungsweise (sofern man es glauben will) von Patience Worth, dem Geist einer Engländerin aus dem siebzehnten Jahrhundert. Pearl/Patience besaß eine Vielzahl verblüffender Fähigkeiten. Sie konnte ein Gedicht über ein vorgegebenes Thema schneller diktieren, als man mitstenographieren konnte. Sie konnte dabei sogar Zeilen aus zwei verschiedenen Gedichten abwechselnd durcheinanderschieben; eine Zeile aus Gedicht eins, die zweite aus Gedicht zwei, die dritte wieder aus Gedicht eins und so weiter. Autor Edgar Lee Masters war Zeuge einer solchen Sitzung und äußerte kopfschüttelnd: «Das ist einfach nicht menschenmöglich.»[79] Insgesamt channelte Pearl/Patience zwanzig Bände Lyrik, Romane und Lebenshilfebücher, die sehr publik wurden und gute Kritiken bekamen.

Besonders interessant unter den zeitgenössischen spirituellen Werken ist ein dreibändiges Opus mit dem merkwürdigen Titel *A Course in Miracles*[6]. Es handelt sich um einen christlich-mystischen Text, gechannelt durch eine widerwillige und selbst sehr verblüffte jüdische Psychologieprofessorin an der Medizinischen Fakultät der Columbia University. «Da ich nicht an Gott glaube», sagte sie, «widerstrebte mir der Stoff, den ich niederschrieb, und ich hatte den starken Drang, diese Aussagen anzugreifen und zu widerlegen.»[172]

So negativ die Schreiberin selbst das Werk beurteilte, so positiv sahen es andere. «Die drei Bücher enthalten eines der bemerkenswertesten Systeme geistlicher Wahrheit, die es heute gibt», schwärmte der erste Rezensent[172]. Ein Professor der Stanford University nannte es «das womöglich bedeutendste englische Schrifterzeugnis seit der Übersetzung der Bibel»[172]. Selbst Ken Wilber, dessen Wort vom «dummen Zeug» zeigt, daß er dem Channeling eher skeptisch gegenübersteht, räumte ein, das Werk sei «unzweifelhaft inspiriert. Seine Einsichten haben echte Transzendenz... Ich kenne kein anderes gechanneltes Material, das ihm nahe kommt»[203].

Nicht jeder bewundert den *Course*, und von christlichen Fundamentalisten und Theologen ist er denn auch angegriffen worden. Doch er hat sich schon mehr als eine halbe Million Mal verkauft und wird derzeit in mehr als ein Dutzend Sprachen übersetzt. Sein Inhalt scheint die *philosophia perennis* (den gemeinsamen philosophisch-spirituellen Kern aller großen Religionen der Welt) in christlicher Form zu enthalten. Nehmen wir diverse berühmte tibetanisch-buddhistische Texte und Teile des Koran hinzu, so wird klar, daß jedenfalls ein kleiner Teil des «gechannelten» Stoffs von außerordentlicher Tiefgründigkeit sein kann.

Skeptiker würden bestreiten, daß Gechanneltes jemals irgendwelche Bedeutung oder Profundität haben kann. Für den echten Skeptiker bestehen alle derartigen Hervorbringungen «ausnahmslos aus Aneinanderreihungen lose zusammenhängender Brocken naiver Ideen» und stammen von Menschen «mit hysterischer Persönlichkeit, die dissoziative Züge» und in vielen Fällen «alle Merkmale der Schizophrenie» zeigen[148]. Gewiß ist Gechanneltes *meist* trivial oder unsinnig, aber das beweist nicht, daß es *ausnahmslos* so ist. Es fällt auf, daß Skeptiker die schwierigen Fälle – wie die klassischen gechannelten religiösen Texte und die Schriften Pearl Currans – geflissentlich ausklammern.

Ein einfacher Fall ist der Mediumismus also nicht. Zwischen vielem Trivialem und Unsinnigem bringt er zuweilen Sinnvolles und Profundes hervor. Man kann die Erscheinung jedenfalls nicht als schieren Unsinn oder Pathologie abtun.

Leider beziehen die meisten Menschen hierzu recht extreme Positionen. Auf der einen Seite gibt es die wahren Gläubigen, die kein Wort ihres Lieblings-Geistführers oder -Gottes bezweifeln, auf der anderen die eingefleischten Skeptiker, für die jedes Wort unecht ist und die das Channeling, nach oft nur oberflächlicher Beschäftigung mit dem Thema, als Selbsttäuschung und schlimmstenfalls Psychose abtun. Beide Haltungen dienen als angenehmes psychologisches Betäubungsmittel, das lästige Detailinformation und tiefere Auseinandersetzung mit der Sache erspart.

Dabei ist Channeling sicherlich ein komplexes, merkwürdiges Phänomen, aus dem sich, im allermindesten Fall, vieles über wenig bekannte psychische Fähigkeiten des Menschen lernen läßt. Es ist ja außerdem nicht gesagt, daß es nur eine einzige Art von Channeling gibt. Nach allem, was wir wissen, könnte es sich als ein komplexer Prozeß herausstellen, bei dem von Fall zu Fall unterschiedliche Mechanismen und Quellen im Spiele sind.

Viele Theorien – von denen keine hundertprozentig befriedigend ist – sind über das Channeling aufgestellt worden; sie reichen von «plumper Schwindel» über «Dissoziation» bis zu «echter Besessenheit durch Geister». Unnötig zu sagen, daß sich für die Art von Channeling, die Trivialitäten und Unsinn erbringt, leichter theoretische Erklärungen finden als für die mit profunden Resultaten. Einige Fälle lassen sich zweifellos als Schwindel enttarnen, aber kaum alle, und manche «Channels» sind angesichts des ganzen Vorgangs selber verwirrt und sprachlos.

Die wohl gängigste Erklärung ist die Dissoziationstheorie. Dieser Theorie zufolge werden Teile der Psyche abgespalten und der Ego-Kontrolle entzogen. Sie können dann ein Eigenleben entfalten, entweder als sogenannte Subpersönlichkeiten oder als mehr oder minder eigenständige «ganze» Persönlichkeiten, wie es beim klinischen Bild der «multiplen Persönlichkeit» der Fall ist. Diese Persönlichkeiten können Gedanken ins Ich-Bewußtsein projizieren, und diese Gedanken werden von der Ich- beziehungsweise der bewußten Persönlichkeit so wahrgenommen, als kämen sie von außerhalb ihrer selbst.

Die multiple Persönlichkeit bietet ein stark ausgeprägtes Beispiel für Dissoziation und gespaltenes Bewußtsein. In weniger krasser Form – dies läßt sich insgesamt der Dissoziationsforschung entnehmen – kommt diese Erscheinung freilich sehr viel häufiger vor. Man könnte sagen, daß wir alle mit einem gewissen Grad an Dissoziation leben und daß «die Einheit des Bewußtseins eine Illusion ist»[80].

Daraus wieder ergäbe sich, daß jeder – urzeitlicher Schamane, moderner Channeler, jedermann – in der Lage ist, Informationen aus Bereichen der Psyche zu empfangen, die außerhalb des Bewußtseinskreises liegen. Es kann dann so wirken, als kämen die Informationen nicht von uns, sondern von jemand anderem – eine Tatsache, die sich durch Hypnose leicht demonstrieren läßt. Inhaltlich können sie sich teilweise aus Daten und Erinnerungen zusammensetzen, die die bewußte Persönlichkeit längst vergessen hat. Wenn das der Fall ist, kann der Effekt besonders eindrucksvoll sein und den vermeintlich schlagenden Beweis liefern, daß die Botschaft von einer anderen Entität stammt[185].

Die oberflächlichen gechannelten Produktionen können sich zum Teil (oder auch ganz) durch rein psychologische Mechanismen erklären lassen. Dazu braucht man Geister und sonstige nichtmenschlichen Wesenheiten wohl kaum ins Spiel zu bringen. Außerdem spricht das althergebrachte wissenschaftliche Prinzip der «Sparsamkeit» dafür, die Erklärungen möglichst einfach zu halten.

Hier hören die meisten psychologischen Erklärungen für das Channeling auf, über das es leider bisher so gut wie keine experimentellen Forschungen gibt. Ein interessanter Anfang wurde von Sarah Thomason gemacht, einer Linguistikprofessorin an der Universität Pittsburgh. Sie analysierte die Stimmen von elf verschiedenen Channelern und fand in ihrem Sprechstil eine Reihe von Widersprüchen und Merkwürdigkeiten.

Zu den fragwürdigen Dingen, die zutage traten, gehörte, daß zwei Entitäten mit britischem Akzent sprachen, aber Tausende von Jahren alt sein wollten. Den modernen britischen Akzent gibt es jedoch allerhöchstens seit tausend Jahren. Eine andere Entität zeigte in ihrer Aussprache innere Ungereimtheiten, die sich steigerten: Je aufgeregter die Sprechquelle wurde, desto amerikanischer die Aussprache. Dies, so Thomason, ist äußerst verräterisch «und genau das Gegenteil dessen, was man erwarten würde, wenn der Sprecher amerikanisches Englisch nicht als Muttersprache spricht»[181].

Andere Befunde waren rätselhafter. Ein Beispiel ist die wohlbekannte «Entität» Lazaris, die Telefon-Interviews gibt und eine Warteliste von mehr als zwei Jahren hat. «Lazaris' Akzent kommt mir gefälscht vor», sagt Thomason, «aber sein Sprachmuster ist insgesamt innerlich stimmig.» Das Phänomen des Channeling bedarf ersichtlich noch näherer Erforschung.

Erklärt ist hiermit nun aber noch nicht das gelegentliche profunde Channel-Werk. Bei trivialem Unsinn ist leicht eine Subpersönlichkeit als Quelle denkbar; viel schwerer ist es aber, sich vorzustellen, daß sie literarische oder spirituelle Werke von Gewicht hervorbringt, die alle Fähigkeiten des Channels offensichtlich weit übersteigen. Dennoch kommt die eigene Psyche als Quelle solcher Schöpfungen in Frage, wenn wir es – was viele östliche und einige westliche Psychologien tun – für denkbar halten, daß sie Aspekte birgt, die das Ich beziehungsweise die bewußte Persönlichkeit «transzendieren», ihr «überlegen» sind. Einige Channeler empfinden denn auch im Lauf der Zeit ihre Geister nicht mehr als separate Wesenheiten, sondern als Aspekte ihrer eigenen Psyche, als eigene unerschlossene Weisheiten[115].

Wenn wir ganz ehrlich sein wollen, müssen wir zugeben, daß keine dieser Thesen die Möglichkeit endgültig ausschließt oder widerlegt, daß Geister – was immer man darunter verstehen mag – die Quelle manchen gechannelten Materials sind. Daher wenden wir uns, der Redlichkeit halber, nun kurz der heiklen Frage nach dem Wesen der «Geister» zu.

Das Wesen der Geister

Was sind Geister? Der *Große Brockhaus* definiert sie als «selbständige numinose Wesen, die die Natur bewohnen... Sie sollen für sich oder in eigenen Gemeinschaften leben und seien nicht den normalen Lebensbedingungen unterworfen. Oft sind sie unsichtbar, können aber auch in menschlicher... Gestalt... als Tier oder als Fabelwesen erscheinen. Der Mensch glaubt sich von ihnen abhängig, sucht ihren bösen Einfluß zu beseitigen (z. B. Geister-Austreibung, Exorzismus) und ihre positive Kraft zu gewinnen (Hilfsgeist, Schutzgeist)». So sind Geister wahrscheinlich mehr oder weniger während der gesamten Menschheitsgeschichte gesehen worden. Den historischen Glauben und unsere eigenen vorgefaßten Meinungen einmal beiseite – wir müssen fragen: Sind Geister Teil des Mediums oder des Schamanen, oder existieren sie unabhängig von ihm; sind sie mental oder nichtmental, materiell oder immateriell, und sind sie Ausdruck von Gesundheit oder Pathologie? Kurz: Welches ist der psychologische und ontologische Status von Geistern?

Licht läßt sich in diese Fragen vielleicht dadurch bringen, daß wir einschlägige Daten aus anderen Traditionen heranziehen. Dazu müssen wir zunächst genau unter die Lupe nehmen, was es heißt, einen Geist zu «erleben». Man glaubt dabei mit einem intelligenten, nichtmateriellen, unabhängig vom eigenen Ego existierenden Wesen in Berührung zu kommen. Im Falle des Schamanen kann der Geist Wissen oder Macht vermitteln, die der Schamane aus eigener Kraft nicht glaubt erlangen zu können.

Solche Erfahrungen sind in Religion wie Psychologie weithin (an)erkannt und können negativer wie positiver Art sein. Negativ wäre etwa im religiösen Kontext das Gequält- und Besessensein von übelwollenden Geistwesen (Dämonen). Mit solchen «Plagegeistern» fertigzuwerden, ist eine der häufigsten Aufgaben des Schamanen. Im psychologischen Kontext könnten «Geister» dieser Art als Halluzinationen gedeutet werden.

Interaktionen mit Geistern können auch positiv sein, da die Geister sich als wertvolle Quelle von Wissen, Orientierung und Weisheit entpuppen können. Im religiösen Kontext können einige dieser Quellen als transzendente Wesen betrachtet werden: die «Hilfsgeister» des Schamanen, der «innere Guru» des Hindu, die «leise innere Stimme» des Quäkers, der «große Mann» des Naskapi-Indianers oder der Heilige Geist des Christen. Aus konventionell-psychologischer Sicht wiederum könnten all diese inneren Quellen als durchaus diesseitige Manifestationen der Psyche, zum Beispiel Subpersönlichkeiten, gelten.

Aus der Sicht der transpersonalen Psychologie wären Standpunkte möglich, die ungefähr in der Mitte liegen. Da transpersonale Psychologen die Möglichkeit von Bereichen und psychischen Fähigkeiten anerkennen, die unsere normalen Ich-Fähigkeiten transzendieren, könnten sie die besagten inneren Quellen auf mehrerlei Weise deuten, einmal als normale Subpersönlichkeiten, wie die traditionelle Psychologie, zum anderen aber auch als transzendente Aspekte der Psyche «über und jenseits» des Ego. Mehrere solche transzendente Aspekte der Psyche sind in östlichen wie westlichen Psychologien beschrieben worden. Beispiele aus dem Westen wären etwa das höhere Selbst, der transpersonale Zeuge, das Jungianische Selbst, das der Kern der Psyche ist, und der innere Selbsthelfer, eine hilfreiche und offenbar transpersonale Persönlichkeit, die bei «multipler Persönlichkeit» vorkommt.

Es ist also klar, daß zahlreiche Religionen und Psychologien die Möglichkeit anerkennen, daß Zugang zu inneren Quellen gewonnen werden kann, die weiser erscheinen als das Ich oder die Persönlichkeit. Viel Mühe ist darauf verwandt worden, die Zugangswege zu finden und zu ebnen.

Religionen bieten dazu mannigfache Mittel auf – Rituale, Gebete, Opfer, veränderte Bewußtseinszustände. Zu letzteren können zählen: Besessenheit, die Seelenreise und die Beruhigung des Gemüts, damit die «leise innere Stimme» gehört werden kann.

Die Psychologie arbeitet dazu unter anderem mit Hypnose und gelenkter Imagination (Visualisierung). Es ist offensichtlich relativ leicht, durch Hypnose eine dem Channeling ähnliche Erfahrung zu herbeizuführen. Wie Charles Tart sagt:

> Aus meinen Studien mit Hypnose weiß ich, daß ich eine scheinbar unabhängig existierende Entität erschaffen kann, deren Eigenschaften nach meinen Vorgaben konstruiert sind, und der Hypnotisierte wird sie so erleben, als rede jemand außerhalb seines eigenen Bewußtseins. Es gibt also keinen Zweifel, daß manche Channeling-Fälle konventionell erklärt werden können. Nichts Übersinnliches spielt dabei mit.[102]

Mehrere psychologische Schulen, darunter der Jungianismus und die Gestalt-Therapie, arbeiten mit gelenkter Visualisierung oder Phantasie, um Zugang zu innerer Weisheit zu erlangen. Eine gängige Technik ist hier der Dialog mit einem inneren Weisen oder Führer; dabei bittet der Therapeut den Patienten, sich vorzustellen, er befinde sich in einer geschützten, angenehmen Umgebung und treffe dort eine sehr weise Person. Mit dieser Person soll sich ein spontaner Dialog entspinnen; der Patient soll ihr alle Fragen stellen, die ihm sinnvoll scheinen. Solche Dialoge können erstaunlich einsichtsreiche Informationen – von denen der Patient bislang nichts wußte – zutage fördern. Diese Technik setzen Schriftsteller, Künstler oder auch Geschäftsleute in wachsender Zahl ein, um zu Inspirationen zu kommen[187]. Diese Methoden haben starke Ähnlichkeit mit den Reisen des Schamanen zur Auffindung eines Geist-Lehrers.

Innere Lehrer können auch spontan auftreten und mächtige, ja lebensverändernde Wirkung haben. Einige Menschen von wahrhaft welthistorischer Bedeutung haben sich von solchen inneren Lehrern leiten lassen. Der Philosoph Sokrates, der Politiker Gandhi und der Psychologe C. G. Jung berichten davon, Lehre und Orientierung von inneren Leitfiguren bezogen zu haben, die ungebeten aus den Tiefen der Psyche aufstiegen.

Jung gibt uns dafür eine Reihe von eindrucksvollen Beispielen. Ein innerer Lehrer, den er Philemon nannte, vermittelte ihm wesentliche Erkenntnisse über die Psyche. Philemon erschien ihm erstmals in einem Traum:

> Plötzlich schwebte von rechts her ein geflügeltes Wesen herbei. Es war ein alter Mann mit Stierhörnern. Er trug einen Bund mit vier Schlüsseln und hielt den einen so, wie wenn er im Begriff stünde, ein Schloß aufzuschließen. Er war geflügelt, und seine Flügel waren wie diejenigen des Eisvogels mit ihren charakteristischen Farben...
>
> Philemon und andere Phantasiegestalten brachten mir die entscheidende Erkenntnis, daß es Dinge in der Seele gibt, die nicht ich mache, sondern die sich selber machen und ihr eigenes Leben haben. Philemon stellte eine Kraft dar, die ich nicht war. Ich führte Phantasiegespräche mit ihm, und er sprach Dinge aus, die ich nicht bewußt gedacht hatte. Ich nahm genau wahr, daß er es war, der redete und nicht ich...
>
> ... ich verstand, daß etwas in mir ist, was Dinge aussprechen kann, die ich nicht weiß und nicht meine, Dinge, die vielleicht sogar gegen mich gerichtet sind.
>
> Psychologisch stellte Philemon eine überlegene Einsicht dar. Er war für mich eine geheimnisvolle Figur. Zu Zeiten kam er mir fast wie physisch real vor. Ich ging mit ihm im Garten auf und ab, und er war mir das, was die Inder als Guru bezeichnen.[97]

Schon ein einziges Erlebnis mit einem inneren Führer kann eine lebensverändernde Wirkung haben. Jeanne Achterberg zitiert einen solchen Fall, eine Frau namens Lillian, die an einer chronischen Beckenentzündung und unerklärlichen Schmerzzuständen litt. Lillian begann, Visualisierung – gezieltes Heraufbeschwören von Vorstellungsbildern – zu üben, und erzielte therapeutische Erfolge. Sie fing damit an,

> ... sich einen Strom kühlen Wassers vorzustellen, der in ihrem Becken zirkulierte, sowie verknotete Seile, die entwirrt wurden. Das, was sich in ihrem unteren Rückenbereich wie ein Sack Zement anfühlte, wurde in der Vorstellung aufgelöst. Sie sagte, sie fühle sich besser; das Brennen sei noch da, aber nur noch in einem kleineren Bereich.
>
> Eines Nachts, als Lillian ihre Vorstellungsbilder übte, erschien ihr plötzlich ein Kojote namens Wildwood. Er riet ihr, in seiner Nähe zu bleiben und genau zu beobachten, was sich ereignen würde, da das, was sie zu sehen bekäme, in direkter Beziehung zu dem Brennen in ihrem Körper stünde. Als nächstes fühlte sie die Nähe des Lagerfeuers und sah sich selbst als Gefangene eines feindlichen Stammes. Sie erlebte den Horror einer mehrfachen Vergewaltigung und wurde anschließend ermordet. «Im Augenblick meines Todes... erwachte ich und war wieder in meinem Körper, in meinem Zimmer, aber die Schmerzen waren völlig verschwunden und sind seither nicht wieder aufgetreten.[1]

Wie ist ein solches Erlebnis und sein dramatischer Ausgang zu beurteilen? Lillian führte es auf ein früheres Leben zurück. Die schamanische Interpretation würde sein: Ihr Geistführer oder Machttier, der Kojote Wildwood, hat sie auf eine Reise mitgenommen, auf der sie Vergewaltigung, Tod und eine heilende Wiedergeburt erlebt hat. Eine psychologische Erklärung wäre: Ihre Psyche – ausgestattet mit Weisheit und mit Mitteln, die unser heutiges Verständnis weit übersteigen – hat sie eine Erfahrung von tiefgreifender psychosomatischer

Heilkraft durchmachen lassen. Welcher Erklärung man auch den Vorzug geben mag – man kann nur staunen über die heilende Kraft der Psyche, ihrer imaginierten Bilder, ihrer inneren Führer.

Wie wir gesehen haben, haben Religion wie Psychologie Wege gesucht und gefunden, innere Qellen zu erschließen, die manchmal größere Weisheit zu bergen scheinen als das Ich. Dabei können ersichtlich profundere Einsichten zutage kommen als die selbstverliebten Oberflächlichkeiten so vieler «Channeler».

Wie sollen wir diese inneren Weisheitsquellen verstehen? Worum handelt es sich wesensmäßig, welchen ontologischen Status haben sie? Die Quellen selbst zu befragen, hilft nicht viel; ihre Antworten können von «Ich bin ein Teil von dir» über «Ich bin Argon von der siebenten Ebene» bis «Ich bin ein Teil Gottes» reichen. Dies sind keine sehr substantiellen Auskünfte, obwohl viele Menschen gechannelten Behauptungen aufs Wort zu glauben scheinen. Die Skeptiker unter uns sind gezwungen, sich von der Natur des Vorgangs und der Informationsquellen ein eigenes Bild zu machen.

Aus psychologischer Warte können wir für Geister, innere Führer und niveauvolles wie niveauloses Channeling Erklärungen finden, wenn wir bereit sind, die Möglichkeit in Erwägung zu ziehen, daß transpersonale, ich-übergreifende, das Ich übersteigende Aspekte der Psyche existieren. Dann kann Dissoziation – die bei der Entstehung relativ oberflächlicher gechannelter Werke eine große Rolle spielen mag – als Wirkprinzip auch für die Entstehung profunderer Werke angenommen werden. In letzterem Fall handelte es sich dann um die Übermittlung von Informationen aus den – von manchen Psychologien und vielen Religionen anerkannten – transpersonalen Bereichen der Psyche.

Das erwähnte «Sparsamkeitsprinzip» drängt uns zu einer Erklärung, die mit bekannten Mechanismen (Dissoziaton) arbeitet. Wenn wir jedoch ganz ehrlich sind, müssen wir zugeben, daß wir auch jetzt die mögliche Existenz von Geistern (intelligenten nichtmateriellen Wesenheiten, die außerhalb der Psyche des Channelers existieren) und ihre etwaige Mitwirkung bei gewissen Channeling-Fällen noch nicht widerlegt haben. Es mag sogar sein, daß eine solche Widerlegung prinzipiell unmöglich ist.

In etwas exakteren philosophischen Begriffen gesprochen, scheint hier ein Fall von «ontologischer Unbestimmtheit» vorzuliegen: Über das Sosein, über Wesen und ontologischen Status der Informationsquellen lassen sich keine endgültigen Aussagen machen, weil die vorhandenen Daten und Beobachtungen auf vielerlei Weise interpretiert werden können und wir keine absolute Methode haben, mit der wir bestimmen könnten, welche Deutung(en) die beste(n) ist (sind).

Praktisch heißt das, daß die Interpretation solcher Erscheinungen weitgehend von den Apriori-Ansichten, der «Welthypothese» des Interpreten bestimmt wird. Die Welthypothese enthält die Grundanschauungen einer Gemeinschaft über das Wesen der Welt und der Realität. Die meisten Menschen nehmen diese konsensualen Grundüberzeugungen ihrer Kultur oder Subultur schlicht als gegeben und selbstverständlich hin und deuten die Welt entsprechend.

Wie ein Mensch das Wesen von Geistern und das Wesen des Channeling sieht, hängt mithin weitgehend von dem weltanschaulich-naturphilosophischen Vorverständnis ab, das er mitbringt. Wer zum Beispiel an einen philosophischen Materialismus glaubt, geht davon aus, daß alles Seiende entweder Materie ist oder in seinem Sein völlig von Materie abhängt. Er wird «Geister» naturgemäß anders deuten als ein religiöser Mensch oder ein Theologe, der an ein transzendentes Reich reinen Geistes glaubt. Für den philosophischen Materialisten sind alle Quellen innerer Weisheit, Erkenntnisse, Ratschläge und Visionen – alle wahrgenommenen Entitäten, Stimmen und Bilder – nichts weiter als mentale Konstruktionen, Ausdruck eines Neuronenfeuerwerks, und noch dazu wahrscheinlich eines «kaputten». Aus dieser Sicht sind auch die Erfahrungen und Geister des Schamanen lediglich psychische Hervorbringungen und alle Welten, Geister und Seelen lediglich mentale Projektionen. Der Materialist hält Schamanen daher im besten Fall für irregeleitet und im schlimmsten Fall für psychotisch.

Ganz anders derjenige, der an Panpsychismus glaubt. Panpsychismus heißt, daß man allem im Universum, auch Pflanzen und unbelebten Dingen, «Beseelung» und Bewußtsein zuspricht. In diesem Fall hat man keine Schwierigkeiten, zumindest einige der bei schamanischen Erlebnissen auftretenden Helfer, Stimmen und Visionen potentiell für Geister zu halten.

Natürlich ist einzuräumen: Wir haben keinerlei Beweise, daß alle Quellen innerer Weisheit etwa wesensgleich seien. Nach allem, was wir wissen, kann es sich bei einigen lediglich um Aspekte der Psyche (und nicht einmal sehr eindrucksvolle) handeln, bei anderen dagegen vielleicht um transzendente Quellen in uns oder außerhalb von uns. Im Augenblick gibt es wahrscheinlich keine Möglichkeit, zwischen diesen Deutungen definitiv zu entscheiden. Folglich ist die einzige intellektuell redliche Position wohl die agnostische, das heißt: Über Geister- und Channeling-Phänomene sind keine gesicherten endgültigen Aussagen möglich.

Diese Position mag nun zwar redlich sein, ist aber nicht sonderlich befriedigend, sondern eigentlich sogar ziemlich ärgerlich, wobei unser Ärger die Tatsache widerspiegeln mag, daß wir keine Vieldeutigkeiten dulden wollen, daß wir an unseren Überzeugungen und unserer Welthypothese hängen. Verschiedenartige Philosophien und spirituelle Traditionen drängen uns immer wieder anzuerkennen, daß wir über das letzte Wesen vieler Dinge nichts wissen und nichts wissen können. Wir werden angehalten, das «radikale Mysterium» des Seins anzuerkennen – in der Sprache des Zen: den Geisteszustand des «Nichtwissens» zu wahren.

Im Lichte all dessen ist es nicht mehr überraschend, daß wir über Geister, Channels und nichtphysische Entitäten nichts Endgültiges sagen können. Es spiegelt lediglich unsere derzeitige Unwissenheit und vielleicht auch prinzipielle Erkenntnisgrenzen, die uns auferlegt sind. Sonderlich befriedigend, wie gesagt, ist das nicht, aber es kann uns zu einer nützlichen Bescheidenheit führen.

Implikationen und Schlußfolgerungen

Welches Fazit können wir, bei unserem derzeit begrenzten Erkenntnisstand, über die Geister des Schamanen und ihre Entsprechungen in anderen Ländern und Kulturen ziehen? Zunächst: Viele Menschen finden zweifellos Zugang zu inneren Erkenntnis- und Weisheitsquellen, die als außerhalb des Ich stehende Wesenheiten erfahren werden können. Die so gewonnenen Informationen können oft trivial, unsinnig und egozentrisch, gelegentlich aber auch sinnvoll, tief bedeutsam und lebensverändernd sein. Es sieht so aus, als hätten wir die Bandbreite und die Tiefe der in uns ruhenden Informationen, die Zahl der Wege, die Zugang dazu bieten, und die Häufigkeit und die starke Wirkung des Channeling unterschätzt. Denn Channeling hat – durch seine Wirkung auf Einzelpersonen, Kulturen und Religionen – den Lauf der Welt verändert.

Zwar kann man das Wesen dieses Prozesses auf vielerlei Weise deuten, doch insgesamt verweist er auf Bereiche und Fähigkeiten der menschlichen Psyche, die für uns noch weitgehend im Dunkeln liegen. Es ist gut möglich, daß wir uns selbst und die Weisheit, die Imagination und die schöpferische Kraft, die in uns schlummern, unterschätzt haben. Schamenen scheinen die ersten gewesen zu sein, die angefangen haben, diesen Schatz zu erforschen und zu heben.

Vierter Teil

SCHAMANISCHE TECHNIKEN

Elftes Kapitel

Kosmische Fahrt: Die schamanische Reise

Wir müssen unsere Augen schließen und eine neue Sehweise beschwören … eine Wachheit, die unser aller Geburtsrecht ist, wenngleich nur wenige sie nutzen.

Plotinus

Das Kernstück des Schamanismus ist die schamanische Reise, der Seelenflug. Er ist es, der den Schamanen definiert und ihn von anderen Ekstatikern, Heilern und Mystikern abhebt; er ist es, der den Schamanen zum kosmischen «Traveler» macht. «Man kann daher», sagt Eliade, «nicht einen jeden Ekstatiker als Schamanen betrachten; der Schamane ist der Spezialist einer Trance, in der seine Seele den Körper zu Himmel- und Unterweltfahrten verläßt.»[41] Andere mögen in veränderte Bewußtseinszustände eintreten, religiöse Funktionen ausüben und heilen, doch allein beim Schamanen steht der Seelenflug derart im Mittelpunkt.

Während der kosmischen Reise scheint die Seele des Schamanen den Leib zu verlassen und die obere, mittlere und untere Welt willentlich gesteuert durchstreifen zu können. Zum kosmischen Reisenden wird der Schamane, weil er, nach Eliade,

> die Techniken der Ekstase kennt, das heißt weil seine Seele ungestraft den Körper verlassen und in sehr großen Entfernungen umherschweifen, weil sie in die Unterwelt hinabdringen und zum Himmel steigen kann. Durch sein eigenes Ekstase-Erlebnis kennt er die Reisewege in den außerirdischen Regionen. Die Gefahr,

> sich in diesen verbotenen Regionen zu verirren, bleibt immer groß, doch geheiligt durch die Initiation und mit seinen Schutzgeistern bewehrt vermag der Schamane als einziges menschliches Wesen dieser Gefahr zu trotzen und sich in die Abenteuer einer mystischen Geographie zu begeben.[41]

Die Erfahrungen des Schamanen auf der Reise können dramatisch und gefährlich, ekstatisch oder schrecklich, dämonisch oder göttlich sein. Zahlreiche Welten kann er durchstreifen und zahllose Geister entdecken. Die Emotionen reichen vom Grauen bis zur Wonne, doch oft erfüllt ihn «eine unaussprechbare Freude über das, was er sieht, eine Ehrfurcht vor den schönen und geheimnisvollen Welten, die sich vor ihm auftun. Seine Erlebnisse sind wie Träume, aber wache, die real empfunden werden und in welchen er seine Handlungen kontrollieren und seine Abenteuer bestimmen kann»[73].

Der Schamane reist, um zu lernen, um zu heilen und zu helfen. Seine Wissens- und Machtsuche kann ihm selbst oder seinem Volk dienen. Er mag Informationen für das Heilen suchen, das Jagen, das Beschwichtigen der Götter, die Fürbitte bei den Göttern. Er mag auch die Seelen von Kranken zurückholen und die Seelen der Toten zu ihrer ewigen Ruhestätte geleiten. Daher wird der Schamane häufig als Psychopompos, als Seelenführer, bezeichnet.

Die Erfahrung der schamanischen Reise

Die schamanische Reise umfaßt drei Phasen: eine einleitende Phase der Vorbereitung, der Reinigung und der Herbeiführung eines veränderten Bewußtseinszustandes und die eigentliche Reise.

Die Einleitungsphase der Vorbereitung und Läuterung

kann eine Periode der Absonderung aus der Gemeinschaft, des Fastens und der geschlechtlichen Enthaltsamkeit umfassen, vielleicht allein in der Wildnis oder in einer einsamen Hütte. Die Reise selbst wird meist in der Nacht angetreten, da die Dunkelheit die Wahrnehmung von Visionen erleichtert. Der Schamane beginnt die vorgeschriebenen Rituale und benutzt dann Techniken wie Singen, Tanzen, Trommeln und Drogeneinnahme, um einen veränderten Bewußtseinszustand zu induzieren.

Sodann stellt er sich, um die Reise anzutreten, meist einen Eingang in die Erde vor. Häufig dienen als Eingang Höhlen, hohle Baumstümpfe oder Wasserlöcher. Der Schamane sieht sich den Eingang durchschreiten und tief in die Erde hinabtauchen, um schließlich eine andere Welt zu erreichen. Michael Harner beschreibt das Erlebnis so:

> Eingänge in die Unterwelt führen im allgemeinen in einen Tunnel oder ein Rohr hinab, das den Schamanen zu einem Ausgang leitet, der sich in strahlende und wundervolle Landschaften öffnet. Von dort reist der Schamane minuten- oder sogar stundenlang, wohin er will, kehrt schließlich durch das Rohr... nach oben zurück, um an der Stelle der Oberfläche aufzutauchen, von wo er hineingegangen war.[73]

Einmal in der Unterwelt, leitet der Schamane die nächste Phase seiner Mission ein. Dabei kann es um vieles gehen, von der Beschaffung von Heilinformationen über die Zurückführung von Seelen bis zur Besänftigung erzürnter Geister. Für letzteres schildert Rasmussen ein klassisches Beispiel, nämlich die Reise des Eskimoschamanen in die Tiefe des Meeres zur Beschwichtigung des Geistes Takánakapsaluk. Nach der Eskimolegende herrscht diese strenge Schicksalsgöttin über die Meerestiere, von denen die Ernährung der Eskimos abhängt. Wenn sie zornig wird – meist wegen Tabu-Überschreitungen –, hält sie diese Tiere zurück. Dann jagen die Eskimos vergeblich, und Hunger plagt den Stamm.

Nun steht und fällt das Schicksal des Stammes mit dem Schamanen. Er allein ist es, der zum Meeresgrund reisen kann, zum Wohnsitz der Takánakapsaluk, den Hindernissen und gefährlichen Tieren trotzend, mit denen sie sich schützt, und ihre Vergebung erbitten kann. Die Meeresgöttin und die riskante Reise des Schamanen beschreibt Rasmussen wie folgt:

> Als eine der größten Taten des Schamanen gilt es, sie auf dem Meeresgrund zu besuchen, wo sie wohnt, und sie zu begütigen und zu versöhnen, damit Menschen wieder ohne Sorgen auf der Erde leben können.
>
> Wenn ein Schamane wünscht, die Takánakapsaluk zu besuchen, setzt er sich im Inneren des Schlafplatzes hinter einen Vorhang und darf nichts weiter tragen als seine Kamikker [Stiefel] und Handschuhe. Ein Schamane, der auf diese Reise gehen will, wird als nak'a' bezeichnet: jemand, der zum Seegrund hinabtaucht. Diese bemerkenswerte Bezeichnung kommt vielleicht teilweise daher, daß niemand recht zu erklären weiß, wie die Reise unternommen wird. Manche versichern, es sei nur die Seele oder der Geist, der auf die Reise gehe; andere erklären, der Schamane selbst steige leiblich hinab in die Unterwelt...
>
> Eine Weile sitzt der Schamane still da, tief atmend, und dann, nachdem einige Zeit vergangen ist, beginnt er seine Hilfsgeister anzurufen, wobei er immer wiederholt: «... der Weg wird mir bereitet; der Weg öffnet sich vor mir!»
>
> Darauf müssen alle Anwesenden im Chor antworten: «So sei es!»
>
> Wenn die Hilfgeister dann eingetroffen sind, öffnet sich unter dem Schamanen die Erde, schließt sich jedoch oft auch gleich wieder; lange Zeit muß er mit verborgenen Kräften ringen, ehe er endlich ausrufen kann: «Jetzt ist der Weg offen.» Und alle Anwesenden müssen antworten: «Der Weg sei offen vor ihm; ein Weg öffne sich ihm.»

Und nun hört man, zuerst unter dem Schlafplatz: «Halala–he –he–he, halala–he–he–he–!» und später unter dem Durchgang, unter der Erde, den gleichen Ruf: «Halele–he!» Man hört deutlich, wie sich der Ton immer weiter entfernt, bis er schließlich ganz verstummt. Dann wissen alle, daß er sich nun auf dem Weg zur Beherrscherin der Meerestiere befindet...

Ein normaler Schamane wird, auch wenn er sehr geschickt ist, auf seinem Flug zum Meeresgrund vielen Gefahren begegnen; die gefürchtetste davon ist eine Gruppe von drei riesigen rollenden Steinen, auf die er trifft, sobald er den Meeresboden erreicht hat. Man kann sie nicht umgehen; man muß zwischen ihnen hindurch, und man muß sehr aufpassen, daß sie einen nicht zerquetschen, weil sie sich ständig umherwälzen und zwischen ihnen kaum Platz für einen Menschen ist. Ist der Schamane glücklich zwischen ihnen hindurchgelangt, kommt er auf einen breiten ausgetretenen Pfad, den Schamanenweg; diesem folgt er entlang einer Küste, die einer Meeresküste oben auf der Erde gleicht. Er gelangt an eine Bucht und findet sich auf einer weiten Ebene, und hier liegt das Haus der Takánakapsaluk, aus Stein gebaut, mit einem kurzen Eingangstunnel, wie die Häuser der *Tunit*. Außerhalb des Hauses kann man die Tiere schnauben und blasen hören, aber man sieht sie nicht. Im Eingang zum Haus liegt Takánakapsaluks Hund, ausgestreckt den Zugang versperrend; er liegt dort, an einem Knochen nagend, und knurrt. Er ist gefährlich für alle, die ihn fürchten, und nur der mutige Schamane kann an ihm vorbei, wobei er einfach über ihn hinwegsteigt; dann weiß der Hund, daß der kühne Besucher ein guter Schamane ist, und tut ihm nichts.

Diesen Schwierigkeiten und Gefahren begegnet ein normaler Schamane auf seiner Reise. Die größten Gefahren jedoch lauern am Weg direkt dort, von wo aus er seine Schutzgeister beschwört; der Weg führt durch die Erde hinunter, wenn er in einem Zelt an der Küste sitzt, oder hinab durch das Meer, wenn er in einer Schneehütte auf dem Eis sitzt. Auf dieser Route begegnet der Schamane dann keinem Hindernis mehr. Er gleitet geradezu hinab, als falle er durch eine Röhre, die seinem Körper so angepaßt ist, daß er die Geschwindigkeit durch Drücken gegen die Seiten abbremsen kann, so daß er nicht im freien Fall hinabssürzt. Die Röhre wird durch die Seelen seiner Namensvettern für ihn offengehalten, bis er wieder auf die Erdoberfläche zurückkehrt.

Sollte vor dem Haus der Takánakapsaluk eine hohe Schutzmauer aufgebaut sein, so bedeutet das, daß sie sehr zornig ist und unversöhnlich in ihrer Haltung gegenüber der Menschheit. Der Schamane muß sich nun gegen die Mauer werfen, sie niedertreten und dem Erdboden gleichmachen. Es gibt manche, die erklären, das Haus der Takánakapsaluk habe kein Dach und sei oben offen, so daß sie von ihrem Platz neben ihrer Lampe das Treiben der Menschheit besser beobachten kann. Alle Arten von Meereswild – Seehunde, Bartrobben, Walrosse, Wale – sind rechts von ihrer Lampe in einem großen Teich versammelt, wo sie schnaubend und blasend liegen. Wenn der Schamane das Haus betritt, sieht er sofort die Takánakapsaluk, die, als Zeichen ihres Zorns, mit dem Rücken zur Lampe und mit dem Rücken zu den Tieren im Teich sitzt. Ihr Haar hängt auf der einen Seite ihres Gesichts lose herab, wobei wirre verfilzte Strähnen ihre Augen bedecken, so daß sie nichts sieht. Die Missetaten und Verstöße der Menschen haben sich in Form von Schmutz und Unreinheiten an ihrem Körper abgesetzt. An den üblen Ausdünstungen der Sünden der Menschheit erstickt sie beinahe. Wenn sich der Schamane auf sie zubewegt, versucht Isarrataitsoq, ihr Vater, ihn zu packen. Er glaubt, es sei ein Toter, der da Sünden sühnen will, ehe er ins Land der Toten weiterzieht; der Schamane muß nun sofort rufen: «Ich bin Fleisch und Blut», dann geschieht ihm nichts. Dann muß er Takánakapsaluk an der Schulter anfassen und ihr Gesicht zur Lampe und zu den Tieren hindrehen und ihr Haar streicheln, das Haar, das sie selbst nicht zu kämmen vermag, weil sie keine Finger hat; und er muß es glätten und kämmen, und sobald sie sich beruhigt hat, muß er sagen:

«Pik'ua qilusinEq ajulErmata': Die oben wohnen, können die Robben nicht mehr an ihren Vorderflossen nach oben ziehen.»

Dann antwortet Takánakapsaluk in der Geistersprache: «Die heimlichen Fehltritte der Frauen und die Tabubrüche beim Essen von gekochtem Fleisch versperren den Tieren den Weg.»

Nun muß der Schamane alle seine Kraft darauf verwenden, ihren Zorn zu besänftigen, und endlich, wenn sie in gütigerer Stimmung ist, nimmt sie die Tiere, eines nach dem anderen, und läßt sie auf den Boden fallen, und es ist dann, als erhebe sich ein Strudel im Eingang, das Wasser strömt aus dem Teich, und die Tiere verschwinden im Meer. Das bedeutet reiche Jagdbeute und Sattheit für die Menschen.

Für den Schamanen ist es nun Zeit, zur Erdoberfläche zu seinen Mitmenschen zurückzukehren, die auf ihn warten. Schon von weitem können sie ihn kommen hören; das Sausen seines Durchgangs durch die von den Geistern für ihn offengehaltene Röhre kommt immer näher, und mit einem gewaltigen «Plu-a-he-he» schießt er nach oben auf seinen Platz hinter dem Vorhang: «Plu-plu», wie ein Meerestier, das unter dem Druck seiner mächtigen Lungen zum Atmen die Wasseroberfläche durchbricht.

Einen Augenblick herrscht dann Stille. Niemand darf diese Stille durchbrechen, bis der Schamane sagt: «Ich habe etwas zu sagen.»

Dann antworten alle Anwesenden: «Laß uns hören, laß uns hören.»[147]

Doch der Schamane antwortet nicht sofort. Er nutzt vielmehr diesen dramatischen Moment, um die Zuhörer zu zwingen, ihre Tabu-Übertretungen zu gestehen. Alle müssen ihre Sünden bekennen, eine Gruppenbeichte von starker, die Gruppe zusammenschweißender Wirkung. Erst wenn das getan ist, seufzt der Schamane vor Erleichterung. Dann endlich «wird die Ursache des Zornes der Takánakapsaluk erklärt, und alle freuen sich, daß sie der Katastrophe entronnen sind... Dies also war es, was geschah, wenn Schamanen hinabstiegen und den großen Meeresgeist beschwichtigten.»[147]

Nur der Schamane ist zu dieser Reise in die Meerestiefe fähig. Während also der normale Mensch den Geistern mehr oder weniger hilflos ausgeliefert ist, kann der Schamane, und nur er, in Kontakt zu den Geistern treten und Kontrolle über sie gewinnen.

Reisen in die mittlere und obere Welt zeigen ähnliche Grundzüge wie Reisen in die Unterwelt. Unterschiede gibt es hauptsächlich im Zweck der Reise und in der Art der Wesen, die man (wahrscheinlich) antrifft. Die Unterwelt ist häufig ein Ort der Gefahren und Bewährungsproben, aber auch ein Ort, wo Machttiere erworben werden und wo der Schamane zum Sieg geleitet und gestärkt wird. Die obere Welt ist ein Ort, wo Lehrer und Führer gefunden werden können, und Reisen hierher können besonders ekstatisch sein[8].

Die mittlere Welt ist unsere vertraute Welt. In ihren Visionen bereisen Schamanen sie nach Belieben, unbehindert von Schranken und Entfernungen, mit weitem freiem Überblick, und kehren zurück mit Informationen über Jagd, Wetter, Kriegsglück. Reisen in die mittlere Welt sind besonders in den arktisnahen Gebieten Nordamerikas und Sibiriens gang und gäbe. Hier gibt es nur karge Nahrung, und wandernde Tierherden müssen aufgespürt werden[77].

Reisen in die obere Welt beginnen gewöhnlich an irgendeiner höhergelegenen Stelle, einem Berg, einer Baumkrone oder einer Klippe; von hier aus sieht sich der Schamane im Geist zum Himmel auffahren. Im Verlauf seines Aufstiegs kann er auf ein Hindernis stoßen, eine Art Haut, die ihn vorübergehend aufhält. Wird sie durchstoßen, findet sich der Schamane in der oberen Welt, einer Welt, die deutlich anders ist als die mittlere, bevölkert womöglich von seltsamen Tieren, Pflanzen und Menschen. Wie die Unter- kann auch die Oberwelt ihrerseits in Stockwerke eingeteilt sein, zwischen denen sich der Schamane normalerweise frei bewegen kann, vielleicht von einem Hilfgeist unterstützt.

Die Himmelfahrt kann auch auf andere Weise geschehen. Es gibt Varianten, bei denen sich der Schamane als Vogel wahrnimmt, der in die obere Welt emporfliegt. Eine weitere Variante ist der Aufstieg durch die Weltachse, jene zentrale Achse, die obere, mittlere und untere Welt verbindet. Manchmal nimmt die Achse die Gestalt des Weltenbaumes an, den der Schamane erklimmt; oder der Schamane ersteigt einen Berg, einen Regenbogen oder eine Leiter. Allen Spielarten gemeinsam ist der Aufstieg von unserer in eine obere Welt (oder mehrere obere Welten), wo Geister wohnen. Bei diesen kann der Schamane für seine erdgebundenen Stammesgenossen Fürbitte einlegen.

Spontane Reisen

Schamanen lernen – manchmal im Verlauf einer Schulung von vielen Jahren –, ihre Reisen willentlich einzuleiten und zu steuern. Andererseits machen aber auch Menschen in aller Welt, die nie vom Schamanismus gehört haben, zur eigenen Überraschung «reise»-ähnliche Erfahrungen. Diese können sich spontan und ungewollt in Form von außerkörperlichen Erfahrungen, luziden Träumen und Todesnähe-Erfahrungen einstellen. Erfahrungen solcher Art hat es wahrscheinlich in der gesamten Menschheitsgeschichte gegeben. Als solche mögen sie zu bewußt unternommenen Reisen inspiriert haben, zuerst im Schamanismus, dann in anderen religiösen Traditionen, zuletzt und in jüngster Zeit in der Psychotherapie.

Außerkörperliche Erfahrungen

Von spontanen außerkörperlichen Erfahrungen ist in der gesamten Geschichte berichtet worden (früher nannte man sie «Astralreisen»). Der wohl bekannteste Reisende dieser Art war Emmanuel Swedenborg. Swedenborg, ein schwedischer Intellektueller aus dem achtzehnten Jahrhundert, produzierte einen so überreichen Schatz wissenschaftlicher Schriften und Erfindungen, daß er als eines der größten Genies seiner Zeit betrachtet wurde. Um sein fünfundfünfzigstes Lebensjahr machte er eine religiöse Krise durch und begann, von spontanen Reisen in den Himmel und in die Hölle und von Begegnungen mit Bewohnern dieser Sphären zu berichten. Seine zahlreichen auf diesen Erfahrungen beruhenden metaphysischen Werke gewannen derartigen Einfluß, daß noch heute, zwei Jahrhunderte später, der Swedenborgianismus als Bewegung in verschiedenen Weltteilen lebendig ist.

Die vielleicht bekanntesten Beispiele spontaner außerkörperlicher Erfahrungen in der heutigen Zeit stammen von Robert Monroe. Monroe, ein ganz «normaler» Geschäftsmann, sah sich von außerkörperlichen Erfahrungen «heimgesucht», die ihm Angst einjagten, verrückt zu werden, und ihn in ärztliche Behandlung trieben. Er hatte nie von dergleichen gehört und hielt es für unmöglich. Doch als der erste Schock und die erste Angst sich legten, fand er, daß er in der Lage war, die Erfahrungen zu steuern, zu erforschen und zu genießen. Die Chronik seiner Entdeckungsfahrten legte er in dem Bestseller *Journeys Out of the Body* nieder[122].

Außerkörperliche Erfahrungen können zu schamanismusähnlichen Reiseerlebnissen führen. Dem Betreffenden mag es so vorkommen, als führe er nach Belieben um die Welt oder in andere Welten, träfe Geister, erwerbe alle Arten wertvoller Informationen. Daß solche Erfahrungen erst spontan auftreten und dann unter Willenskontrolle gebracht werden können, spricht dafür, daß dies einer der Wege war, auf denen das schamanische Reisen gelernt und im Lauf der Geschichte immer wieder neu gelernt wurde.

Todesnähe-Erfahrungen

Ein der schamanischen Reise ähnelndes Phänomen zeigt sich auch in Verbindung mit sogenannten Todesnähe-Erfahrungen. Daß Menschen, die dem Tod «von der Schippe springen», manchmal von ungewöhnlichen und tiefen Erfahrungen berichten, ist seit langem bekannt. Seit der Veröffentlichung von Raymond Moodys Buch *Leben nach dem Tod*[123], von dem erstaunliche zehn Millionen Exemplare verkauft wurden, hat das Interesse an den Todesnähe-Erfahrungen sprunghaft zugenommen.

Derartige Erfahrungen treten am häufigsten bei Menschen auf, die dem Tod sehr nahe kommen, aber im letzten Augenblick wiederbelebt werden – nach Herzinfarkten oder Unfällen beispielsweise. Abgesehen von allen individuellen Variationen gibt es dabei eine allgemein wiederkehrende Abfolge von Stadien. Die erste ist gekennzeichnet von einem tiefen Gefühl des Friedens und Wohlbefindens. Dann kommt der Schock, das «Selbst» außerhalb des eigenen Körperes wiederzufinden, wobei man alles wahrnimmt, was in der Umgebung vorgeht, auch den eigenen bewußtlos daliegenden Körper. Es gibt mehrere Berichte, daß wiederbelebte Patienten den verblüfften Ärzten genau und detailliert die Reanimationstechniken schildern konnten, die bei ihnen angewandt wurden, während sie komatös oder «tot» waren.

Im nächsten Stadium hat man das Gefühl, sich durch einen riesigen dunklen Tunnel zu bewegen. Am Ende des Tunnels steht eine spirituelle Gestalt oder ein Licht von unvorstellbarer Leuchtkraft, mit dem der Sterbende in ekstatischer Liebe verschmilzt. Das Erlebnis endet mit dem Empfinden, daß man jetzt doch noch nicht sterben dürfe und daß man in die Welt zurückkehren müsse[124].

Menschen, die ein solches Erlebnis gehabt haben, bezeichnen es einhellig als ihre mit Abstand einschneidendste, wichtigste und lebensveränderndste Erfahrung. Fast 90 % sagen, sie würden sie wiederholen[150]. Sie kann drastische und anhaltende Persönlichkeitsveränderungen bewirken, denen ähnlich, die von andersartigen mystischen Erfahrungen verursacht werden, so etwa verringerte Angst vor dem Tod, vermehrten Glauben an ein Leben nach dem Tod, ein stärkeres Bewußtsein für das Gefährdetsein von Beziehungen, von Liebe und Leben, vertieftes Interesse an Lernen und Selbsterkenntnis sowie eine signifikante Abkehr von materialistischen Zielen und irdischem Besitz, hin zu mehr Mitmenschlichkeit und tätiger Nächstenliebe. Diese tiefgreifenden Umbrüche erreichen – oder übersteigen – alles, was von jahrelanger Psychotherapie erhofft werden kann. Aufgrund verbesserter Wiederbelebungstechniken ist die Zahl der Menschen, die solche Erfahrungen machen, in den letzten Jahren sehr stark angewachsen. Diese Kombination aus tiefgreifenden psychologischen und spirituellen Veränderungen bei einer zunehmenden Anzahl von Menschen läßt die Vermutung berechtigt erscheinen, daß Todesnähe-Erfahrungen langfristig einen bedeutenden Einfluß auf die menschliche Kultur und das menschliche Bewußtsein haben werden[151][152].

Zwischen Todesnähe-Erfahrungen und der schamanischen Reise fallen Ähnlichkeiten auf: Man tritt aus dem Körper heraus, reist in andere Reiche, trifft Geister. Ein Autor vertritt sogar die extreme Ansicht, daß «der Schamane den Tod überwunden hat; er stirbt wirklich und wird wirklich wiedergeboren ... Der Schamane ist der klassische Erkunder des Todesreiches; er erforscht die Reisewege ins Jenseits und zurück und produziert dadurch eine Landkarte des postmortalen Terrains»[99].

Zwischen schamanischer Reise und Todesnähe-Erfahrungen bestehen allerdings auch deutliche Unterschiede, vor allem der, daß der Mensch in Todesnähe, im Gegensatz zum Schamanen, seine Erfahrung wenig oder gar nicht unter Kontrolle zu haben scheint. Bisher haben sich alle monokausalen Erklärungen – biologische, psychologische und spirituelle – für die Todesnähe-Erfahrung als unzureichend erwiesen.

Da es solche Erfahrungen wohl in der gesamten Geschichte gegeben hat und sie tiefe Wandlungs- und Heilwirkung gehabt haben können, mögen sie durchaus als Inspiration für Schamanen gedient haben. Eines der großen schamanischen Berufungszeichen ist ja auch die unerwartete Genesung von einer fast tödlichen Krankheit. Sollten angehende Schamanen Todesnähe-Erfahrungen gemacht haben, könnten sie Wege gesucht haben, solche Erfahrungen bewußt herbeizuführen und gezielt einzusetzen, zum Nutzen für sich selbst und ihren Stamm.

Traumreisen und luzide Träume

Eine dritte Spielart kosmischen Reisens kennen wir alle: das Reisen oder «Fliegen», das im Traum geschieht. Binnen Minuten, nachdem wir die Augen geschlossen haben, können wir in unbekannte Welten aufbrechen, deren fremdartige Bewohner kennenlernen und sie als völlig real betrachten. Solche Traumreisen können eine reichhaltige Quelle von Einsichten sein. In vielen Religionen und Psychologien werden Träume daher nicht nur als «Königsweg zum Unbewußten» (Freud), sondern ebenso auch als Königsweg zu Weisheit und Erweckung betrachtet. Es ist daher nicht verwunderlich, daß manche Eingeborenenkulturen und Schamanen Traumerfahrungen und -reisen für ebenso real und wertvoll halten wie Wacherfahrungen.

Eine besonders eindrucksvolle Variante ist der «luzide

Traum», ein Zustand, in dem der Träumer weiß, daß er träumt. Der luzide Träumer kann seine Trauminhalte in gewissem Grade steuern, wie der Schamane seine Reise steuert. Er kann sich durch unsere Welt und andere Welten reisen sehen, andere Wesen treffen, Erkundungen anstellen, fragen und lernen. Am weitesten ist die Technik im tibetanischen Traumyoga entwickelt. Hier arbeitet der Yogi mit luziden Träumen, um das Wesen der Psyche zu erforschen oder – wie der Schamane – in andere Reiche zu reisen, wo er Lehren empfangen kann.

Was immer man von solchen Behauptungen der Yogis halten mag – die zeitgenössische Forschung macht klar, daß der luzide Traum ein reales Phänomen ist. Es gibt bereits Trainingsprogramme zu seiner systematischen Einübung. Dank dieser Programme kann, was einmal eine nur in tibetanischen Klöstern zugängliche Geheimtechnik war, bequem zu Hause im Bett gelernt werden[106].

Es scheint – resümierend betrachtet –, daß luzide Träume, außerkörperliche und Todesnähe-Erfahrungen im Lauf der ganzen Geschichte offenbar immer wieder spontan vorgekommen sind. Sie können daher den Keim zum verbreiteten Glauben an eine Seele und an Seelenwanderung gelegt und auch für schamanische Reisen einen «Prototyp» geliefert haben. Da jede dieser Erfahrungen sehr sinnreich, heilend und hilfreich sein kann, dürfte man sie zweifellos sehr geschätzt und immer wieder gesucht haben. Die Techniken und äußeren Umstände, die sie begünstigten, dürften genau beobachtet, kultiviert und von Generation zu Generation weitergegeben worden sein. Als diese und andere Künste zu einem kohärenten Gebäude von Techniken zusammenwuchsen und sich mit einer erklärenden Mythologie verkoppelten, waren die Kernelemente des Schamanismus gegeben, und die schamanische Tradition konnte geboren oder wiedergeboren werden.

Dieser Mechanismus könnte Klärung für die lange debattierte Frage bringen, wie sich das weltweite Vorkommen des Schamanismus erklären läßt. Wie im schon bemerkt, gibt es dazu zwei rivalisierende Hypothesen. Die erste vermutet eine Spontanentstehung des Schamanismus an verschiedenen Orten, die zweite eine Verbreitung durch Wanderung. Wenn reiseähnliche Erfahrungen immer wieder spontan in der Menschheitsgeschichte aufgetreten sind, können sie in weit auseinanderliegenden Kulturen und Zeitaltern immer wieder ähnliche Praktiken und Glaubensüberzeugungen ins Leben gerufen haben. Dies spräche für die Auffassung, daß der Schamanismus in vielen Weltteilen separat entdeckt oder immer wieder neuentdeckt worden ist, und es würde erklären, warum die Tradition in allen Kulturen so weitgehende Ähnlichkeiten aufweist und warum sie so lange überleben konnte.

Kosmische Reisen in anderen religiösen Traditionen

Der Schamane ist der kosmische Reisende par excellence, jedoch nicht der einzige, der reist. Nirgendwo steht das kosmische Reisen so im Mittelpunkt wie im Schamanismus, doch auch andere alte Religionen wie auch moderne Psychologien arbeiten mit analogen Erlebnissen.

Im religiösen Bereich kommen Reisen in andere Reiche beispielsweise im Taoismus, im Islam, im Yoga und im tibetanischen Buddhismus vor. Im Taoismus «glaubte man, daß Visualisierungen dem Adepten helfen, ins Paradies aufzusteigen. Im Laufe der Visualisierung durchschritt er die Pforten der drei Himmelspässe, um in den Yu-ching-Himmel einzugehen, wo er eine Exkursion ins Paradies unternahm»[10]. Manche indische Moslems lassen «die Seele die Geistwelt erforschen», unterstützt durch Haschisch, das bei ihnen «Himmelsführer» und «Himmel für Arme» heißt[167]. Im Gegensatz zum Schamanismus machen diese Traditionen jedoch nur gelegentlich vom Reisen Gebrauch; es ist keinesfalls eine zentrale Praxis.

Reisen in der Psychotherapie

Angesichts der potentiellen Heilkraft des Reisens überrascht es nicht, daß Psychotherapeuten Wege suchten und suchen, ähnlich geartete Erfahrungen zu induzieren. Herausgekommen ist ein recht breites Spektrum mit Einbildungskraft arbeitender Techniken, die vielerlei Namen bekommen haben. C. G. Jung, einer der ersten westlichen Menschen, die sie benutzten, nannte sie «aktive Imagination». Andere nennen sie Bilderschau, Visualisierung, «guided imagery», gelenkte Meditation, Wachträume. Der Patient wird normalerweise gebeten, sich bildhaft vorzustellen, wie er in Kontakt zu Menschen oder Wesen tritt, die ihm Einsicht, Erkenntnis und Heilung vermitteln.

Erfahrungen dieser Art haben vieles mit der schamanischen Reise gemein, weichen jedoch auch in mehrfacher Hinsicht von ihr ab. Anders als die psychotherapeutische Visualisierung geschieht die Reise meist in signifikant veränderten Bewußtseinszuständen, schließt oft das Empfinden ein, in andere Reiche versetzt zu sein, und wird vom Schamanen als real statt als Schöpfung der Psyche empfunden.

Erfahrungen, die der schamanischen Reise schon stärker ähneln, können unter Hypnose eintreten. Hier wird man in einen veränderten Bewußtseinszustand versetzt und kann das Empfinden haben, durch fremde Welten und Reiche zu reisen, wenn einem das befohlen wird. Der Hypnotisierte kann diese Welten für real und nicht für mentale Schöpfungen halten. Die Ähnlichkeit dieser hypnotischen mit der schamanischen Reise überrascht nicht; beide finden im Trancezustand statt. Der Unterschied ist, daß der Schamane sich willentlich in diesen Zustand versetzen und wieder aus ihm heraustreten kann und daß er dabei keinen fremden Helfer braucht, keinen Hypnotiseur, der den Zustand induziert und dirigiert.

Westliche Reisen

Augenscheinlich können also mehrere der schamanischen Reise ähnelnde Arten von Erfahrungen entweder spontan auftreten oder bewußt «eingeübt» werden. Dies führt zu der interessanten Frage, ob Menschen aus nichtschamanischen Kulturen, inklusive der zeitgenössischen westlichen Kultur, lernen können, schamanisch zu reisen. Für die große Mehrheit der der Menschen scheint die Antwort eine positive zu sein. Mit Hilfe des Trommelrhythmus fällt es den meisten Aspiranten überraschend leicht, und auf Workshops sieht man Leute nicht selten binnen eines einzigen Wochenendes durch ihre Erfahrungen tiefbewegt, zu Freude oder zu Tränen.

Michael Harner, der buchstäblich Tausende von Menschen auf die schamanische Reise geführt hat, berichtet, daß

> rund neun Zehntel der Menschen die zur schamanischen Reise nötige Fähigkeit zur Visualisierung besitzen. Unter westlichen Menschen haben die größten Schwierigkeiten interessanterweise meist Akademiker der Fachrichtungen Jura, Mathematik, Linguistik und Philosophie – sogenannte Linkshirnspezialisten mit stark logik-lastiger Arbeit.[75]

Natürlich gibt es erhebliche Streubreiten, was die Tiefe der Trance und die Intensität, den Sinngehalt und die realistische Wirkung der Reiseerfahrungen angeht.

Interessant und auffallend ist der Unterschied zwischen der Zahl der Menschen, die des Reisens offenbar prinzipiell fähig sind, und der Zahl derer, die tatsächlich auf Reisen gingen. Die Mehrheit der Menschen mag «das Zeug» gehabt haben, aber traditionell war es der Schamane allein, der kosmische Reisen unternahm, während seine Landsleute standhaft erdverbunden blieben.

Philosophische Interpretationen

Es scheint also, als sei die Mehrheit der Menschen latent «reisefähig» und als könnten der schamanischen Reise ähnelnde Erfahrungen unter den verschiedensten Umständen auftreten. Die Frage erhebt sich nun, wie diese Erfahrungen philosophisch zu deuten sind. Für den Schamanen ist das kein Problem – die Erfahrungen, Reiche, Welten und Geister sind für ihn alle ganz wirklich, so wirklich wie unsere Alltagswelt, wenn nicht noch wirklicher[73]. Diese Position wird den zeitgenössischen Abendländer kaum befriedigen; er wird mehr dazu neigen, die Erfahrungen als Ergebnisse – zugegebenermaßen beeindruckende Ergebnisse – lebhafter Phantasie und bildhafter Vorstellungskraft zu deuten.

Philosophisch-ontologisch gesehen haben wir zwei Perspektiven. Die schamanische Sicht ist «realistisch», da sie die auf der Reise vorgefunden Erscheinungen als real, als objektiv, als unabhängig von der Psyche des Schamanen existent auffaßt. Der Schamane empfindet die Reise, um in den korrekten Fachbegriffen zu sprechen, als *exosomatisch* (außerhalb des Körpers stattfindend), nicht als *imaginär* (als Bild, erzeugt von der Psyche).

Diese Perspektive paßt folgerichtig in die schamanische Weltsicht, die andere Welten und Geister als real existent und als für den kosmischen Reisenden direkt zugänglich betrachtet. Da diese Weltsicht sich wohl zum Teil wieder aus schamanischen Reisen ableitet, erstaunt diese wechselseitige Übereinstimmung nicht. Manche Menschen, die außerkörperliche und Todesnähe-Erfahrungen machen, interpretieren sie ähnlich. Sie glauben, daß sich die Seele vom Körper löst und Reiche bereist und Wesen trifft, die selbständig und separat vom Reisenden existieren.

Zweifellos ist die Idee, daß es eine Seele gibt, die den Körper verlassen und in andere Seinsbereiche reisen kann, archaisch und zeitlos. Plato beschrieb die Seele als «gefangen im Körper, wie eine Auster in der Schale». Sokrates soll gesagt haben, der Geist erkenne absolute Wahrheiten nur dann, wenn er den Leib verlasse und so wenig wie möglich mit diesem zu tun habe; dann erst werde ihm alles leibliche Fühlen und Begehren fremd, und er strebe nur noch nach reinem Sein[96].

Häufiger ist heute die subjektive «imaginäre» Perspektive, die schamanische Reisen und verwandte Erfahrungen als mental erzeugte Bilder betrachtet. Diese Bilder können entweder als pathologisch oder als nützlich gedeutet werden. Pathologisch gedeutet, wären es Halluzinationen; positiv gedeutet, potentiell hilfreiche oder heilende Produkte der Vorstellungskraft.

Eine radikalere Perspektive nimmt der tibetanische Buddhismus ein. Er betrachtet die Reiche, in die der Yogi träumend oder meditierend reist, ebenfalls als mentale Schöpfungen – desgleichen aber auch die gesamte Wacherfahrung. Unsere Welt und alle Welten werden letztlich als Träume und Erschaffungen des Bewußtseins («mind») aufgefaßt. Nur in der Erleuchtung wacht man aus allen Träumen – Schlafträumen wie Wachträumen – auf. Um Beweise für diesen Standpunkt gebeten, könnte der Yogi entweder eine philosophische Darlegung oder den jahrhundertealten Rat geben: «Um zu sehen, ob es wahr ist, mußt du in deinen eigenen Geist hineinblicken.»

Wissenschaftliche Forschungen

Wissenschaftliche Untersuchungen über schamanische Bewußtseinszustände und Reisen sind dünn gesät. Wir haben eine Reihe guter Berichte über schamanische Erlebnisse «auf Reisen», aber darüber hinaus bislang fast überhaupt keine Forschungsresultate.

Ein Versuch, während einer Reise die Gehirnwellen-Aktivität zu messen, scheiterte, weil der Elektroenzephalograph aufgrund der Körperbewegungen des Schamanen keine zuverlässigen Werte lieferte[1]. Über Dinge wie etwa das genaue Wesen der schamanischen Bewußtseinszustände und die Wirkungen der Reise auf Physiologie und Persönlichkeit des Schamanen liegen bisher fast überhaupt keine wissenschaftlichen Daten vor.

Etwas besser ist die Indizienlage auf dem Gebiet der außerkörperlichen Erfahrungen. Charles Tart, einer der ideenreichsten Forscher auf dem Feld der parapsychologischen Phänomene, hat bei einer Frau, die außerkörperliche Erlebnisse zu haben behauptete, physiologische Indizien für außersinnliche Wahrnehmung und ungewöhnliche EEG-Bilder festgestellt[178].

Eine umfangreichere Studie über außersinnliche Wahrnehmung während außerkörperlicher Erfahrungen erbrachte allerdings Resultate, die eindeutig negativ waren[106]. Bei dieser Studie wurden rund hundert Personen untersucht, die alle behaupteten, sie könnten mühelos außerkörperliche Erfahrungen – und dabei auch noch außersinnliche Wahrnehmungen – herbeiführen. Sie wurden gebeten, im außerkörperlichen Zustand ein bestimmtes Zimmer aufzusuchen und hinterher zu beschreiben, was sie gesehen hatten. Fast nie, abgesehen von ganz wenigen Fällen, gab es irgendeine Übereinstimmung zwischen dem tatsächlich vorhandenen Zimmer und der Beschreibung.

Steve LaBerge interpretiert diese negativen Befunde als Indiz für seine Hypothese, außerkörperliche Erfahrungen seien in Wirklichkeit fehlgedeutete teil-luzide Träume[106]. Mit dieser Hypothese ließe sich eine Reihe merkwürdiger Eigenheiten außerkörperlicher Erfahrungen erklären, ferner die Tatsache, daß sie meist nachts stattfinden. Zweifellos gibt es bisher keinerlei handfeste Beweise dafür, daß außerkörperliche Erfahrungen *realiter* mit einem Heraustreten des Bewußtseins aus dem Körper zu tun haben. Wie man dergleichen überhaupt testen sollte, ist unklar.

Welche Deutung man der schamanischen Reise auch zugrunde legen mag, was die künftige Forschung auch erbringen mag: Klar ist, daß die Erfahrung des Aus-dem-Körper-Heraustretens, des Reisens in andere Reiche, ein zeitloses, weltweit anzutreffendes Phänomen ist. Es kann spontan auftreten, aber auch gezielt eingeübt werden, und Techniken zu seiner Induzierung sind in alten Religionen wie auch in modernen Psychologien weitverbreitet. Wer solche Erfahrungen macht, berichtet meist, daß sie überraschend hilfreich, heilend und sinnstiftend sein können. Es erstaunt daher nicht, daß Varianten dieser alten Technik jetzt Eingang in zeitgenössische Behandlungszimmer gefunden haben und daß Psychologen und Psychiater beginnen, den Fußstapfen und Höhenflügen der allerersten Therapeuten und kosmischen Reisenden der Menschheit zu folgen.

Zwölftes Kapitel

Technologie der Transzendenz: Die Herbeiführung veränderter Bewußtseinszustände

Wir alle sind Gefangene unseres Geistes. Diese Erkenntnis ist der erste Schritt auf dem Weg zur Freiheit. RAM DASS

Um den Kosmos bereisen zu können, muß der Schamane imstande sein, in bestimmte Bewußtseinszustände einzutreten, und ein großer Teil der Schamanenkunst hat damit zu tun, diese Zustände herbeizuführen. Natürlich sind Schamanen längst nicht die einzigen, die Methoden zur Bewußtseinsveränderung entwickelt haben. Es ist eine recht erstaunliche Tatsache, daß 90 % aller Weltkulturen einen oder mehrere institutionalisierte veränderte Bewußtseinszustände kennen, und in traditionellen Gesellschaften sind dies fast ausnahmslos heilige Zustände. Ein, gelinde gesagt, «verblüffender Befund, der dafür spricht, daß wir es mit einer Sache von hoher Bedeutung zu tun haben»[21]. Ganz offensichtlich hat die Menschheit enorme Kraft und Erfindungsgabe darauf verwendet, das Bewußtsein zu verändern. Womöglich stellt das «Bestreben, in periodischen Abständen das Bewußtsein zu verändern, einen normalen Naturtrieb dar, analog dem Hunger und zum Geschlechtstrieb»[197].

Keineswegs suchen also nur Schamanen «alternative» Bewußtseinszustände. Auch Mystiker zahlreicher anderer Traditionen streben danach und behaupten, in diesen Zuständen würden ihre tiefsten Erkenntnisse geboren. Daher haben mystische Traditionen in aller Welt verschiedene Techniken zur systematischen Bewußtseinsveränderung entwickelt. Diese Techniken bilden eine «Technologie der Transzendenz» oder auch «Technologie des Heiligen».

Mystische Traditionen dienen als Gebrauchsanweisungen zur Anwendung dieser Technologie. Aus dieser Perspektive könnten wir sagen: Mystische Traditionen werden geschaffen und getragen von Menschen, die in transzendente Bewußtseinszustände eintreten und dann Anweisungen hinterlassen, anhand derer andere ebenfalls in sie eintreten und damit die Einsichten des Stifters individuell neu gewinnen können. Idealerweise dienen mystische Traditionen der Bewahrung und Tradierung dieser Einsichten und Anweisungen. Die erste dieser Traditionen war der Schamanismus.

In ihren besten Ausprägungen gibt die schamanische Tradition einen Kanon von Informationen und Techniken weiter, der es dem Novizen erlaubt, die veränderten Bewußtseinszustände, Erfahrungen und Fähigkeiten seiner Vorgänger neu zu erschaffen. So kann jede Generation eine lebendige Tradition weiterführen, die kontinuierlich aufgefrischt wird, und den gesammelten Schatz an Weisheit und Technik immer weiter bereichern. Dieses direkte, persönliche, transformative Erleben des Heiligen ist es, das den Mystiker ausmacht und das den Schamanismus mit Fug und Recht als erste mystische Tradition der Menschheit erscheinen läßt.

Diese Weiterführung kann jedoch auch zum Stillstand kommen. Dann rückt das direkte Erleben des Transzendenten aus dem Brennpunkt der Tradition heraus und fällt manchmal sogar «in Ungunst». Übrig bleibt eine Institution, weitgehend bar der direkten Erfahrung des Heiligen, ohne direkte Kenntnis veränderter Bewußtseinszustände und der transzendentalen Erfahrungen, die sie ermöglichen. Die Techniken zur Induzierung veränderter Bewußtseinszustände weichen dann rein symbolischen Ritualen, unmittelbare Erfahrung wird durch Glauben ersetzt, lebende Lehre erstarrt zum Dogma – ein Verfallsprozeß, den wir als «Ritualisierung der Religion» bezeichnen könnten.

Beispiele aus allen Weltreligionen lassen sich leider sehr leicht aufzeigen. In Japan bietet der Schamanismus selbst ein Beispiel; dort kommt heute «die Trance nur noch selten vor. Die Fähigkeit zu einer solchen Dissoziation und zu der visionären Reise, die damit einhergeht, scheint in den letzten Jahrhunderten abgenommen zu haben»[18].

So mag der Fortbestand mystischer Traditionen davon abhängen, ob es späteren Generationen immer wieder aufs neue gelingt, persönlichen Zugang zu den transzendenten Zuständen und Erfahrungen zu gewinnen, die die Tradition begründeten. Der Schamanismus scheint das erstaunlich gut geschafft zu haben. Allem Anschein nach überlebt er – seit vielleicht Zehntausenden von Jahren – als lebendige Tradition von Mystikern, denen es gelungen ist, eine der frühesten Technologien der Welt, vielleicht sogar die allererste Technologie der Menschheit, zu bewahren und zu tradieren, nämlich eine Technologie der Transzendenz, eine Technologie zur Herbeiführung spezifischer Bewußtseinszustände.

Induzierung veränderter Bewußtseinszustände: Der heutige Erkenntnisstand

Die Technologie kann nun zum Teil in psychologischen Kategorien verstanden werden. Erstmals in der abendländischen Geschichte können wir veränderte Bewußtseinszustände, die Mittel zu ihrer Herbeiführung und ihre Rolle in religiösen Traditionen in gewissem Maß psychologisch aufschlüsseln.

Dadurch hat sich uns, nach Jahrhunderten des Mißverstehens und der Ablehnung, ein ganz neues Bild erschlossen. Buchstäblich jahrhundertelang mußten diverse heute wohlbekannte Bewußtseinszustände um Anerkennung «ringen».

Auch Hypnose wurde zunächst als Quacksalberei abgestempelt. Im neunzehnten Jahrhundert entdeckte ein britischer Arzt namens James Esdaile, daß Hypnose bei Chirurgiepatienten angewandt werden konnte, um Schmerzen zu lindern und die Überlebenschancen zu steigern. Zu einer Zeit, da es auch für die brutalsten operativen Eingriffe noch kein Betäubungsmittel gab, war dies sicherlich eine Entdeckung von ungeheurer Tragweite. Gleichwohl wurde Esdails Entdeckung als unmöglich abgetan, und medizinische Fachblätter weigerten sich, sie zu publizieren. Deshalb machte er für das *British College of Physicians and Surgeons* eine Testvorführung. Charles Tart kommentiert:

> Nachdem er einen Mann mit einem gangränösen Bein hypnotisiert hatte, nahm er ihm das Bein ab, während der Patient ruhig lächelnd dalag. Die Schlußfolgerung seiner skeptischen Kollegen? Esdaile führe sie an der Nase herum. Für ein Goldstück habe er einen hartgesottenen Strolch engagiert, um dort zu liegen und so zu tun, als spüre er nichts. Damals müssen die Strolche aber wirklich hartgesotten gewesen sein.[180]

Das Beispiel ist wertvoll, weil es demonstriert, welcher Blindheit und Verdrängung Skeptiker auch angesichts «hochwirksamer» veränderter Bewußtseinszustände mit enormem Heilpotential fähig sind. Hypnose ist mittlerweile akzeptiert, doch ähnliche Skepsis herrscht nach wie vor gegenüber vielen mystischen Bewußtseinszuständen und den Techniken zu ihrer Induzierung. So lehnen viele – darunter Psychiater und Psychologen – noch Meditation und die dadurch induzierten Bewußtseinszustände ab, obwohl mittlerweile mehr als tausend Studien ihre vielen psychologischen, physiologischen und biochemischen Wirkungen belegen[126 163].

Neben der Skepsis wachsen freilich Akzeptanz und Verständnis, und viel Forschungsarbeit ist geleistet worden. Vor kurzem hat Charles Tart, einer der führenden Forscher auf diesem Gebiet, eine Theorie aufgestellt, die eine Abfolge bestimmter Stadien bei der Induzierung von veränderten Bewußtseinszuständen beschreibt. Diese Theorie gibt uns eine Verständnishilfe, was die Induzierung schamanischer Bewußtseinszustände anbelangt.

Tart unterscheidet drei Stadien der Induzierung: die Destabilisierung des Ausgangszustandes, dann eine Übergangsstufe der Umformung *(repatterning)* zu einem neuen Zustand und schließlich die Stabilisierung des neuen Zustands. Im ersten Stadium wird der «Normalzustand» durch eine oder mehrere destabilisierende Kräfte, die in die Hirn-Psyche-Funktion eingreifen, ins Wanken gebracht. Die destabilisierenden Kräfte können vielfältiger Art sein, beispielsweise ungewöhnliche Sinneswahrnehmungen wie etwa wirkungsstarke Musik oder Trommeln, physiologische Störfaktoren wie Hunger und Schlafentzug oder chemische Störfaktoren wie Psychedelika.

Sind diese destabilisierenden Kräfte stark genug, «kippt» der normale Bewußtseinszustand, und der Übergang zu einem neuen Zustand beginnt. Die Art dieses neuen Zustands hängt weitgehend von der Art der Formierungskräfte ab, die ihn gestalten. Zu diesen Kräften zählen etwa spezifische Glaubensüberzeugungen, Drogen, die körperliche Kondition oder die Umweltverhältnisse, die gerade akut auf das Hirn beziehungsweise die Psyche einwirken. Diese drängen die Hirn-Psyche-Funktion formend und organisierend in bestimmte Richtungen und rufen dadurch korrespondierende veränderte Bewußtseinszustände hervor. Hat diese Bewegung in Richtung eines neuen «Musters» oder Zustandes stattgefunden, restabilisiert sich die Psyche im dritten, letzten Stadium, der neue Zustand festigt sich[179].

Ein gutes Beispiel dafür bietet die Hypnose. Die Einleitungsprozedur der Hypnose destabilisiert den normalen Wach-

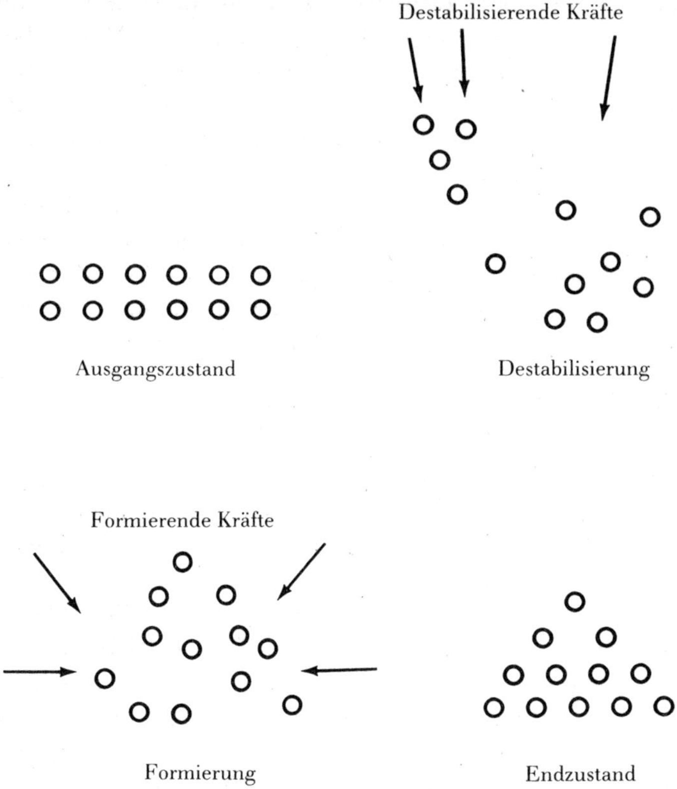

Abb. 14: Schritte bei der Induzierung eines veränderten Bewußtseinszustandes.

zustand. Wie die Prozedur erlebt wird und wie der folgende Zustand aussieht, ist äußerst unterschiedlich, je nach den Formierungskräften (Anweisungen, Erwartungen), die der Hypnotiseur einsetzt. Wenn der neue Zustand sich festigt, kann er stabil bleiben, bis neue Anweisungen (Formierungskräfte) gegeben werden.

Die Fähigkeit, in veränderte Bewußtseinszustände einzutreten, scheint erlernbar zu sein. Beim erstenmal mag sich die Eingangstür nur mit Mühe öffnen, doch durch Übung kann der Einstieg dann immer leichter gelingen. Wer zum Beispiel erstmals Marihuana raucht, stellt womöglich mit Enttäuschung fest, daß er nichts oder nur wenig «spürt». Weitere Versuche erbringen dann aber oft zunehmend deutlicheren Erfolg. Ein für Pharmakologen sehr seltsames und überraschendes Phänomen ist die Umkehrung des sonst üblichen Gewöhnungseffekts: Die Wirkung der Droge schwächt sich mit zunehmendem Gebrauch nicht ab, sondern verstärkt sich. Das Phänomen wird leicht verständlich, sobald wir erkennen, daß die Fähigkeit, in veränderte Bewußtseinszustände einzutreten, in diesem Fall den Marihuanazustand, eine erlernte Kunst ist, die sich durch Übung verbessern läßt[179].

Daß die Fähigkeit, in veränderte Bewußtseinszustände einzutreten, entwickelt und verfeinert werden kann, hat mehrere Implikationen. Die erste ist, daß man wahrscheinlich irgendwann in der Lage sein wird, die erwünschten Zustände rasch und leicht zu erreichen, so daß man dann auf langwierige Vorbereitungen und äußere Hilfen wie Trommeln und Drogen verzichten kann.

Ferner kann es zur Folge haben, daß Eigenschaften und Fähigkeiten des veränderten Bewußtseinszustands auch im Normalzustand verfügbar werden. Der Buddhistisch-Meditierende zum Beispiel, der Zustände äußerster Ruhe und Konzentration erreicht, wird irgendwann auch im Normalzustand ruhiger und konzentrierter werden. Ähnlich kann die Geisterschau des Schamanen klarsichtiger und auch im Normalzustand zugänglich werden. Das schamanische Training zielt ja gerade darauf ab, daß die ersten, noch flüchtigen Ekstaseerfahrungen des Lehrlings sich zu einem permanenten Zustand verfestigen[41]. Im Endergebnis wird aus dem veränderten Bewußtseinszustand ein dauerhafter veränderter Bewußtseins*zug*; Erleuchtungsblitze verwandeln sich, um Huston Smiths treffendes Wort zu gebrauchen, in bleibendes Licht.

Schamanische Techniken

Die schamanischen Techniken, veränderte Bewußtseinszustände herbeizuführen, teilen sich in *psychologische*, *soziale*, *physiologische* und *pharmakologische* Methoden. Die psychologischen Techniken umfassen Übungen, die vor und während des Rituals vorgenommen werden. Gebräuchliche Vorbereitungstechniken sind beispielsweise ein vorübergehender Rückzug in die Einsamkeit, Kontemplation, Gebet, seelische Einstimmung und Schaffung der richtigen äußeren Bedingungen.

Der äußere Rahmen, so sagen zeitgenössische Psychedelika-Konsumenten, ist äußerst wichtig für die Art des psychedelischen Erlebnisses. Geschickte «User» legen sehr viel Wert auf das Arrangieren der richtigen Erwartungshaltung und des Ambiente, damit sich der richtige Bewußtseinszustand und das richtige Erlebnis einstellen.

So auch der Schamane. Bei ihm kann es heißen: den Raum präparieren, Schamanenmaske und -kostüm anlegen, die Familie oder den Stamm versammeln. Die Gruppe bietet Unterstützung und Ermutigung und stärkt durch ihr Beisein und ihre Abhängigkeit den Glauben an Macht und Bedeutung des Schamanen.

Von Bedeutung ist auch der Zeitpunkt. Auf Reise geht man meist nachts, damit die Geister und die Geographie der anderen Welten besser sichtbar werden. Psychologisch könnte man das als ein Beispiel für *perceptual release* deuten, den Prozeß, durch den schwach wahrnehmbare Gegenstände erkennbar werden, wenn stärkere Stimuli wegfallen. Daß man im Haus das Licht hat brennen lassen, erkennt man meist erst, wenn es Abend wird. So nimmt auch der Schamane die subtilen Erfahrungen, die er auf der Reise macht, nachts besser wahr, wenn helles Tageslicht feine Bilder nicht mehr verwischen kann.

Physiologische Techniken – meist asketischer Art – fallen ebenfalls in die Vorbereitungsphase. Der Schamane verzichtet beispielsweise einen oder mehrere Tage auf Essen, Schlaf, Sex, sogar auf Wasser, oder er setzt sich extremen Temperaturen aus, der Eiseskälte eines Winterflusses oder der sengenden Hitze der Schwitzhütte. Während einer Séance kann sich der Schamane intensiver rhythmischer Stimulation (Tanzen, Trommeln) aussetzen und eine oder mehrere Drogen einnehmen. Alle diese Techniken vermögen in das normale physiologische Funktionieren so stark einzugreifen, daß das Alltagsbewußtsein destabilisiert wird. Besonders wirksam sind Psychedelika und rhythmische Stimulation.

Psychedelika

Im Augenblick ist es schwer, eine vernünftige Diskussion über Psychedelika zu führen, ein solcher Nebel von Mißverständnissen, von Fehlinformationen, von Emotionen umgibt sie. Als Kultur haben wir zu Rauschmitteln ein bemerkenswert gespaltenes Verhältnis. Jahr für Jahr schlucken wir allein in den USA für Milliarden Dollar Tranquilizer, wir sehen zu, wie 300 000 Menschen am Nikotinkonsum sterben und weitere 100 000 am Alkohol. Dennoch subventionieren wir den Tabakbauern, während wir den Marihuanazüchter einsperren, und machen keinen Unterschied zwischen sozial schädlichem und «heiligem» Drogengebrauch.

Psychedelika haben in Religionen und Kulturen der gesamten Menschheitsgeschichte eine gewichtige Rolle gespielt und sind bis heute für die Indianerkirche und manche Schamanen zentral geblieben. Schon die indischen Vedas aus der Urzeit der Schriftkultur, rund 2500 Jahre alt, sprechen vom legendären Göttertrank Soma, der womöglich aus dem psychedelischen Pilz *Amanita muscaria* zubereitet wurde.

Auch im Abendland sind Philosophie und Kultur möglicherweise durch Psychedelika maßgeblich mitgeformt worden. Man hat – einleuchtend, wenn auch etwas spekulativ – behauptet, Plato sei Mitglied eines der griechischen Mysterien-Geheimbünde gewesen, die bei ihren heiligen Riten Psychedelika benutzten, und diese Experimente hätten Platos Philosophie beeinflußt[38 196]. Da Platos Denken zur Grundlage der abendländischen Philosophie wurde («Plato ist die Philosophie, und die Philosophie ist Plato», sagte Emerson), kann die westliche Philosophie und Kultur quasi durch die Hintertür, aber nicht unwesentlich von psychedelischen Experimenten beeinflußt worden sein.

Wesen und Echtheit psychedelisch herbeigeführter mystischer Bewußtseinszustände sind heftig umstritten. Zumindest haben sie jedoch in vielen Religionen und Kulturen eine wichtige Rolle gespielt und hatten oder haben zentrale Bedeutung für einige – wenn auch nicht alle – schamanischen Traditionen. Ihre Bedeutung ist von Anthropologen oft übersehen worden, wahrscheinlich aufgrund mangelnder persönlicher Erfahrung mit Drogen und den Bewußtseinszuständen, die sie induzieren. Dies war auch bei Michael Harner der Fall. Erst als er das Psychedelikum Yagé probiert hatte, vermochte er dessen Wirkung auf die Realitätssicht der Eingeborenen zu erahnen:

> Mehrere Stunden lang fühlte ich mich nach Einnahme des Gebräus, obwohl wach, so doch in eine Welt jenseits meiner wildesten Träume versetzt… Hineintransportiert in eine Trance, wo das Übernatürliche natürlich schien, erkannte ich, daß Anthropologen – auch ich – die Bedeutung der Droge, was ihre Wirkung auf die Ideologie der Eingeborenen betraf, zutiefst unterschätzt hatten.[78]

Bemerkenswert ist die Mannigfaltigkeit der im Schamanismus weltweit eingesetzten Rauschmittel: Bis zu hundert pflanzliche Halluzinogene sind identifiziert worden, und archäologische Quellen sprechen dafür, daß der schamanische Drogengebrauch möglicherweise schon mehr als dreitausend Jahre zurückreicht[55].

Sibirische und lateinamerikanische Schamanen haben Psychedelika am häufigsten als «Raketentreibsätze» für ihre kosmischen Reisen eingesetzt. In Sibirien galt der Pilz *Amanita muscaria* als die bevorzugte Substanz. Er ist vielleicht der Stoff, aus dem das vielgerühmte Soma der frühindischen Religion entstand, ferner eine der in europäischen Legenden angesprochenen Drogen[177]. Wenn dem tatsächlich so ist, dann hat er religiös, kulturell und historisch eine nicht zu unterschätzende, tiefe Wirkung ausgeübt.

Von den vielen in Lateinamerika benutzten Drogen sind Peyote und Yagé die stärksten und bekanntesten Psychedelika; Peyote ist ein unscheinbar aussehender, übelschmeckender Kaktus – so übelschmeckend, daß es vielen davon schlecht wird und die Indianer ihn den «harten Weg» nennen. Der amerikanische Philosoph William James, der mit Stickstoffoxydul tiefe, sinnreiche Erfahrungen machte, die seine philosophischen Ansichten mitprägten, war nach Genuß eines einzigen Kaktusstückchens vierundzwanzig Stunden lang krank. Daraufhin gab er sich mit Peyote-Visionen aus zweiter Hand zufrieden und verzichtete auf Selbstversuche. Wer Peyote bei sich behalten kann, bei dem ruft es Wirkungen hervor, die denen des Mescalins ähneln, seines Hauptwirkstoffes.

Yagé, auch Ayahuasco und Ayahuasca genannt, ist ein ebenfalls übelschmeckendes und Brechreiz erregendes Psychedelikum, das aus der amazonischen «Visionsranke» *Banisteriopsis caapi* gewonnen wird. Yagé ist chemisch komplex; sein wichtigster psychoaktiver Wirkstoff ist wahrscheinlich Harmalin[177]. Schamanen schreiben die Wirkung natürlich nicht einem chemischen Stoff, sondern dem Geist zu, der in der Pflanze wohnt.

Yagé scheint starke visuelle Eindrücke heraufzubeschwören. Berichtet wird von langen Sequenzen traumartiger Visionen, die in spirituell sinnvoller Abfolge auftreten. Yagé ist dafür berühmt, daß es spezifische Bilder erzeugt, besonders Dschungelszenen, und darin wieder häufig Bilder gefährlicher Kreaturen (Tiger, Schlangen und nackter Frauen)[177]. Verschiedene Personen aus dem Westen, die diese Substanz eingenommen haben, darunter Michael Harner, berichteten erstaunt von der Kraft dieser Bilder und von ihrer Übereinstimmung mit Eingeborenenberichten[78 177]. Allerdings kann der äußere Rahmen, in dem die Droge eingenommen wurde, eben der Dschungel, ganz erheblich auf die Bilder abgefärbt haben; drei von mir befragte westliche Forscher, die Yagé in städtischem Milieu eingenommen hatten, hatten nämlich keinerlei Dschungelbilder erlebt.

Im schamanischen Zusammenhang wird Yagé Heilwirkung und telepathische Kraft zugesprochen. In Südamerika gilt es als «große Medizin», die durch Fürsprache bei den Geistern entweder Heilmittel erkunden oder Heilungen hervorbringen kann. Anders als in der westlichen Medizin gilt Yagé als heilkräftig, wobei es keine Rolle spielt, ob es der Kranke *oder der Heiler* einnimmt[37].

Yagé ist auch berühmt, weil ihm immer wieder hellseherische Kraft zugeschrieben wird. In Eingeborenenberichten ist vielfach die Rede von yagé-beschwingten Reisen, Flügen, außersinnlichen Wahrnehmungen. Ein Anthropologe berichtet, daß «an dem Tag nach einer Ayahuasca-Party sechs von neun Männern mich informierten, daß sie den Tod meines Chai, des Vaters meiner Mutter, gesehen hätten. Dies geschah mehrere Tage, bevor ich per Funk von seinem Tod erfuhr»[177]. Es erübrigt sich zu erwähnen, daß die Echtheit und Stichhaltigkeit solcher Berichte heiß umstritten ist.

Abb. 15: Eskimozeichnung eines Schamanenfluges (Zeichnung von Jessie Oonark, Eskimo, 1971, Winnipeg Art Gallery).

Mit dem Vordringen der Zivilisation werden diese traditionellen Rauschmittel vielerorts durch Tabak und Alkohol ersetzt, die weniger psychedelisch und weniger nutzbringend für spirituelle und Heilrituale sind, aber viel mehr süchtig machen. Traurige Folge ist, daß vielerorts Alkoholismus an die Stelle des zeremoniellen Gebrauchs heiliger Drogen tritt[198].

Psychedelika und mystische Erfahrungen

Eine Frage, die immer gestellt werden muß, wenn von Drogengebrauch zu religiösen Zwecken die Rede ist, lautet: Können Drogen echte mystische Erlebnisse bewirken?

Im Westen herrscht im Augenblick eine starke Tendenz, die Validität und religiöse Bedeutung *aller* Drogenerlebnisse zu bestreiten. Da auch Schamanen manchmal Drogen nehmen, werden sie von manchen Menschen in diese allgemeine Ablehnung einbezogen. Selbst klare Befürworter des Schamanismus wie Eliade halten den Drogengebrauch für eine degenerierte Form der Tradition.

Fünf Hauptargumente sind gegen die Meinung vorgebracht worden, daß eine Drogenerfahrung je mystisch sein könne. 1. Einige Drogenerfahrungen sind ganz offensichtlich alles andere als mystisch und heilsam. 2. Die durch Drogen induzierten Erfahrungen unterscheiden sich wesentlich von denen echter Mystiker. 3. Mystische Entrückung ist eine Gottesgabe, die nie unter menschliche Kontrolle gebracht werden kann. 4. Drogeninduzierte Erfahrung ist allzu billig und leicht zu haben und kann daher kaum mit derjenigen identisch sein, die durch jahrelange kontemplative Übung erworben wird. 5. Die Nachwirkungen drogeninduzierter Erfahrungen sind anders, weniger zuträglich und weniger dauerhaft als die Nachwirkungen echter kontemplativer Erfahrungen. Auf all diese Einwände sind – je nach Perspektive – mehrere Antworten möglich.

Zweifellos sind manche – oder besser: viele – Drogenerfahrungen alles andere als mystisch. Der Religionswissenschaftler Huston Smith betont:

> Natürlich gibt es unzählige Erlebnisse, die keinerlei religiöse Züge tragen; sie können ebensogut sinnlich wie spirituell sein, trivial statt transformierend, unberechenbar statt sakramental. Wenn es etwas gibt, über das alle Forscher der gleichen Meinung sind, dann dies: Die Drogenerfahrung per se gibt es nicht... Dies beweist natürlich [nur], daß nicht alle Drogenerfahrung religiös ist; es beweist nicht, daß es keine religiöse Drogenerfahrung gibt.[174]

Die nächste Frage kreist darum, ob drogeninduzierte und natürlich-mystische Bewußtseinszustände empirisch gleich sind. Forschungen sprechen dafür, daß «Drogenerfahrungen von ihren natürlichen religiösen Gegenstücken deskriptiv nicht zu unterscheiden sind»[174]. Philosophisch gesprochen: Drogenerfahrungen und natürlich-mystische Erfahrungen sind phänomenologisch (von der Art her, wie sie in Erscheinung treten, erlebt werden und beschrieben werden können) identisch.

Das dramatischste Experiment, durch das diese These untermauert werden konnte, war die sogenannte Harvard-Karfreitags-Studie, auch «das Wunder in der Marsh Chapel» genannt. Bei dieser Studie bekamen Theologiestudenten und -professoren während eines Karfreitagsgottesdienstes in der Marsh Chapel der Harvard-Universität entweder das Psychedelikum Psilocybin oder ein unwirksames Placebo. Bei der Auswertung ließen sich die geschilderten psilocybin-induzierten «mystischen Erlebnisse» von denjenigen «echter» Mystiker aus früheren Jahrhunderten nicht unterscheiden.

Ob drogeninduzierte und kontemplativ-induzierte mystische Erlebnisse gleich sind, läßt sich am besten vielleicht von solchen Menschen beurteilen, die beides kennen. Solche Menschen sind allerdings dünn gesät. Eine Umfrage bei spirituellen Lehrern machte jedoch immerhin eine solche Person ausfindig; diese gab aus persönlicher Erfahrung an, daß sie gleich sein können[190].

Das dritte Argument – mystische Entrückung ist eine Gottesgabe, die nie unter menschliche Kontrolle gebracht werden kann – wird nur Menschen einleuchten, die bestimmte theologische Überzeugungen vertreten. Kaum anerkennen würden es zum Beispiel Religionen wie der Buddhismus, die nicht an einen allmächtigen Schöpfergott glauben, und wohl auch solche Christen nicht, die mehr an die Macht der guten Werke als an die der Gnade glauben.

Der Einwand, Drogenerfahrungen seien zu rasch und leicht zu haben, als daß sie echt sein könnten, ist recht verständlich. Es erscheint ja schließlich kaum fair, daß ein Kontemplativer sich jahrzehntelang abmühen muß, um an dem zu nippen, was ein Drogenkonsument sich spielend verschafft und in vollen Zügen schlürft. Doch wie dem auch sei: Sind beide Bewußtseinszustände vom empirischen Erleben her identisch, dann kann die Tatsache, daß sie aus verschiedenen Quellen stammen, nebensächlich werden. Dies wird mit dem Terminus «Prinzip der kausalen Indifferenz» umschrieben. Simpel ausgedrückt: Wenn zwei Erfahrungen identisch sind, spielt es keine Rolle mehr, wodurch sie verursacht werden.

Das letzte Argument gegen die Gleichsetzung von drogeninduzierten und natürlichen mystischen Bewußtseinszuständen lautet, daß sie unterschiedliche Langzeitwirkungen haben können. Wieder einmal hat Huston Smith das treffende Wort gefunden. Er sagt, Drogen könnten wahrscheinlich zu «religiösen Erfahrungen» führen; ob auch zu «religiöser Lebensführung», das stehe auf einem anderen Blatt[174].

So viel scheint klar: Drogenerzeugte und natürliche mystische Bewußtseinszustände können sich ähneln oder sogar identisch sein, sich jedoch in ihren Folgewirkungen unterscheiden. Gleichwohl bleibt umstritten, ob psychedelisch induzierte mystische Erfahrungen «echt» sind oder nicht. Stanislav Grof kommt zu dem Schluß: «Heute, nach dreißig Jahren der Diskussion, ist die Frage, ob LSD und andere Psychedelika echte spirituelle Erlebnisse bewirken können, noch immer offen.»[68]

Ein Grund, weshalb die Debatte unvermindert andauert, ist, daß es noch keine Theorie der mystischen Bewußtseinszustände gibt, die Klärung schaffen könnte. Vonnöten wäre eine Theorie, die die Schaffung ähnlicher oder identischer Bewußtseinszustände durch so differierende Mittel wie

LSD und Meditation, gefolgt von unterschiedlichen Nachwirkungen, erklären könnte. Im Lichte der heutigen Erkenntnisse über die Induzierung veränderter Bewußtseinszustände wäre es vielleicht möglich, versuchsweise eine solche Theorie aufzustellen.

Hier ist Charles Tarts Modell des Bewußtseins hilfreich[179]. Tart faßt «Bewußtseinszustand» als Endsumme der Funktion und Interaktion einer ganzen Skala psychologischer und neuraler Prozesse auf, etwa Wahrnehmung, Aufmerksamkeit, Emotionen und Identität. Wird die Funktion eines dieser Prozesse genügend verändert, kann sich das gesamte System – der Bewußtseinszustand – verschieben. Von daher scheint es möglich, einen bestimmten veränderten Bewußtseinszustand auf mehr als eine Weise, durch Eingriffe in ganz unterschiedliche Prozesse, zu erreichen. Ein Zustand der Ruhe kann beispielsweise erreicht werden durch Herabsetzen der Muskelspannung, durch Visualisieren stiller verträumter Landschaften oder durch Konzentrieren der Aufmerksamkeit auf die Atmung. In jedem dieser Fälle ist ein anderer psychoorganischer Prozeß beteiligt, doch die resultierenden Zustände ähneln sich.

Von hier ausgehend ließen sich Schlüsse auf eine ähnliche Sachlage im Bereich mystischer Bewußtseinszustände ziehen. Unterschiedliche Techniken könnten auf unterschiedliche psycho-organische Prozesse einwirken und trotzdem zum gleichen mystischen Bewußtseinszustand führen. Ein Kontemplativer mag nach jahrelangem Kultivieren von Eigenschaften wie Konzentration, Liebe und Mitgefühl endlich die Seligkeit des mystischen Einswerdens kosten. Möglich ist aber auch, daß ein Psychedelikum chemische und neurale Prozesse so stark beeinflußt, daß vorübergehend ein ähnlicher Zustand entsteht.

Allem Anschein nach läßt sich Tarts Bewußtseinstheorie dahingehend erweitern, daß sie den Befund erklärt, daß «chemische Mystik» und natürliche Mystik vom Erleben her zusammenfallen können. Auch die Tatsache, daß sie jeweils sehr unterschiedlichen Folgewirkungen zeitigen können, widerspricht nicht unbedingt der Theorie.

Hier könnten nun psychologische und soziale Faktoren im Spiel sein. Der Psychedelika-Konsument mag eine dramatische Erfahrung machen, vielleicht die aufwühlendste seines Lebens, doch eine einzige Erfahrung, wie tiefgreifend auch immer, reicht möglicherweise nicht aus, um jahrzehntelang eingeschliffene, aufs Alltäglich-Vordergründige ausgerichtete mentale und neurale Gewohnheiten dauerhaft zu überwinden.

Der Kontemplative andererseits hat vielleicht schon Jahrzehnte daran gearbeitet, seine Gewohnheiten in spirituelle Richtung zu trainieren. Kommt es dann endlich zum Durchbruch, steht eine aufnahmefähige Psyche bereit. Außerdem hat der Kontemplative wahrscheinlich auch ein Glaubenssystem, das das Erlebnis sinnvoll einordnet und erklärt, «technische» Möglichkeiten, es weiterzuentwickeln, eine Tradition und ein gesellschaftliches Umfeld, das es stützt, und zudem eine Ethik, die die «Äußerung» des Erlebnisses lenkt. Man fühlt sich an Louis Pasteurs Wort erinnert: «Der Zufall bevorzugt das vorbereitete Gemüt.» Das Gemüt des Kontemplativen ist vorbereitet, aber es gibt keine Gewähr, daß es das des Drogenkonsumenten auch ist.

Wahrscheinlich können also manche Rauschmittel bei manchen Gelegenheiten bei manchen Menschen echte mystische Erfahrungen bewirken. Sie tun dies aber mit größerer Wahrscheinlichkeit bei vorbereiteten Gemütern und bringen dort auch dauerhaftere Nutzwirkungen hervor. Schamanen waren Menschen mit – manchmal jahrelang – trainiertem Gemüt, und daher könnten Psychedelika ihnen tatsächlich ein ganzes Spektrum echter mystischer Erfahrungen eröffnet haben.

Rhythmus

Daß rhythmische Stimulation durch Musik, Gesang und Tanz veränderte Bewußtseinszustände hervorruft, weiß man seit langem. Solche Techniken wurden und werden von Mystikern vieler Traditionen ausgiebig benutzt. Im Judentum zeigte die Sekte der Chassidim enormen Glauben an die Macht des Singens und Tanzens. Die Bibel erzählt, daß der Prophet Elisa sagte: «So bringt mir nun einen Spielmann! Und als der Spielmann auf den Saiten spielte, kam die Hand des Herrn auf Elisa ...»[15]

Wie Evelyn Underhill in ihrem klassischen Werk *Mysticism* bemerkt:

> Tanz, Musik und andere Übersteigerungen natürlicher Rhythmen sind im griechischen Dionysos-Kult, in der Gnosis und in zahllosen anderen mystischen Kulten in ganz ähnlicher Weise dienstbar gemacht worden. Daß sie erstaunliche Veränderungen im menschlichen Bewußtsein bewirken, wird durch Erfahrung bewiesen; das «Wie» und «Warum» jedoch ist noch weitgehend unerforscht.[186]

Auch Schamanen verwenden diese Techniken. Ihre traditionellen Hauptinstrumente sind Trommeln und Rasseln. Wenn eine Trommel mit einem Tempo von ungefähr 200 bis 220 Schlägen in der Minute gespielt wird, können auch die meisten westlichen Novizen bereits beim ersten Versuch erfolgreich reisen. Die verblüffende Leichtigkeit, mit der sich diese Bewußtseinszustände und ihre Erfahrungen induzieren lassen, ist sicherlich ein Grund für die neue Beliebtheit des Schamanismus. In krassem Gegensatz dazu muß bei Meditation und Yoga meistens monatelang geübt werden, bis signifikant veränderte Bewußtseinszustände eintreten. Jedoch wird auch in einigen der neueren Traditionen die Trommel benutzt – etwa beim koreanischen Zen.

Das Trommeln fördert schamanische Bewußtseinszustände und Reisen wahrscheinlich durch mehrere Mechanismen. Erstens wirkt es wohl als Konzentrationsmittel, das den Schamanen unablässig an sein Vorhaben erinnert und die chronische Neigung des Bewußtseins, abzuschweifen, reduziert. Zweitens blendet es wahrscheinlich andere ablenkende Stimuli aus und befähigt den Schamanen, die Aufmerksamkeit nach innen zu richten. Erhöhte Konzentration scheint bei wirksamen spirituellen Disziplinen ein Schlüsselelement zu sein[62], und Schamanen haben anscheinend einen der schnellsten und leichtesten Wege gefunden, sie zu erreichen.

Trommeltöne und andere laute Geräusche können auch destabilisierend wirken und die laufenden psychischen Prozesse unterbrechen, durch die wir unseren üblichen Bewußtseinszustand aufrechterhalten. Charles Tart sagt, seiner Erfahrung nach erzeuge ein genügend lautes Trommelschlagen das Gefühl, als ob stabilisierende Faktoren rasch «niedergewalzt» würden, wodurch ein abrupter Wechsel der Bewußtseinszustände sehr leicht wird. Interessanterweise scheinen sich auch Zen-Meister dieses Prinzips zu bedienen. Zahlreiche Berichte schildern, wie sie sich Schülern, die kurz vor dem Durchbruch stehen, an die Fersen heften. Wenn der Schüler am wenigsten damit rechnet, schleichen sie von hinten an ihn heran und schreien aus Leibeskräften. Das Idealresultat ist sofortiges *Satori*, das Hineingestoßenwerden in die Erleuchtung.

Weiter sollen tieffrequente Trommeltöne bestimmte neurale Entladungsmuster anregen. Zwei Studien, die das zu bestätigen scheinen, werden häufig zitiert[127, 128]. In beiden Fällen zeigte das EEG bei Probanden, die Trommeltöne hörten, vermutlich «auditive Triebreaktionen» *(auditory driving)*. Diese Reaktion tritt ein, wenn ein sich wiederholender Ton korrespondierende Entladungsfrequenzen im Gehirn verursacht oder aktiviert. Diese Studien sind oft als Beleg für die neurale

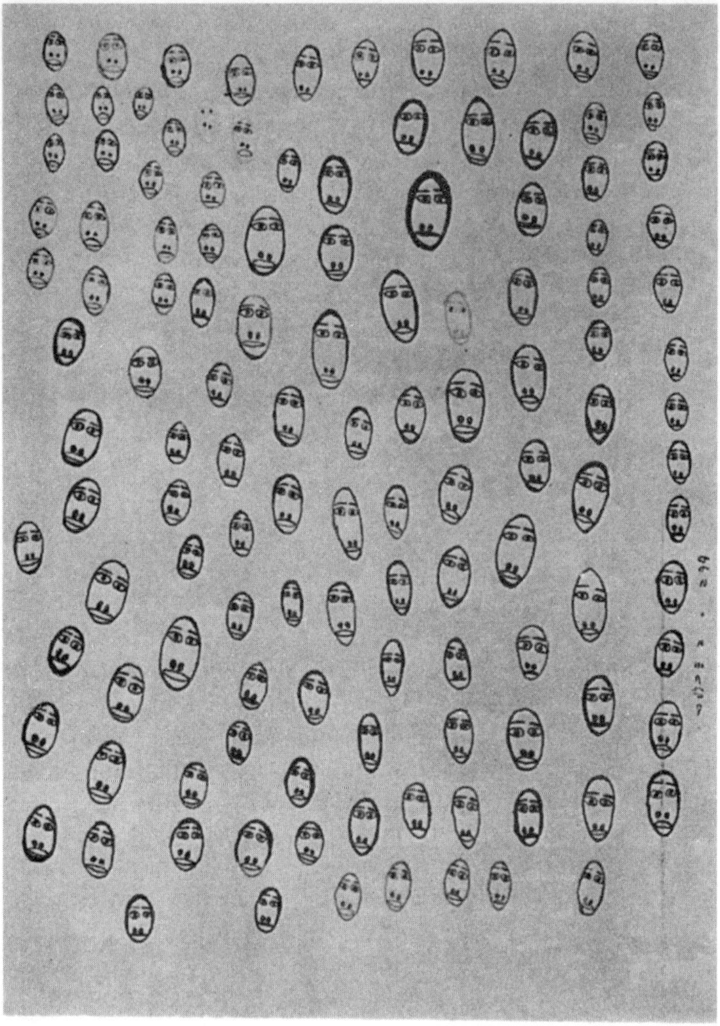

Abb. 16: «Menschen, von der Trommel betäubt» – Eskimo-Darstellung einer Massentrance durch Trommeln. (Luke Anguhadluq, Zeichnung, Baker Lake, Eskimo, 1972.)

Wirksamkeit des Trommelns herangezogen worden; leider hatten die Studien jedoch Mängel. Die Messung der Gehirnwellen ist wahrscheinlich durch Körperbewegungen der Probanden verfälscht worden, so daß keine klaren Aussagen über die Hirnaktivität möglich sind[1]. Welche neuralen Mechanismen auch im Spiel sein mögen: Wer je von Musik oder Tanz berauscht war, der kennt die machtvolle Wirkung, die Rhythmen auf Bewußtseinszustände haben können.

Mit wachsender Übung kann der Schamane von seinen äußerlichen Hilfen immer unabhängiger werden. Am Ende kann er dann ganz ganz ohne Trommeln und andere Techniken in veränderte Bewußtseinszustände eintreten und sie aufrechterhalten. Dies dürfte zu erwarten sein, wenn es sich bei der Fähigkeit, in veränderte Bewußtseinszustände einzutreten, teilweise um eine erlernte Kunst handelt.

Überblick über schamanische Techniken

Unabhängig davon, welche neuralen Mechanismen im einzelnen mitspielen – klar ist, daß Schamanen eine ganze Palette von psychologischen, physiologischen und chemischen Hilfen zur Bewußtseinsmodifikation entdeckt haben. Der Schamanismus hat ein Spektrum von Techniken entwickelt, die eine der frühesten Technologien der Menschheit bilden, eine Technologie der Transzendenz. Die Techniken waren einfach und sind wahrscheinlich zufällig entdeckt worden – als der Stamm Hunger, Müdigkeit und Wassermangel aushalten mußte oder psychedelische Pflanzen aß. Wegen ihrer angenehmen und wertvollen Wirkungen wird man diese Techniken im Gedächtnis behalten und wiederholt haben. Zu einer kohärenten Sammlung zusammengefaßt und eingebettet in eine Tradition und Kosmologie, kann daraus der Schamanismus entstanden sein. So dürfte, an unterschiedlichen

Orten und zu unterschiedlichen Zeiten, die erste zu transzendenten Zuständen führende «Karte» der Menschheit entdeckt worden sein, die erste Technologie der Transzendenz, ein Füllhorn, aus dem sich die Visionen der Heiligen ergossen, die jahrtausendelang die Menschheit inspiriert und getragen haben.

Dreizehntes Kapitel

Orakel und Diagnose

Der Mensch reagiert nicht auf Ereignisse, sondern auf deren Bedeutung, und kann in jedes Ereignis eine endlose Vielzahl von Bedeutungen hineinlesen.
JEROME FRANK

Neben zahlreichen Techniken zur Änderung ihres Bewußtseins haben Schamanen auch eine ganze Reihe von Techniken für das Arbeiten im normalen Bewußtseinszustand entwickelt. Ihre vielen Rollen – als Diagnostiker, als Ratgeber, als Heiler – verlangten nach mannigfachen Methoden. Wir brauchen hier nicht auf jede einzelne einzugehen. Bei manchen handelt es sich um simple erste Hilfe (Massage, Wundreinigung), bei anderen offenbar um reinen Aberglauben. Einige immerhin sind jedoch als vernünftige Diagnose- und Behandlungsstrategien anzusehen, die eine Vorahnung moderner psychologischer Techniken geben. Interessant darunter sind der erste Projektionstest der Welt, das Feststellen von Tabu-Übertretungen anhand von Muskelverspannungen und die Gruppenbeichte.

Der erste Projektionstest der Welt

Der schamanische «Projektionstest» ähnelt einem heute in der klinischen Psychologie gängigen Test, nämlich dem Rorschach-Test. Bei diesem «Tintenklecks-Test» werden dem Probanden Klecksbilder vorgelegt, die er deuten soll. Sowohl der Rorschach- als auch der schamanische Test machen sich die Tendenz der Psyche zunutze, mehrdeutige Formen und Umrisse zu persönlich sinnvollen Bildern zu strukturieren. Besonders aussagekräftig sind die Bilder in bezug auf gerade «aktuell» in der Psyche wirkende Motive und Emotionen. Symbolische Verkörperungen dieser Motive und Emotionen projiziert die Psyche in das zunächst mehrdeutig-neutrale Rorschachbild, das nun, je nach Gemütslage des Betrachters, als erregend oder friedlich, als bedrohlich oder besänftigend, als abstoßend oder engelsgleich gesehen wird. Wunderbar demonstriert sich dabei die Weisheit des altjüdischen Sprichworts: «Wir sehen die Dinge nicht, wie sie sind, sondern wie wir sind», und des altgriechischen Spruchs: «Der Mensch wird nicht von den Dingen beunruhigt, sondern von der Art, wie er sie sieht.» Auch ein moderner Weiser kann sich darin bestätigt sehen, nämlich C. G. Jung, der gesagt hat, Projektionen verwandelten die Welt in ein Ebenbild unseres unbekannten Gesichts.

Der schamanische Projektionstest ist von täuschender Einfachheit. Der Patient, der eine Frage oder eine Sorge auf dem Herzen hat, sucht sich einen Stein und bringt ihn zum Schamanen. Der Schamane fordert ihn auf, an die Frage denkend den Stein von allen Seiten zu betrachten und zu erzählen, welche Bilder er sieht. Sind alle Seiten betrachtet und die Bilder genannt, bittet er den Patienten, zu beschreiben, was die einzelnen Bilder zu seiner Frage oder seinem Anliegen «zu sagen haben».

Die Schönheit dieser Technik liegt in ihrer Einfachheit und in ihrer Kraft, unbewußte Motive ans Licht zu heben. Selbst heute noch kann sie ein wertvolles Werkzeug sein und wird auch bei westlichen Menschen mit Erfolg angewandt.

Der Kopf-Hebe-Test

Bei einer weiteren Technik stellen Eskimo-Schamanen ihrem Patienten eine Reihe von Fragen und halten dabei den Kopf des liegenden Patienten hoch. Veränderungen im relativen Gewicht des Kopfes werden als positive oder negative Antworten gedeutet. Diese Prozedur beschreibt Rasmussen wie folgt:

> Derjenige, der die Geister befragen soll, legt eine Person auf den Fußboden oder auf eine Bettstatt, mit dem Gesicht nach oben, wobei der Gürtel des Schamanen oft um den Kopf der Person geschlungen ist. Nun werden dem quila'na – dem Menschen, durch dessen Kopf die Geister antworten wollen – verschiedene Fragen gestellt. Dabei versucht der Schamane, den Kopf der Person mit dem Gürtel anzuheben, wobei er den Geist anruft, der unmittelbar unter dem Körper des quila'na in Erscheinung treten soll. Wenn der Kopf der Person schwer wird, so schwer, daß der Schamane ihn trotz aller Anstrengung nicht mehr zu heben vermag, heißt das, daß die Geister anwesend sind und mit «Ja» geantwortet haben. Läßt sich dagegen der Kopf normal und leicht bewegen, bedeutet dies eine verneinende Antwort auf die gestellte Frage... In einem Fall habe ich Protokoll geführt... Es ging um die Ursache einer bestimmten Krankheit...
>
> «Liegt die Krankheit an verbotenen Speisen?»
>
> Der Kopf wird leichter, der Schamane kann ihn mühelos heben, und die Zuhörer antworten:
>
> «A'k'agoq»: «Nein!»
>
> «Isarajannik?» «Liegt die Krankheit an verbotener Arbeit?»
>
> Der Geist erwidert:
>
> «Ja!»
>
> Antwortet der Geist mit Ja, muß – mit ständigem Ziehen am Gürtel – näher nachgeforscht werden, welche Tabu-Übertretung stattgefunden hat und unter welchen Umständen. So geht die Befragung weiter, immer mehr Antworten kommen vom Geist, bis die vermutliche Ursache der Erkrankung festgestellt ist.[147]

Aus psychologischer Sicht würden wir vermuten: Das scheinbare Schwerer- und Leichterwerden des Kopfes geht auf Veränderungen der Muskelspannung zurück. Die Technik scheint wunderbar geeignet, sowohl die bewußten als auch die unbewußten Nöte des Patienten bloßzulegen, denn die Muskelspannung wird von beidem beeinflußt. Der Test fördert das Beichten und Zum-Ausdruck-Kommen der unbewußten Besorgnisse des Patienten wahrscheinlich sogar dann, wenn dieser der Kommunikation bewußten Widerstand entgegensetzt. Eine solche Beichte kann nicht nur für die Seele, sondern auch für den Körper gut sein, jedenfalls bei psychosomatischen Erkrankungen – eine diagnostische Beichte, die sowohl die psychische als auch die physische Heilung fördern kann.

Gruppenbeichte

Auch die Gruppenbeichte wird im Schamanismus eingesetzt. Ein interessantes Beispiel spielt sich im Anschluß an die (schon geschilderte) Reise des Schamanen zum Grunde des Meeres, zur Seegöttin Takánakapsaluk, ab. Hat der Schamane für den Stamm bei der Göttin Fürbitte eingelegt und ist heil wieder zurückgekehrt, flehen ihn die Zuhörer sofort um Auskunft an, ob die Reise erfolgreich war oder nicht, doch er erzählt ihnen zunächst nichts. Er weicht aus und sagt: «Worte werden aufsteigen.» Dann wartet er – wissend, was kommt. Rasmussen schildert die Szene so:

> Alle im Haus müssen dann sämtliche Tabubrüche gestehen, die sie begangen haben.
>
> «Vielleicht bin ich schuld», schreien Männer und Frauen durcheinander, in Angst vor Hunger und Not, und fangen an, alle Verfehlungen zu bekennen. Jeder einzelne wird beim Namen genannt, und alle müssen beichten, wodurch vieles ans Licht kommt, was niemand sich träumen ließ; jeder erfährt die Geheim-

> nisse seines Nachbarn. Doch trotz der Beichte redet der Schamane zunächst oft weiter wie einer, der unglücklich ist, weil er einen Fehler gemacht hat, und bricht immer wieder in Klagen aus:
>
> «Ich suche meine Gründe in Dingen, die nicht geschehen sind; ich spreche als einer, der nichts weiß.»
>
> Immer noch stehen einer vollen Lösung des Problems Geheimnisse im Weg, und so fangen die Frauen im Hause an, alle Namen durchzugehen, einen nach dem anderen, fast ausschließlich Frauennamen, denn stets waren ihre Tabu-Übertretungen die gefährlichsten. Hin und wieder, wenn ein Name fällt, ruft der Schamane erleichtert:
>
> «Taina, taina!» So klärt sich allmählich die Ursache für den Zorn der Takánakapsaluk auf, und alle freuen sich, daß sie der Katastrophe entronnen sind. Jetzt sind sie sicher, daß es am kommenden Tag reiche Jagdbeute geben wird. Und am Ende herrscht fast ein Gefühl der Dankbarkeit für die Missetäter. Dies also spielte sich ab, wenn Schamanen in die Tiefe fuhren und den großen Geist des Meeres beschwichtigten.[174]

In dieser Prozedur stecken viele Elemente der modernen Gruppentherapie. Die Gruppe findet sich als ein Ganzes zusammen, um an einem Projekt von gemeinsamer Bedeutung zu arbeiten. Die Teilnehmer werden mit ihren individuellen Schwächen konfrontiert, und dies führt zu Beichte und Katharsis. Das Bekennen und Austauschen intimer Geheimnisse zwischen allen Mitgliedern führt zu einem Gefühl der gegenseitigen Offenheit, des Vertrauens, der Gruppenkohäsion. Die Teilnehmer stellen fest, daß sie doch nicht, wie befürchtet, die einzigen Sünder waren, und es stellt sich Erleichterung ein, ein neues Zusammengehörigkeitsgefühl, das für alle Beteiligten heilend sein kann. Für den Schamanen ist dieser psychologische Nutzen freilich nebensächlich, verglichen mit dem zentralen Anliegen – der Aufdeckung der Tabubrüche, um die Meeresgöttin zu besänftigen. Aus psychologischer Warte trägt der Vorgang aber durchaus großes therapeutisches Potential in sich, für den einzelnen wie für den Stamm. In Indianertraditionen wird diese Art von therapeutischer Gruppe «Medizinrad» genannt.

Es zeigt sich also, daß der Schamane auf einen Fundus psychologisch geschickter Diagnose- und Therapietechniken zurückgreifen kann, den seine Vorgänger über die Jahrhunderte aufgebaut haben. Einige dieser Techniken sind eindeutig Vorläufer moderner, weitverbreiteter Methoden, wodurch sich der Ruf der Schamanen bestätigt, die ersten Psychotherapeuten der Menschheit gewesen zu sein.

Vierzehntes Kapitel

Wie heilen sie? Psychologische Prinzipien des schamanischen Heilens

Ich weiß nicht, was ihr aus euren Büchern gelernt habt, aber das Wichtigste, was meine Großväter mir beigebracht haben, war, daß es in unserer Seele einen Bereich gibt, über den wir sehr wenig wissen, und daß es eben dieser Bereich ist, der über unser Gesundsein und Kranksein entscheidet.

THOMAS LARGEWHISKERS,
Medizinman der Navajo

Zwar üben Schamanen viele Funktionen aus, doch in erster Linie sind sie Heiler, denn in Kulturen ohne Technologie, Naturwissenschaft, Chirurgie und Medizin, wie wir sie kennen, ist es allein die Kraft des Schamanen, die Hoffnung auf Heilung bietet. Wie heilen sie? Welche Techniken setzen sie ein, wie wirken diese Techniken?

Unsere Perspektive bei der Betrachtung dieser Fragen wird weiterhin überwiegend psychologisch sein, was nicht heißt, daß bei den schamanischen Techniken und ihren Wirkmechanismen *nur* Psychologie eine Rolle spielt. Schamanen arbeiten auch mit vielerlei physisch-ärztlichen Heilmethoden: Wundsäuberung, Massage von Gliedmaßen, Verabreichung von Kräuterarzneien. Sie selbst sehen ihre Heilkraft im übrigen als weitgehend spirituell bedingt.

Dennoch werden die Heilerfolge in großem Maße auf psychologische Faktoren zurückzuführen sein. Wie alle Heiler arbeiten Schamanen mit Suggestion und Erwartungshaltungen und einer Vielzahl von Ritualen, die starke Placebo-

Effekte auslösen können. Einige ihrer Praktiken lassen sich als äußerst geschickte psychotherapeutische Techniken auffassen.

Aus diesen und anderen Gründen sind Schamanen oft als die ersten Psychotherapeuten der Welt bezeichnet worden. Dies überrascht nicht, wenn man sich vor Augen hält, welch breites Repertoire an Aktivitäten in der Therapie zum Einsatz kommt. Man überdenke beispielswiese die folgende Definition von Jerome Frank, einem der namhaftesten Psychotherapie-Forscher unseres Jahrhunderts:

> Psychotherapie ist eine gezielte, unter emotionaler Beteiligung ablaufende, vertrauensvolle Interaktion zwischen einem ausgebildeten, sozial sanktionierten Heiler und einem Leidenden. Während dieser Interaktion sucht der Heiler die Not und die Blockaden des Leidenden durch symbolische Kommunikationen zu lindern, hauptsächlich durch Worte, manchmal aber auch durch körperliche Handlungen. Der Heiler kann Verwandte und sonstige Dritte an den Heilritualen beteiligen oder auch nicht. Oft zielt die Psychotherapie unter anderem darauf ab, dem Patienten dazu zu verhelfen, daß er Leiden als eine Lebensunvermeidlichkeit akzeptiert und aushält, an der man wachsen kann ... Alle psychotherapeutischen Methoden sind Verfeinerungen und Abänderungen uralter Verfahren des psychologischen Heilens.[50]

Auf vieles, was Schamanen bei ihren Heilritualen tun, trifft diese Definition zu. Mit Fug und Recht lassen sich viele ihrer Techniken – auch solche, die der Behebung körperlicher, nicht nur seelischer Symptome dienen – daher als psychologisch oder psychotherapeutisch bezeichnen. Daß Schamanen Psycho-Techniken auch auf physische Leiden anwenden, ist kein Kunstfehler, denn eine psychologische Behandlung kann bei einer erstaunlich großen Zahl von Erkrankungen von Nutzen sein.

Für diese «Breitband»-Wirksamkeit psychologischer Interventionen gibt es mehrere Gründe. Der erste ist darin zu sehen, daß ein hoher Prozentsatz der körperlichen Leiden psychisch oder psychosomatisch (mit)bedingt ist. Nach grober Schätzung ist in westlichen Ländern die Hälfte aller Besuche beim Allgemeinarzt auf seelische Faktoren zurückzuführen; in anderen Kulturen werden die Verhältnisse ähnlich liegen. Eine Untersuchung bei Eingeborenenheilern auf Taiwan zum Beispiel ergab, daß 90 % der Patienten an psychischen Störungen litten und daß fast die Hälfte ihrer körperlichen Beschwerden auf psychosomatische Ursachen zurückgeführt werden konnte[101]. Interessanterweise paßt dieser Befund zur Ansicht der Schamanen, daß ihre Heilkunst zum großen Teil in der Behandlung von «Seelenverlust» bestehe.

Der Mechanismus kann auch in umgekehrter Wirkrichtung (somatopsychisch) funktionieren. Eine körperliche Krankheit kann einen Menschen in lähmende Angst oder Depression hineintreiben, was rückwirkend seine körperlichen Symptome verstärken kann. Auch hier kann psychologische Hilfe physisches Leid manchmal dramatisch lindern.

Psychologische Intervention ist unter Umständen die Behandlung der Wahl für psychische Symptome wie Angst und Schuldgefühle, die in Stammeskulturen sehr stark sein können. In solchen Gesellschaften «herrscht häufig ein quälender Kampf ums Überleben, die Struktur der Gesellschaft kann undurchschaubar kompliziert und frustrierend, die Angst vor dem Unbekannten schrecklich sein»[153]. Von tausend Tabus ist das Leben eingeengt, und die leiseste Tabu-Verletzung kann Krankheit, Leid und Tod nicht nur für einen selbst, sondern für die Familie und den ganzen Stamm bedeuten. Daher ist es kaum verwunderlich, daß ein Schamane, der Angst und Schuldbewußtsein durch psychologische Strategien und spirituelle Interventionen abbauen kann, als Held erster Ordnung betrachtet wird.

Einen weiteren starken Heileffekt können psychologische Techniken durch die Placebo-Wirkung entfalten. Placebo-Heilungen beruhen nicht auf faktischen Wirkkräften einer Arznei oder einer Technik, sondern auf dem Glauben des Patienten an den Heiler und den Heilprozeß. Wir werden auf den Placebo-Effekt noch zurückkommen; zunächst sei auf die Heiltechniken eingegangen, die Schamenen einsetzen.

Heiltechniken

Dem Heilritual muß eine sorgfältige Präparation sowohl des Schamanen selbst als auch des Behandlungsortes vorangehen. Utensilien müssen gesammelt, heilige Objekte bereitgelegt, Arzneien vorbereitet werden. Auch eine vorübergehende Klausur des Schamanen, Fasten und Beten kann dazu gehören. Sowohl die Präparation als auch die Heilzeremonie selbst sind tief von alter Symbolik und Ritualistik durchdrungen, die Ehrfurcht und Glauben wecken sollen.

Die abendländische Medizin und Psychiatrie behandelt meist «im stillen Kämmerlein», unter Ausschluß der Öffentlichkeit. Zu schamanischen Behandlungen dagegen wird oft die Familie oder der ganze Stamm eingeladen. Der Patient steht im Mittelpunkt «breiter» Aufmerksamkeit und empfängt starke soziale Unterstützung.

Beichte und Katharsis können eine große Rolle spielen. Unter Umständen wird von allen Anwesenden erwartet, daß sie ihre Tabubrüche bekennen – wie in dem zitierten Fall nach der Reise des Schamanen zur Meeresgöttin Takánakapsaluk.

Über weite Strecken kann die Zeremonie von Musik und Tanz begleitet sein. Daß Musik heilen kann, wurde und wird in vielen Kulturen geglaubt. Im alten Griechenland schrieben Plato und Aristoteles bestimmten Melodien heilende Kräfte zu; Apoll war Gott sowohl der Medizin als auch der Musik. Bei den Juden glaubten die Chassidim, in Amerika die Indianer an die Heilkraft der Musik[81]. Heute ist im Westen die Musiktherapie eine anerkannte Heilhilfe. Schamanen stehen somit am Anfang einer langen Ahnenreihe von Heilkundigen, die Musik zu therapeutischen Zwecken eingesetzt haben.

Auch beim Herbeiführen veränderter Bewußtseinszustände kann Musik eine zentrale Rolle spielen. Daß Schamanen in veränderte Bewußtseinszustände eintreten, ist wohlbekannt; weniger bekannt ist, daß es teilweise auch ihre Patienten tun[207]. Zwei Haupthilfsmittel gibt es dafür: rhythmische Stimulation durch Musik und Ritual sowie Einnahme von Psychedelika. Patient wie Zuschauer werden zu Mithörern des Trommelns und Singens, mit dessen Hilfe sich der Schamane in den veränderten Bewußtseinszustand versetzt. Daher können auch sie in Trance fallen, wenn auch vielleicht weniger leicht und tief als der Schamane, der diese Kunst jahrelang intensiv eingeübt hat. Empfängt der Patient in dieser Trance Heilungssuggestionen und -aufforderungen, kann ein (möglicherweise unerkannter) Hypnosezustand induziert werden. In Hypnose gegebene Heilungssuggestionen wirken manchmal durchschlagend und spielen bei schamanischen Heilerfolgen möglicherweise keine geringe Rolle.

Auch durch Einnahme von Psychedelika können Patienten in veränderte Bewußtseinszustände gelangen. In Lateinamerika nehmen Schamane oder Patient – zuweilen beide – manchmal Yagé ein, um zu einer Geisterschau zu gelangen, die die Quelle der Krankheit offenbaren wird. Ist die spirituelle Ursache des Leidens erkannt, geht der Schamane daran, sie zu beheben. Das kann heißen: Plagegeister zu bannen, die Seele des Patienten zurückzuholen oder den Patienten von eingedrungenen geistigen Krankheitserregern zu befreien.

Am Ende eines solchen Exorzismus präsentiert der Schamane mit dramatischem Gestus häufig ein häßliches Objekt wie eine Spinne oder einen Wurm, um die Wirksamkeit der Behandlung zu beweisen.

Zum Nulltarif geschieht die Heilung meistens nicht. Der Schamane wird fast immer ein Honorar verlangen, zusätzlich müssen oft noch Opfer für die Geister dargebracht werden. Für die Folgezeit werden dem Patienten manchmal noch starre Rituale auferlegt (einengende Ernährungsvorschriften, genau einzuhaltende Tabus). Solche Honorarzahlungen und Restriktionen können die Wirksamkeit der Behandlung erhöhen oder zumindest den Glauben des Patienten an ihre Wirksamkeit stärken; daß jemand etwas um so höher schätzt, je mehr er dafür bezahlen muß, ist auch im Westen ein offenes Geheimnis.

Manche dieser Heilrituale sind außerordentlich mühevoll und zeitraubend. Es gibt viele Berichte über Sitzungen, die eine ganze Nacht andauerten, und wenn Psychedelika genommen werden, lassen sich Schamane wie Patient auf ein Erlebnis von höchster Intensität ein. Ein Schamane, der diese Techniken einsetzt, bringt dem einzelnen Patienten sehr weitgehendes Engagement entgegen und kann gerade deshalb keine Fünf-Minuten-Medizin betreiben wie mancher moderne Kassenarzt.

Hieraus kann ein merkwürdiges Paradoxon entstehen. Wenn ein Schamane populär wird, geraten manchmal seine Diagnosen und Therapien immer simpler und kürzer. Ein Forscher, dem dies auffiel, schildert es so: «Je beliebter ein Schamane wird, desto weniger Zeit kann er dem einzelnen Patienten widmen. Daraus erwächst der paradoxe Sachverhalt, daß die von Sozialanthropologen liebevoll beschriebenen kunstvollen langwierigen Rituale nur von solchen Heilern ausgeführt werden, die sehr wenige Patienten haben»[171].

Der Placebo-Effekt

Placebo-Mittel (lateinisch: «ich werde gefallen»), pharmakologisch wirkstofflose Medikamente, vermögen – wie man heute immer deutlicher erkennt – durchschlagende, nahezu unheimliche Heileffekte zu erzielen. Der Placebo-Effekt ist definiert worden als «weitgehend unerforschter Prozeß, bei dem psychologische Faktoren wie Glauben und Erwartung bei einer großen Anzahl medizinischer und psychischer Krankheiten eine Heilreaktion auslösen, die so stark sein kann wie eine konventionelle – medikamentöse, chirurgische oder psychpotherapeutische – Behandlung»[89].

Ein Beispiel dafür ist die ordinäre Warze. Sie läßt sich zum Verschwinden bringen durch Hypnose, durch Beschwörung, durch Vergraben eines Stoffstückchens bei Vollmond an einer Wegekreuzung – durch fast jede x-beliebige Maßnahme, vorausgesetzt, der Patient glaubt, daß sie wirken wird. Wie Körper und Psyche dieses kleine Wunder zuwege bringen, weiß kein Patient, kein Arzt und kein Forscher konkret zu sagen. Viele Menschen – darunter manche Ärzte – meinen: Wenn der Placebo-Effekt mit etwas so Ungreifbarem wie Glauben arbeitet, kann es sich höchstens um einen ganz schwachen Effekt handeln. Dazu jedoch folgende Fallgeschichte.

In den 50er Jahren erfuhr ein todgeweihter Mann mit fortgeschrittenem Krebs von einem noch im Versuchsstadium befindlichen Medikament namens Krebiozen, das von vielen für ein Wundermittel gegen Krebs gehalten wurde. Verzweifelt bat der Mann darum, ihm das Mittel zu verabreichen. Nach einer einzigen Dosis schmolzen seine massiven Krebsgeschwüre «dahin wie Schneebälle auf einem heißen Herd», und er konnte sein normales Leben wieder aufnehmen.

Dann kam aber die Katastrophe. Studien zeigten, daß Krebiozen unwirksam war, und als der Mann dies las, fing sein Krebs wieder an, sich auszubreiten. An diesem Punkt machte sein Arzt ein Experiment. Er meldete, ein neues, «verbessertes» Krebiozen sei auf den Markt gekommen, und der Kranke werde es nun erhalten. Wieder schrumpften die Tumore des Mannes. In Wahrheit hatte ihm der Arzt jedoch nur Wasser gegeben[103].

Dies mag illustrieren, wie machtvoll und zuweilen lebensrettend der Placebo-Effekt sein kann. Er ist auch sehr weit verbreitet; bei rund einem Drittel der mit völlig unwirksamen Placebos Behandelten läßt sich mit Besserung rechnen[89]. Wahrscheinlich hat der Placebo-Effekt während des größten Teils der Weltgeschichte bei den meisten Therapien eine erhebliche Rolle gespielt. Herbert Benson, der Autor des populären Werkes *The Relaxation Response*, schlägt das Gruselbuch einstiger Therapien auf:

> Zahlreiche nutzlose Agenzien galten als wirksam gegen Krankheit: Echsenblut, zerquetschte Spinnen, faules Fleisch, Krokodilkot, Bärenfett, Fuchslungen, Eunuchenfett und vom Schädel eines Gehenkten abgekratztes Moos. Auch Schröpfköpfe, Zugpflaster und Blutegel hatten ihre Stunde. Solange Arzt *und* Kranker daran glaubten, konnten diese Mittel manchmal durchaus hilfreich sein.[14]

Obwohl der Placebo-Effekt die möglicherweise stärkste aller Heil-Wirkkräfte darstellt, wird er erst seit kurzem systematisch erforscht und in seiner Bedeutung besser gewürdigt. Der Autor Norman Cousins meint, daß «eine Entschlüsselung des Placebo-Mechanismus zu den wichtigsten Entwicklungen der Medizin im zwanzigsten Jahrhundert»[89] zählen könnte.

Unabsehbar ist die Reihe der Krankheiten, bei denen der Placebo-Effekt helfen kann. Positive Wirkungen sind nachgewiesen worden bei Koronarleiden, hohem Blutdruck, Krebs, Arthritis, Geschwüren, Migräne, Allergien, Heuschnupfen, Akne, multipler Sklerose, Diabetes, Parkinson,

Schmerzleiden, Strahlenschädigung, ferner bei psychischen Leiden wie Depression und Angst[89].

Bei vielen, wenn nicht allen therapeutischen Interaktionen spielt der Placebo-Effekt mit. Selbst pharmakologisch hochwirksame Medikamente beziehen einen Teil ihrer Wirkung unter Umständen aus den Heilungserwartungen des Patienten und des Arztes.

Freilich gibt es auch negative Erwartungshaltungen, die – nicht überraschend – zum umgekehrten Effekt, zu einer negativen Placebo-Wirkung (Nocebo) führen. Als Beispiel sei ein Fall von Krebspatienten angeführt, die glaubten, sie erhielten eine neue Form von Chemotherapie; sie erhielten jedoch in Wirklichkeit ein Placebo. Eine der häufigsten Komplikationen bei Krebs-Chemotherapie ist Haarausfall, und die Patienten erwarteten das. Bei sage und schreibe 31 % derer, die das Placebo bekommen hatten, fielen daraufhin wirklich die Haare aus[47]. Selbst die beiläufige Bemerkung eines Arztes über den Zustand eines Patienten kann gravierende, um nicht zu sagen verheerende Wirkung haben. Auf den Nocebo-Effekt geht wahrscheinlich auch die sogenannte Voodoo-Krankheit – und der Voodoo-Tod – zurück, die eintreten kann, wenn ein Stammesmitglied weiß, daß es verhext ist.

Unklar ist bislang, wie der Mechanismus konkret funktioniert. Klar ist nur, daß der Prozeß an ein Wunder grenzt. Selbst die Heilung einer simplen Warze ist «absolut erstaunlich», um Lewis Thomas zu zitieren, einen der bekanntesten Medizin-Publizisten unserer Zeit. Die Intelligenz, die einen solchen Prozeß steuert, muß die Fähigkeiten eines absolut erstklassigen Zellbiologen, Immunologen, Chirurgen und praktischen Managers in sich vereinigen. Laut Lewis verweist dies auf «eine Art Superintelligenz, die in jedem von uns ruht, auf unendlich höherer Stufe und im Besitz eines technischen Know-how, das unseren heutigen Erkenntnisstand weit übersteigt»[182].

Erwartung und Glauben sind mit Sicherheit die Schlüsselfaktoren der Placebo-Reaktion. Der Glaube kann schaden und heilen, töten und retten, und Eingeborenenheiler sind sich dessen wohl bewußt. Ein Medizinmann der Navaho formulierte in klassischer Kürze: «Wenn ein Patient wirklich Vertrauen zu mir hat, wird er geheilt. Wenn er kein Vertrauen hat, dann ist das sein Problem.»[157] Vertrauen und Glaube des Patienten werden von dem ganzen Umfeld beeinflußt, in dem die Heilung geschieht. Persönlichkeit, Status, Verhalten und Überzeugungen des Therapeuten wie auch des Patienten spielen eine Rolle. Die «Könner» unter den Heilern haben das wahrscheinlich immer schon gewußt und daher versucht, mit allen Mitteln das zu stärken, was Jerome Frank «die Heilkraft des erwartungsvollen Glaubens» nennt. Im Lichte dessen wirken die Kniffe und Taschenspielertricks, mit denen Schamanen so ausgiebig arbeiten, um ihre Klientel zu beeindrucken, wahrscheinlich eher glaubensstärkend und daher heilungsfördernd. Unzweifelhaft ist der Placebo-Effekt seit jeher einer der stärksten Heilfaktoren, die es gibt, und womöglich waren Schamanen die ersten, die ihn systematisch nutzten.

Wie erfolgreich sind schamanische Heiler?

Ein Muster an Bescheidenheit sind Schamanen nicht immer gewesen; manche haben behauptet, praktisch unfehlbar zu sein. Die Bescheideneren unter ihnen sagen, manchmal brächten sie Heilungen zustande, seien darin jedoch nur Werkzeug der Geister, denen der eigentliche Dank gebühre[73].

Handfeste Daten zur Überprüfung der Wirksamkeit schamanischen Heilens fehlen bisher fast völlig. Das Beste, was wir tun können, ist, eine Grobeinschätzung vorzunehmen, ausgehend von unserer Kenntnis schamanischer Verfahrensweisen und der psychologischen Prinzipien, die das Heilen beeinflussen.

Mehrere Eigentümlichkeiten der schamanischen Heilkunst lassen positive Ergebnisse erwarten. Im einzelnen sind dies die Auswahl der Fälle, der Placebo-Effekt, der Einsatz von psychotherapeutischen Techniken und Hypnose und die Harmlosigkeit der schamanischen Intervention.

Normalerweise versuchen Schamanen mit allen Mitteln, hoffnungslose Fälle abzulehnen. Schließlich hängt ihr Lebensunterhalt – und ihr Leben – von Erfolgen ab; in manchen Kulturen verliert der Schamane, dem ein Patient stirbt, das Leben[153]. Nur solche Kranke zu behandeln, bei denen gute Genesungsaussichten bestehen, ist sicherlich ein guter Weg, die Erfolgsquote hoch zu halten.

Ein weiterer wichtiger Faktor ist darin zu sehen, daß der schamanische Eingriff meist relativ harmlos ist. Dieser Umstand ist nicht geringzuschätzen. Eine der goldenen Regeln der abendländischen Medizin lautet: «Vor allem nicht schaden.» Gegen diesen Grundsatz haben sich Ärzte über Hunderte von Jahren sträflich versündigt. Techniken wie Aderlaß und die Verabreichung von Quecksilber können kaum harmlos genannt werden, und doch gehörten sie jahrhundertelang zu den Standardmitteln der ärztlichen Kunst. Heute zeugen sie stumm von der unerhörten Kraft des erwartungsvollen Glaubens, der Patienten immer wieder dazu brachte, sich diesen und anderen todbringenden Prozeduren zu unterwerfen. Dagegen wirken die – überwiegend geistig-seelischen – Behandlungsmethoden des Schamanen musterhaft human.

Auch der kunstvolle Einsatz des Placebo-Effektes hat wahrscheinlich die Erfolgsrate gesteigert. Viele schamanische Rituale scheinen bewundernswert gut geeignet, ihn hervorzurufen; denn er tritt dann besonders stark auf, wenn die Therapie kompliziert, detailliert, teuer, zeitraubend, modisch oder esoterisch ist[89].

Auf welche Erfolgsraten lassen diese allgemeinen Prinzipien schließen? Sie hängen natürlich auch von der Art der behandelten Krankheit ab. Bei körperlichen Leiden dürften die Erfolgsquoten ungefähr so hoch gelegen haben wie bei westlichen Ärzten des neunzehnten Jahrhunderts. Bei seelischen Leiden wie leichten Angstzuständen und Depressionen, die gut auf psychologische Intervention und soziale Stützung ansprechen, könnten sie denjenigen zeitgenössischer Psychotherapien entsprechen. Bei Krankheiten, die nach westlicher Theorie eine medikamentöses oder chirurgisches Eingreifen erfordern, sind Erfolgsquoten zu erwarten, die nur der Placebo-Wirkung entsprechen.

Solche Rechnungen sind für den Schamanen im übrigen recht nebensächlich. Für ihn hat der Schmerz, den der Kranke leidet, einen überwiegend geistigen Ursprung, also muß auch die Behandlung geistig sein. Dies wirft die Frage auf, ob beim schamanischen Heilen vielleicht parapsychologische Faktoren mitspielen (wir werden im nächsten Kapitel darauf eingehen). Zumindest ist eines offensichtlich: Beim Versuch, die Methoden und Mechanismen zu verstehen, die hinter dem schamanischen Heilen stehen könnten, verfangen wir uns unweigerlich in einem Paradigmenkonflikt. Die Frage, wie und wieweit schamanisches Heilen funktioniert, wird von Schamanen und westlichen Ärzten grundverschieden beantwortet werden; der eine findet die spirituelle, der andere die mechanistische Weltsicht seines Gegenübers sinnlos.

Für Patienten, die die Weltsicht des Schamanen teilen, ist sie jedoch alles andere als sinnlos. Aus diesem gemeinsam Geglaubten konstituiert sich der Heilmythos, in dessen Rahmen die Therapie stattfinden kann. Teilweise aufgrund dieses gemeinsamen Heilmythos sind Schamanen seit langem eine Quelle der Hoffnung und Hilfe für die mannigfachsten Leiden, von körperlichen Erkrankungen bis hin zu seelisch-spirituellen Krisen. Für den Stamm ist der Schamane Führergestalt, Heiler, Wahrer des sozialen Zusammenhalts, Hüter der Mythen und der Weltschau des Stammes. In einer Welt übermächtiger und unbegreiflicher Kräfte bietet der Schamane Hoffnung, daß diese Kräfte verstanden, beeinflußt, vielleicht sogar gezähmt werden können, daß der Mensch nicht hilfloses kopfscheues Opfer eines gnadenlosen Universums sein muß und daß Krankheiten geheilt, Konflikte gelöst, Schuld gelindert, Götter beschwichtigt, Übel bezwungen werden können, daß sogar der Tod einiges von seinem Schrecken verlieren kann. Insofern muß der Schamane Außergewöhnliches geleistet haben und jahrtausendelang ein Symbol der Hoffnung, Heilung und Kraft gewesen sein.

Fünfzehntes Kapitel

Wie heilen sie? Jenseits der Psychologie

Jede Wandlung des Menschen ... beruhte auf einem neuen Bild des Kosmos und der Natur des Menschen.
LEWIS MUMFORD

Wir haben gesehen, daß Schamanen eine breites Repertoire von Heilritualen einsetzen, die – mit westlichen Augen gesehen – psychologisch häufig sehr geschickt anmuten. Für Schamanen schießen solche psychologischen Erklärungen jedoch am Ziel vorbei, denn ihr Heilmythos ist in erster Linie ein spiritueller. Aus ihrer Warte wird Krankheit primär durch spirituelle Probleme verursacht (etwa das Befallensein durch Geister), und danach richten sich die therapeutischen Techniken (etwa das Zurückholen der Seele).

Grundsätzlich gibt es zwei sehr unterschiedliche, gegensätzliche Wege, schamanische Überzeugungen zu deuten. Die erste und traditionell verbreitetste Deutung sieht in ihnen klassische Beispiele «primitiven Denkens», der angeblich magischen Denkweise westlicher Kinder ähnlich. Die zweite Deutung gibt der Möglichkeit Raum, daß dabei zumindest teilweise übersinnliche Fähigkeiten mitspielen.

Die Parapsychologie ist – vorsichtig ausgedrückt – ein kontroverses Thema, das ich am liebsten aussparen würde. In kaum einem Forschungsbereich herrscht ein schärferer Meinungsstreit. Die «Pro»-Seite verweist auf «eine umfangreiche parapsychologische Literatur über eine Vielzahl gewissenhafter Experimente»; nach Skeptikermeinung dagegen ist «in hundert Jahren Forschung nicht eine einzige Person gefunden worden, die vor unabhängigen Beobachtern zufriedenstellend außersinnliche Wahrnehmungen hätte demonstrieren können».

Befürworter sehen durch kontrollierte Studien bewiesen, daß der Mensch außersinnlicher Wahrnehmung und psychokinetischer Effekte (Einwirkung des Geistes auf Materie) fähig ist, Effekte, die sich angeblich auf belebte wie unbelebte Materie, von der Maus bis zum elektronischen Schaltkreis, erstrecken[91]. Von besonderer Bedeutung im Zusammenhang mit dem schamanischen Heilen sind Meldungen, es habe sich bei kontrollierten Studien gezeigt, daß psychokinetische Effekte das Wachstum von Pflanzen und Pilzen, die Wirksamkeit von Enzymen, Heilungsvorgänge bei Mäusen und den Hämoglobingehalt des Blutes bei Menschen zu beeinflussen vermögen[13, 63, 104, 176]. Kritiker betrachten diese Befunde als fadenscheinig, als unwiederholbar, als Ergebnis methodischer Fehler oder schlicht als Schwindel. Als weitere Schwierigkeit kommt hinzu, daß die behaupteten parapsychologischen Erscheinungen gegen einige der fundamentalsten und ehrwürdigsten physikalischen Gesetze verstoßen.

Dem zum Trotz muß jede Untersuchung über schamanisches Heilen – will sie intellektuell aufrichtig und unvoreingenommen sein – die Frage ansprechen, ob hier nicht eventuell doch Psi-Phänomene (paranormale oder übersinnliche Mechanismen) mitspielen. Wie William James meinte, gibt es nämlich «bei der Erforschung der Natur keine größere Quelle der Täuschung als den starren Glauben, daß bestimmte Arten von Phänomenen unmöglich seien»[92]. Ob es psi-induziertes Heilen im Schamanismus gibt, können wir von verschiedenen Richtungen her einzuschätzen suchen. Wir können untersuchen: Behauptungen paranormaler Fähigkeiten in anderen Religionen und Heiltraditionen, anekdotische Berichte und Laborstudien über Psi bei Schamanen und schließlich Ähnlichkeiten zwischen schamanischen Heilritualen und denjenigen Bedingungen, die angeblich Psi-Phänomene maximieren.

Der Anspruch auf paranormale Fähigkeiten wird in vielen religiösen Traditionen der Welt erhoben. Yoga etwa und die buddhistische Meditation enthalten genaue und ausführliche Anweisungen über das Schulen übersinnlicher Kräfte. Die meisten dieser Schulungstechniken arbeiten mit der Entwicklung enormer Konzentrationsfähigkeiten, die diejenigen normaler Menschen weit übersteigen[27]. Gleichzeitig warnen diese Traditionen jedoch stets auch ausdrücklich, es sei gefährlich, übersinnliche Fähigkeiten zu entwickeln, ohne dazu ein entsprechendes Maß an Weisheit erwerben. Macht verdirbt, sagt das alte Sprichwort, und übersinnliche Macht ist keine Ausnahme, sagen uns diese Traditionen.

Daß bei ihrem Tun eventuell Psi im Spiel sein könnte, behaupten nicht nur Religionsausübende. Ähnliches haben auch mehrere angesehene westliche Ärzte, Psychologen und Psychiater angedeutet – Notabeln immerhin wie Freud, Jung und Jerome Frank. Frank schreibt:

> Meine eigene Vermutung, die ich mit einer gewissen Bangigkeit äußere, ist, daß die begabtesten Therapeuten möglicherweise telepathische, hellseherische oder sonstige parapsychologische Fähigkeiten besitzen ... Daneben besitzen sie vielleicht noch etwas, das der Fähigkeit ähnelt, Wachstum zu beschleunigen ... und das kann nur Heilkraft genannt werden. Jeder Forscher, der versucht, solche Phänomene zu ergründen, setzt seinen Ruf als seriöser Wissenschaftler aufs Spiel, daher kann es nur ganz Unerschrockenen empfohlen werden. Der Lohn freilich könnte groß sein.[30]

Anekdotische Berichte über übersinnliche Phänomene bei Schamanen

Es liegen eine ganze Reihe anekdotischer Berichte über medial-übersinnliche Fähigkeiten bei Schamanen vor. Einige Kostproben der dramatischeren Art:

Ein französischer Missionar will einen aufsehenerregenden Fall von Hellsehen bei einem neukaledonischen Schamanen miterlebt haben. «Im Lauf eines großen Freudenfestes», schreibt der Missionar, «fiel er plötzlich in Verzweiflung und verkündete, er sehe einen ranghohen Verwandten in Arama (einem mehrere Meilen entfernten Dorf) im Todeskampf liegen. Sofort wurde ein Kanu nach Arama losgeschickt, eine Fahrt von drei Stunden. Der Häuptling war gerade gestorben.»[12]

Aus meiner Heimat Amerika zitiere ich einen Fall möglicher Psychokinese: Ein namhafter Schamane der Huichol-Indianer, Don José, wurde von seinem amerikanischen Schüler Prem Dass zum Esalen-Institut in Kalifornien gebracht. Als sie in Esalen ankamen, litt die Region, wie Prem Dass erzählt, schon seit längerem unter einer Dürre. Don José erbot sich, eine Regenmacher-Zeremonie zu vollführen; sie wurde von einer besuchsweise anwesenden BBC-Fernsehcrew aufgenommen. Am nächsten Tag filmte sich die verblüffte Crew bei ihrer Abfahrt aus Esalen im Regen[143].

Sprechen solche Berichte für eventuelle übersinnliche Fähigkeiten bei Schamanen? Ja. Sind sie ein *Beweis* dafür? Nein. Anekdotische Berichte, wie eindrucksvoll auch immer, bleiben für die Wissenschaft, die wiederholte Studien unter kontrollierten Bedingungen verlangt, um die vielen möglichen Fehlerquellen auszuschließen, unbefriedigend. Nicht nur Mogelei kann vorkommen; auch der gewissenhafteste Augenzeuge kann Dinge falsch wahrnehmen, falsch verstehen, in der Erinnerung verfälschen.

> Ein und dasselbe Ereignis kann sehr verschieden interpretiert werden. Ein klassisches Beispiel liefert der Anthropologe Bogoras, der Tschuktschen-Schamanen bei der Arbeit beobachtete. Einer dieser Schamanen ließ einen seiner «Geister» direkt in mein Ohr schreien, reden und flüstern, und die Illusion war so vollkommen, daß ich unwillkürlich an mein Ohr faßte, um den «Geist» zu packen. Danach ließ er den «Geist» in den Boden unter meinen Füßen schlüpfen und zwischen meinen Beinen hervorsprechen usw. Die ganze Zeit, während der Schamane ein Gespräch mit den «anderen Stimmen» führt, schlägt er ununterbrochen seine Trommel, um zu beweisen, daß seine Kraft und seine Aufmerksamkeit anderweitig in Anspruch genommen sind.
>
> Ich versuchte, die «anderen Stimmen» der «Geister» mit dem Phonographen festzuhalten... Als das Licht gelöscht wurde, fügten sich die «Geister», nach «schamhaftem» Zögern, den Befehlen des Schamanen und begannen, in den Trichter des Grammophons zu sprechen. Die Aufnahmen zeigen einen sehr hörbaren Unterschied zwischen der Stimme des Schamanen selbst, die entfernt klingt, und den Stimmen der «Geister», die direkt in den Trichter zu sprechen scheinen.[19]

Bogoras war beeindruckt, aber nicht bekehrt. Er blieb überzeugt, daß diese Effekte durch Bauchreden und ähnliche Tricks hervorgebracht wurden. Er schreibt:

> Es kann kein Zweifel sein, daß Schamanen bei ihren Auftritten mit Betrügereien in der verschiedensten Form arbeiten und daß sie sich dessen auch voll bewußt sind. «Es gibt viele Lügner in unserem Beruf», sagte mir eine Tschuktschen-Schamanin. «Der eine hebt den Vorhang des Schlafraums mit seinem rechten Zeh hoch und versichert dir, da seien Geister am Werk; der andere spricht durch seinen Ärmel in den Busen seines Hemdes, so daß die Stimme aus einem ganz ungewöhnlichen Ort hervordringt.»[19]

Andere Menschen sind vom Gegenteil überzeugt, nämlich daß Bogoras paranormale Phänomene beobachtet hat. Sie räumen ein, daß manche Schamanen eindeutig mit Schwindelei arbeiteten, betonen aber, dies beweise nicht, daß sämtliche Schamanen Schwindler seien. Aus ihrer Sicht besteht das Problem darin, daß Bogoras «seine wissenschaftliche Ausbildung und Vorprägung nie genügend durchbrechen konnte, um zuzugeben, daß er das Wunderbare beobachtet hatte... Er erklärt, alles Miterlebte sei zweifellos durch Betrug hervorgebracht worden, läßt aber völlig unbeantwortet, durch welche Tricks das praktisch hätte geschehen können»[154].

Einen weiteren Frontalzusammenstoß der Deutungen gibt es zum Thema «Feuerlaufen». Das von Eingeborenen – auch Schamanen – seit langem praktizierte Feuerlaufen ist derzeit in den USA stark *en vogue* und hat eine (der Kalauer sei verziehen) hitzige Debatte ausgelöst. Auf der einen Seite stehen Schamanismus-Enthusiasten wie Eliade, der behauptet, daß die Fähigkeit, jedenfalls bei Schamanen, auf eine Spezialbegabung und viel Übung zurückgehe; auf der anderen Seite die Interpreten, die die Fähigkeit, über glühende Kohlen zu laufen, rein physikalisch erklären. Ins Feld führen sie Faktoren wie die niedrige Wärmeleitfähigkeit der Kohle und den sogenannten Leidenfrost-Effekt (durch Schweiß auf den Fußsohlen bildet sich angeblich ein dünner, isolierender Wasser- und Dampfmantel). Irgendwo dazwischen steht die Deutung eines Charles Tart, der ebenfalls physikalische Mechanismen annimmt, jedoch zusätzlich die Schutzwirkung von Trancezuständen, wodurch zumindest die Blasenbildung reduziert werde[181].

In diesem Deutungsstreit spiegeln sich Grundzüge der gesamten Parapsychologie-Debatte. Die meisten Menschen entscheiden hier strikt nach ihrer weltanschaulichen Vorprägung. Für manche sind Schamanen «Psi-Meister... veritable Frühwarnsysteme für ihre Völker»[199]; für andere gehört Psi ins Reich des Unmöglichen, der Schamane somit zu den Scharlatanen. Hier scheiden sich die Geister ganz kraß.

Theoretische und experimentelle Daten

Wenden wir uns daher von den Meinungen zu den Daten und fragen: Existieren, über anekdotische Berichte hinaus, weitere Anhaltspunkte für übersinnliche Fähigkeiten von Schamanen? Zwei Arten von Anhaltspunkten gibt es: theoretische und experimentelle. Die theoretischen kommen von einer Neubewertung oder auch Neuinterpretation von Stammes- und Schamanen-«Magie». Die meisten Stammeskulturen halten magische Kräfte für real und haben Spezialisten, die behaupten, sie zu meistern. Den Anthropologen gilt eine solche Weltsicht seit jeher meist nur als Widerspiegelung bestimmter psychologischer und sozialer Fakten, zum Beispiel der Notwendigkeit, das Universum zu erklären und Einfluß darauf zu nehmen.

Michael Winkelman von der University of Arizona hat eine neue – und natürlich kontroverse – Deutung vorgeschlagen. Winkelman hat die Bedingungen untersucht, die Eingeborenenheiler für ihre magischen Rituale schaffen. Diese Bedingungen – etwa bestimmte veränderte Bewußtseinszustände, Visualisierungen, positive Erwartungshaltungen – laufen denen parallel, die nach Meinung moderner parapsychologischer Forscher Psi-Erscheinungen begünstigen[206]. Denkbar wäre demnach, daß Stammesvölker durch Ausprobieren *(trial and error)* auf bestimmte Rituale, auf magische und «abergläubische» Praktiken gekommen sind, die das Wirken von Psi-Kräften begünstigen.

Sollte Psi bei schamanischen Praktiken auftreten, wären zweierlei Ausprägungen denkbar, einmal als außersinnliche Fähigkeit, Informationen über Wesen, Ursache und Behandlung der Krankheit des Patienten zu gewinnen; zum anderen als psychokinetischer Effekt, der vielleicht heilungsbeschleunigend wirken könnte.

Psychokinetische Effekte

Zwei Berichte über psychokinetische Effekte bei von Forschern summarisch «Schamanen» genannten Heilern liegen vor[57, 156]; über Schamanen im strengeren Sinn jedoch, wie in diesem Buch definiert, habe ich keine Psychokinese-Studien finden können. So bleibt die Frage, ob Schamanen Psychokinese zur Heilungsförderung einsetzen, vorerst unbeantwortbar. Wir können höchstens einen Blick über den Zaun auf Forschungsergebnisse werfen, die bei anderen Arten von Heilern erzielt worden sind. Zeigen sich dort Zeichen Psychokinese-geförderter Heilungen, könnte man annehmen, daß auch Schamanen dergleichen vermögen. Das ganze Feld «Psi und Heilung» hier durchzugehen ist unmöglich, daher wollen wir uns auf einige Schlüsselstudien konzentrieren.

Es existiert eine klassische Studie über einen europäischen Heiler (keinen Schamanen), dem im Tierversuch Mäuse zur Verfügung standen. Durchgeführt wurde die Studie von Bernard Grad, einem angesehenen Krebsforscher an der McGill University in Montreal[63].

Der Heiler war ein Ungar, der überwiegend durch Handauflegen heilte. Als «Patienten» hatte man Mäuse mit Hautwunden gleichmäßiger Größe vorbereitet. Zur «Behandlung» setzte ein Assistent eine Maus aus der Versuchsgruppe in eine Papiertüte, verschloß sie und brachte sie zu dem Heiler in ein anderes Zimmer. Der Heiler hielt die Tüte ein paar Minuten in seinen offenen Händen und konzentrierte seine Kraft auf die Maus. Die Tüte diente dazu, etwaige Effekte einer direkten Berührung der Maus abzumildern. Es gab auch eine Kontrollgruppe von Mäusen, die ebenso in Tüten gepackt und Menschen in die Hand gegeben wurden, die keine bekannten übersinnlichen Fähigkeiten besaßen (Medizinstudenten in diesem Fall). Die Größe der Hautwunden wurde regelmäßig von einem Assistenten nachgemessen, der nicht wußte, ob die betreffenden Mäuse aus der Versuchs- oder der Kontrollgruppe stammten.

Die Ergebnisse waren recht erstaunlich. Die Hautwunden der Versuchsmäuse heilten signifikant schneller als die der Kontrollmäuse – oft doppelt so schnell. Bei einer weiteren Versuchsreihe wurden die Mäuse Temperaturen nahe dem Gefrierpunkt ausgesetzt. Nur 14 % der Kontrollmäuse überlebten, dagegen volle 60 % der Versuchsmäuse.

Bei einer dritten Versuchsreihe schließlich setzte man die Mäuse auf eine Jodmangeldiät, die geeignet war, Schilddrüsentumore zu erzeugen. Als Maß des Heileffektes galt das Gewicht der Mäuse; je leichter die Mäuse blieben, desto größer der Heileffekt. Am Ende der Studie hatten die behandelten Mäuse tatsächlich signifikant leichtere Schilddrüsen.

Dies sind ganz gewiß außergewöhnliche Ergebnisse. Wie Charles Tart hervorhebt, gibt es freilich neben der übersinnlichen noch mehrere andere Erklärungsmöglichkeiten, etwa daß der Heiler wärmere Hände gehabt oder die Tüten anders gehalten habe als die Medizinstudenten mit den Kontrollmäusen[181]. Diese Alternativen zu überprüfen ist sehr wichtig, weil zuerst alle anderen Möglichkeiten ausgeschlossen werden müssen, ehe man parapsychologische Erklärungen akzeptieren kann.

Überflüssig zu sagen, daß diese Studien, wie die meisten anderen auf parapsychologischem Feld, äußerst umstritten sind. Kritiker verweisen darauf, daß der Heiler auch als Labor-Assistent beschäftigt war und daher die Mäuse hätte manipulieren können[170]. Befürworter kontern, der Heiler sei im ungewissen gelassen worden, welche Tiere behandelt worden waren und welche nicht, so daß er die Daten nicht verfälschen konnte[206].

Es ist möglich, Versuchsanordnungen zu entwickeln, die den Heiler von jedem unbefugten Zugang zu den Tieren ausschließen und die Einflüsse von Faktoren wie Handwärme und Art der Handhabung zuverlässig ausschalten. Bei der Wichtigkeit der Befunde wären solche Studien höchst wünschenswert.

Zusammenfassend können wir sagen, daß einige gut konzipierte Studien dafür sprechen, daß manche Heiler vielleicht imstande sind, die Heilung durch bislang unbekannte Mechanismen zu beschleunigen. Ob Psi-Phänomene mitspielen, ist weder zu bestätigen noch zu widerlegen. Hier bleibt der Forschung noch viel Arbeit. Was das *schamanische* Heilen angeht, so läßt sich lediglich sagen: Manche Studien scheinen den schamanischen Anspruch zu bestätigen, daß Heilungen durch Mittel gefördert werden können, die die westliche Wissenschaft bislang nicht (aner)kennt[211, 212].

Außersinnliche Wahrnehmung beim schamanischen Heilen

Die zweite Hauptform parapsychologischer Fähigkeiten, die beim schamanischen Heilen eventuell mitspielen könnte, ist die außersinnliche Wahrnehmung. Fest steht: Schamanen behaupten, Dinge wahrzunehmen, die anderen Menschen verborgen bleiben. Die Entwicklung der Geisterschau gehört, wie wir bereits gesehen haben, zu den wesentlichen Aspekten der schamanischen Ausbildung. Sie ist für die Diagnose- und Heilarbeit, bei der es hauptsächlich um das Ableiten oder Wiederbringen fehlplazierter «spiritueller Energie» geht, von größter Bedeutung.

Trotz der Bedeutung der Geisterschau und der außersinnlichen Wahrnehmung für Schamanen habe ich nur zwei experimentelle Studien darüber finden können, die an afro-brasilianischen «Schamanen»[58, 59] durchgeführt wurden. Bei ihnen hat es sich offenbar jedoch eher um Medien als um Schamanen gehandelt; sie gaben zwar Geisterbesessenheit an, gingen aber normalerweise nicht auf Seelenflug. Den Probanden wurde eine «Fern-Schau»-Aufgabe gestellt, bei der sie unsichtbare, in einiger Entfernung befindliche Gegenstände identifizieren sollten. Indizien für außersinnliche Wahrnehmung zeigten sich nicht, und bei einer Studie schnitten die Versuchspersonen sogar deutlich schlechter ab als die Kontrollgruppe[57].

Die negativen Ergebnisse überraschen nicht sonderlich: Die Versuchspersonen operierten nämlich in normalen Bewußtseinszuständen. Doch bei Medien wie Schamanen entfalten sich – nach eigener Angabe – Psi-Kräfte üblicherweise erst in nichtnormalen Bewußtseinszuständen oder werden zumindest durch diese entscheidend gefördert. Mithin schließen diese Studien also nicht die Möglichkeit aus, daß Schamanen in veränderten Bewußtseinszuständen manchmal Psi-Fähigkeiten zeigen. Eine experimentelle Nachprüfung dieser Möglichkeit wäre sehr zu wünschen.

Da Schamanen behaupten, ihre übersinnlichen Fähigkeiten seien in veränderten Bewußtseinszuständen größer, nimmt es nicht wunder, daß sie auch sagen, diese Fähigkeiten könnten durch Psychedelika gesteigert werden. Aus diesem Grund werden Psychedelika manchmal als diagnostische Hilfen betrachtet, vor allem in Lateinamerika. Als besonders starke Stimulanz für paranormale Kräfte gilt das Yagé, und Schamanen verwenden es regelmäßig als Hilfsmittel für die Diagnose und für die Reise. Aus diesem Grund heißt die Pflanze, aus der Yagé gewonnen wird, «Visionsranke». Mehrere Anthropologen berichten von möglicherweise durch Yagé induziertem Psi – eine der ersten aus der Pflanze extrahierten Chemikalien hieß übrigens Telepathin[177].

Solch verführerischer Geschichten ungeachtet gibt es bisher keine experimentellen Forschungen über paranormale Fähigkeiten von Schamanen nach Einnahme von Yagé oder sonstigen Psychedelika. Um mehr zu erfahren, müssen wir daher klinische Beobachtungen und Forschungsresultate aus dem Westen heranziehen. Stanislav Grof konstatiert: «Nach meiner eigenen Erfahrung sind manche Phänomene, die auf eine außersinnliche Wahrnehmung hindeuten, in der LSD-Psychotherapie relativ häufig... Jeder LSD-Therapeut mit einiger klinischer Erfahrung wird selber genug derartige bestürzende Erfahrungen gemacht haben, um dieses Problem ernstzunehmen.»[68]

Grof ist allerdings auch der erste, der darauf hinweist, daß die Verifizierung solcher klinischen Beobachtungen schwere Probleme aufwirft. Er warnt: «Werden die Angaben nicht schon während der psychedelischen Sitzung mitgeteilt und genau aufgezeichnet, ist die Gefahr einer späteren Entstellung sehr groß. Allzu grobe Deutung von Ereignissen, Gedächtnisverzerrungen und die Möglichkeit von *déja vu*-Erlebnissen bei Wahrnehmung eines späteren Vorfalls sind einige der Hauptfehlerqellen.»[68]

Aus diesen Gründen sind kontrollierte Laborstudien vonnöten; mehrere sind schon durchgeführt worden. Die Ergebnisse fielen überwiegend negativ aus; ein berechenbares, konstantes Ansteigen der außersinnlichen Wahrnehmung unter Psychedelika konnte nicht nachgewiesen werden. Einzelne Probanden zeigten gute Leistungen, insgesamt aber ergab sich im Schnitt kein wahrnehmbarer Effekt[68]. Es ist möglich, daß diese negativen Befunde mit der uninteressanten Art des Experiments und mit Konzentrationsschwierigkeiten von Probanden zusammenhingen. Auf dem Gipfel des psychedelischen Erlebens wird der Mensch von einer wahren Bilderflut von teils ganz unglaublicher Dramatik und Kraft bombardiert. Nicht überraschend daher, daß Probanden berichten, es falle ihnen sehr schwer und sei kaum interessant für sie, sich auf ein Experiment zu konzentrieren, das im Vergleich dazu unendlich langweilig und belanglos anmutet.

Es klafft deshalb eine große Diskrepanz zwischen «Vor-Ort»-Berichten und klinischen Beobachtungen psychedelisch gesteigerter Psi-Kräfte einerseits und konkreten Versuchsergebnissen andererseits. Mögliches Fazit (freundlich ausgedrückt): Psychedelische Verstärkung von Psi-Kräften ist unter Laborbedingungen ist nicht machbar oder nicht nachweisbar. Ob es sie überhaupt gibt und ob sie gelenkt und nutzbar gemacht werden kann, bleibt zu ergründen.

Schlußfolgerungen

Was läßt sich aus diesen Berichten und Studien schließen? Alles, was man zur Zeit sagen kann, ist dies: Schamanen nehmen parapsychologische Fähigkeiten für sich in Anspruch, und es gibt fesselnde anekdotische Berichte über Psi-Phänomene bei Schamanen und anderen Eingeborenenheilern. Außerdem scheinen die in Stammeskulturen für magische Rituale geschaffenen Bedingungen mit denjenigen, die angeblich Psi-Erscheinungen im Labor fördern, häufig auffallend übereinzustimmen. Bislang haben wir für Psi-Kräfte bei Schamanen keinen handfesten experimentellen Beweis, doch da Schamanen noch nicht hinreichend getestet wurden, ist die Möglichkeit des Auftretens von Psi bisher auch nicht sicher widerlegt.

Sechzehntes Kapitel

Wie heilen sie sich selbst? Die Heilung des Heilers

Das Kraftzentrum in uns selbst zu finden, ist auf lange Sicht das beste Geschenk, das wir unseren Mitmenschen machen können.

ROLLO MAY

Heilen in Beziehungen ist keine Einbahnstraße. Der Heiler kann geheilt, dem Helfer kann geholfen werden. Dieselben Beziehungen, Rituale und Bewußtseinszustände, die den Patienten heilen, können auch den Therapeuten heilen. Beide Seiten können bereits vom bloßen Helfer- und Heilerwunsch profitieren. Dieser Prozeß des gegenseitigen Heilens ist für Schamanen möglicherweise besonders wichtig, stellen sie doch den Urtyp des «verwundeten Heilers» dar, der mit seiner Initiationskrankheit selbst eine einschlägige Ur- und Schlüsselerfahrung gemacht hat. Klinische Beobachtungen und die Weltmythen bestätigen, daß, wer selbst gelitten hat, oft am besten imstande ist, das Leiden anderer zu lindern. Wie C. G. Jung sagte: «Der Leidende nimmt Leid hinweg.»

Schamanen sind oft Menschen, die viel gelitten haben. Dieses Leid kann in der Initiationskrise ungewollt über sie gekommen sein; sie können es aber auch, in Selbstisolierung und Askese, bewußt gesucht haben. In vielen Fällen sind Schamanen aus ihrer Initiationskrise dadurch gerettet worden, daß sie lernten, anderen «schamanisierend» zu helfen. In anderen Fällen «muß der Schamane zunächst sich selbst und seine Initialkrankheit heilen und kann erst dann andere Mitglieder der Gemeinschaft kurieren»[84].

Ob der Schamane nun sich selbst kuriert, indem er anderen hilft, oder erst sich selbst und dann andere heilt: Hat er seine Schamanen- und Helfertätigkeit einmal aufgenommen, ist es häufig unabdingbar, daß er sie kontinuierlich weiterführt, damit es nicht zu einem Rückfall kommt. Bei den Tschuktschen «muß der Schamane, solange er im Besitz der Inspiration ist, praktizieren und darf seine Kraft nicht verbergen. Sonst äußert sie sich in Form blutigen Schweißes oder eines epilepsieähnlichen Krankheitsanfalls»[19].

Wenn schamanische Praktiken selbstheilende Wirkung haben – durch welche Mechanismen? In schamanischen Kulturen wird die Heilung in erster Linie auf die Beziehung des Schamanen zu Geistern zurückgeführt; man kann die Selbstheilung aber auch durch psychologische Prozesse erklären. Je nach Weltsicht lassen sich diese psychologischen Prozesse entweder als Ergänzung zu den spirituellen Faktoren, als Katalysator für dieselben oder als alleiniger Wirkmechanismus auffassen.

Welche psychologischen Faktoren sind es, die – zumindest teilweise – den dramatischen Wandel des Schamanen vom Kranken zum Arzt, vom Opfer zum Helfer, vom psychisch Gestörten zum Psychotherapeuten, erklären könnten? Worauf kann es zurückzuführen sein, daß Schamanen nach Überwindung ihrer Krisen vielfach als die gesündesten Mitglieder ihrer Gemeinschaft dastehen?

Folgende Faktoren kommen in Frage: eine Verschiebung in der Art und Weise, wie der Schamane seine Beschwerden interpretiert, die Folgewirkungen der Arbeit und der Rolle des Schamanen, Folgewirkungen veränderter Bewußtseinszustände, die psychologischen Veränderungen, die auf schamanischen Reisen stattfinden und die Folgewirkungen einer altruistisch-dienenden Haltung.

Eine Neuinterpretation von Symptomen der Initiationskrise

Die schamanische Initiationskrise beginnt als dramatische, das Leben aufwühlende und erschütternde Störung. In unserer Kultur würde jemand, der eine solche Störung durchmacht, wahrscheinlich als psychisch krank eingestuft, und die Symptome würden sehr wahrscheinlich medikamentös unterdrückt. In der Folge gilt der Patient als krank und gestört und sieht sich selbst auch so.

In Stammeskulturen können vergleichbare Symptome völlig anders gesehen werden. Der Patient gilt als «zum Schamanen bestimmt», seine Leiden nicht als pathologisch, sondern als Berufungszeichen, nicht als zu unterdrückende, sondern als zu lenkende Krise. Hier haben wir ein Beispiel dessen, was westliche Psychologen *reattribution* und *reframing* («Umdeutung» und «Neubesetzung») nennen. Dies ist eine wirkungsvolle Technik, mittels derer psychische Symptome aus einer hilfreicheren und gesünderen Perspektive heraus neu gedeutet werden. Dies ermutigt den Patienten, die Symptome zu akzeptieren und mit ihnen zu arbeiten, sie womöglich sogar schätzen zu lernen als Teil eines wichtigen Entwicklungs- und Lernprozesses.

Der angehende Schamane «wühlt» oder «schwelgt» nicht narzißtisch in seiner Krise. Er wird vielmehr ermutigt, Heilrituale zu erlernen und zu praktizieren und am Ende anderen zu helfen. Dadurch kann sich im Novizen der Glaube stärken, daß die Symptome behandelbar sind und daß er selbst die Kraft hat, sie in den Griff zu bekommen. Dadurch wächst in ihm größeres Machtgefühl und Selbstvertrauen heran, das durch die laufenden Erfahrungen in seiner Arbeit dann noch weiter gestärkt wird.

Das Ergebnis dieser Prozesse ist dann eine radikale Verschiebung der Glaubens- und Erwartungshaltung des Schamanen hinsichtlich seiner selbst. Das negative Stigma der Krankheit verblaßt, der Schamane gewinnt positive Erwartungen in bezug auf sich selbst, seine Fähigkeiten und seine Rolle. Da Überzeugungen und Erwartungen gern zu *self-fulfilling prophecies* werden, können diese Verschiebungen eine starke und gesunde Wirkung zeitigen.

Arbeit und Rolle des Schamanen

Lieben und arbeiten – das waren für Sigmund Freud die großen Kennzeichen seelischer Gesundheit. Über die Liebesfähigkeit der Schamanen wissen wir nur sehr wenig, doch ihre Fähigkeit zu sinnvoller, hilfreicher Arbeit steht außer Zweifel. Für den Stamm ist die Tätigkeit des Schamanen wertvoll, ja lebenswichtig. Die Schamanenrolle bringt dem Träger hohes Ansehen, Macht und vielfältige Vorteile; sie steigert das Selbstvertrauen und die Selbstwertschätzung des Schamanen und rettet ihn unter Umständen vor einem obskuren Schicksal.

Veränderte Bewußtseinszustände

Schamanen vermögen willentlich in veränderte Bewußtseinszustände einzutreten, eine Kunst, die zu ihren charakteristischen Eigenschaften gehört. Manche veränderte Bewußtseinszustände können psychisch wie psychosomatisch heilsam sein. Das wohl simpelste und bekannteste Beispiel ist die Entspannung – ein hochwirksames Mittel gegen Streß und mancherlei körperliche Streßerkrankungen.

Auch Trancezustände können heilsam sein. Wie wir gesehen haben, treten Schamanen in Trancezustände ein, die leicht in Selbsthypnose übergehen können. Durch Daten gut abgesichert ist die Vermutung, daß Selbsthypnose ebenfalls ein höchst nützliches Werkzeug der Selbstheilung sein kann. Da der Schamane den veränderten Bewußtseinszustand mit der Erwartung herbeiführt, Hilfe und Heilung zu empfangen, und da solche Erwartungen sich «selbst erfüllen» können, dürfte diese Erwartungshaltung allein schon einen signifikanten Heilerfolg erzielen. Rechnet man zur Kraft der Erwartung noch die Kraft der Trance und der Hypnose hinzu, darf man mit Fug und Recht vermuten, daß von schamanischen Bewußtseinszuständen erhebliche Selbstheilwirkungen ausgehen können. Außerdem geschieht ein Großteil der Schamanenarbeit unter Gesangs- und Musikbegleitung, die viele alte Traditionen und einige moderne Therapieschulen ebenfalls als heilkräftig betrachten.

Die schamanische Reise

Zu den bereits genannten Heilwirkungen können positive Wirkungen treten, die aus spezifischen Erfahrungen der schamanischen Reise erwachsen. So können etwa die Ängste des Schamanen durch Konfrontation mit furchterregenden Szenen und Geistern reduziert werden. Todes- und Vernichtungsvisionen, Gesichte von bösen Geistern und übernatürlichen Mächten können, Leben und Seele bedrohend, auf ihn zukommen. Doch seine Aufgabe heißt, allen Schrecken, die sich vor ihm auftürmen, entgegenzutreten und nicht vor ihnen zu fliehen; alles zu überwinden, was verhindern könnte, daß er Wissen und Heilung zu seiner Gemeinschaft zurückbringt.

Moderne Forschungen zeigen, daß Ängste durch bewußtes Konfrontieren oft zum Verschwinden gebracht werden können. Eine darauf aufbauende therapeutische Strategie namens «Implosion» hat Ähnlichkeiten mit schamanischen Erfahrungen. Das Grundprinzip der implosiven Therapie besteht darin, daß die Patienten vor ihrem geistigen Auge eindringliche Bilder ihres jeweiligen Angstgegenstandes schaffen und sie so lange konfrontieren, bis sie auf diese Bilder weniger stark reagieren. Das schafft einen Desensibilisierungseffekt – die Bilder, und mit ihnen die realen Angstobjekte, -ereignisse oder -personen, verlieren an Angstpotential.

Die Parallelen zur schamanischen Reise sind augenfällig. Schamanen selbst wissen um diesen Desensibilisierungseffekt und sagen, der Reisende könne «Tote auf sich zukommen sehen und ihre Knochen klappern hören. Wenn du diese Dinge ohne Angst hörst und siehst, hast du vor nichts mehr Angst»[42].

Ein Unterschied zwischen der schamanischen Reise und der Implosionstherapie ist, daß die furchterregenden Bilder während der Reise nicht bewußt heraufbeschworen werden wie bei der Implosion, sondern spontan auftreten. Spontane Angstbilder können den «Schatten» symbolisieren, psychische Aspekte unserer Persönlichkeit, die verleugnet und verdrängt worden sind, weil wir sie als schlecht oder böse, als unakzeptabel, als furchterregend betrachten. Werden diese unsere Schattenaspekte (an)erkannt und konfrontiert, verlieren sie ihren zwanghaften Schrecken.

Diese Konfrontation mit dem Schatten gilt in der Jungschen Psychologie als wesentlicher Schritt im Individuationsprozeß, dem Prozeß der Selbstfindung und Ganzwerdung des individuellen Menschen. Interessanterweise hat Jung selbst die schamanische Bildwelt als Zeichen dafür aufgefaßt, daß der Schamane einen Individuationsprozeß durchläuft[32].

Ein weiterer heilkräftiger Vorgang, der bei der Reise auftritt, ist die Identifikation mit Geistern oder Machttieren. Wie bereits dargestellt, haben moderne Therapeuten Identifikationen dieser Art als starkes therapeutisches Werkzeug «entdeckt». Dieser Prozeß wirkt möglicherweise schon seit Jahrtausenden bei Schamanen heilunterstützend.

Altruismus und Dienst am Nächsten

Schamanen dienen ihrer Gemeinschaft. Auf dieses Dienen läuft die Reise des Helden hinaus, es ist das Endziel seiner Leiden, seiner Initiation und seiner Ausbildung. Wie Michael Harner hervorhebt, geht Schamanismus in seiner besten Form

> weit hinaus über eine vordergründige, selbstsüchtige Transzendenz der normalen Wirklichkeit. Er ist Transzendenz für einen breiteren Zweck, für die Hilfe an der Menschheit. Die Hellsichtigkeit im Schamanismus ist die Fähigkeit, das zu beleuchten, was andere als Dunkelheit wahrnehmen, und dadurch zu *sehen* und zu reisen für... die Menschheit.[73]

Diese Komponente des «gesellschaftlichen Beitrags» ist selbstverständlich kein schamanischer Exklusivbesitz. Zahlreiche alte Traditionen und moderne Therapieschulen sehen das Dienen als natürlichen Ausdruck einer erfolgreichen Entwicklung an. Vor mehr als tausend Jahren sagte der dritte Zen-Patriarch: «Für den gesammelten, im Einklang mit dem Weg stehenden Geist hört alles selbstsüchtige Streben auf.»[161]

Heute sehen mehrere psychologische Schulen eine altruistisch-dienende Haltung als Anzeichen für Gesundheit an. Abraham Maslow beispielsweise sagt: «Der sich selbst verwirklichende Mensch arbeitet ausnahmslos für eine Sache, die außerhalb der eigenen Haut liegt.»[117]

Gewiß kann das Dienen auch neurotisch motiviert sein, doch im allgemeinen scheint es eine klare Wechselwirkung zwischen dem seelischen Wohlbefinden eines Menschen und dem Grad seines sozialen Engagements zu geben. Kurz: Je gesünder (seelisch) der Mensch, desto stärker seine Tendenz, gesellschaftlich sinnvoll zu arbeiten[193].

Erst vor kurzem hat man erkannt, daß das auch umgekehrt gilt. Gesundheit resultiert nicht nur im Dienen, sondern Dienen auch in Gesundheit. Forschungsergebnisse sprechen dafür, daß der Dienst am Mitmenschen rückwirkend das seelische und körperliche Wohl dessen steigert, der dient. Wer anderen hilft, kann sich das sogenannte «Helfer-High» verschaffen, ein allgemeines Gefühl des Wohlbefindens, der Zufriedenheit und der Selbstachtung, in dem der Helfer nach seinen guten Werken manchmal geradezu badet.

Auch in konkretem körperlichem Nutzen kann sich das Helfer-High niederschlagen. Kopfschmerzen, Bluthochdruck und andere Streßkrankheiten können abgebaut, die Funktion des Immunsystems gestärkt werden[90]. So können Fremdhilfe und Selbsthilfe zu einem einzigen Prozeß verschmelzen. Maslow – einer der ersten, die das erkannt haben – schreibt: «Der beste Weg, ein ‹Helfer› zu werden, ist, ein besserer Mensch zu werden. Doch ein notwendiger Aspekt der Entwicklung zu einem besseren Menschen ist ja gerade, *daß* man anderen hilft. So muß und kann ich also beides gleichzeitig tun.»[117]

Ganz im selben Tenor äußert sich Michael Harner: «Im Schamanismus gibt es letztlich keinen Unterschied, ob Sie anderen helfen oder sich selbst. Indem Sie anderen schamanisch helfen, werden Sie selbst kraftvoller, selbsterfüllter und fröhlich.»[73]

Schamanen haben möglicherweise (mit) als erste Menschen die Wahrheit der Aussage Albert Schweitzers entdeckt, daß nur der glücklich ist, der Möglichkeiten des Dienens gesucht und gefunden hat. Vielleicht haben sich Schamanen damit nicht nur glücklich, sondern auch gesund gemacht.

Fünfter Teil

SCHAMANISCHE GEISTESZUSTÄNDE

Siebzehntes Kapitel

Kartographie schamanischer Bewußtseinszustände

Der Geist selbst ist sein eigner Ort und macht
Aus Himmel Hölle sich, aus Hölle Himmel.
John Milton, «Das verlorene Paradies»

Schamanen waren die ersten Mystiker, Heroen und Meisterspieler der Welt – aus einem einfachen Grund: Sie waren imstande, willensmäßig und systematisch ihren Bewußtseinszustand zu verändern. Sie waren die ersten, die sich systematisch die Entdeckung zunutze machten, daß Streß, Müdigkeit, Hunger und Rhythmus tiefgehende und geheimnisvolle Veränderungen unserer Erfahrungswelt herbeiführen können. Diese ursprünglich wohl zufälligen Entdeckungen sind wahrscheinlich festgehalten, getestet, organisiert und schließlich von Generation zu Generation weitergegeben worden: als die Tradition, die heute Schamanismus heißt. Sie umfaßte eine Technologie zur Induzierung, Nutzung und Erforschung veränderter Bewußtseinszustände.

Wir wissen heute, daß es viele Spielarten veränderter Bewußtseinszustände gibt, solche, die wir alle kennen – Träume, Müdigkeit, Hypnose –, und krankhafte wie Panik, Paranoia oder Schizophrenie.

Daneben existieren weitere, durch religiöse und mystische Praktiken induzierte veränderte Bewußtseinszustände. Als man in den sechziger Jahren daranging, sie zu erforschen, vermutete man zunächst, sie seien alle gleich oder zumindest sehr ähnlich. Damals war die Meinung verbreitet, unterschiedliche Meditationspraktiken seien nur verschiedene Wege, die auf denselben Berg führen. Eine schöne, verlokkende Idee, nur leider falsch. Es existieren buchstäblich Dutzende meditativer und Yoga-Bewußtseinszustände[62].

Welche Varianten veränderter Bewußtseinszustände kommen im Schamanismus vor, und wie vergleichen sie sich mit anderen Bewußtseinszuständen, etwa pathologischen und meditativen? Zunächst muß man festhalten, daß es – vielen populären Veröffentlichungen zum Trotz – keinen Grund gibt anzunehmen, es existiere nur ein einziger schamanischer Bewußtseinszustand. Schamanen verwenden ein breites Spektrum von Techniken, und jede davon induziert möglicherweise ihren eigenen spezifischen Zustand, wenngleich es sicherlich starke Überlappungen geben mag.

Wir wollen uns hier auf Bewußtseinszustände konzentrieren, die während der schamanischen Reise auftreten. Aus mehreren Gründen verdienen es diese besonders, beschrieben und kartographiert zu werden: 1. Die Reise ist eines der wesentlichen Charakteristika des Schamanentums; 2. wir besitzen viele Reiseschilderungen sowohl aus Stammeskulturen als auch von westlichen Menschen; 3. der Reisezustand ist lange Zeit mit pathologischen Zuständen verwechselt worden und wird heute mit Meditations- und Yoga-Zuständen verwechselt. Als Beispiel seien zwei Behauptungen aus der jüngeren Zeit zitiert: «Schamanen, Yogis und Buddhisten erreichen den gleichen Bewußtseinszustand»[39]; der Schamane «gelangt zum existentiellen Einssein – dem *samadhi* der Hindus, zu dem, was bei westlichen Spiritualisten und Mystikern Erleuchtung, *unio mystica* heißt»[99]. Diese Behauptungen gründen sich auf recht oberflächliche Ähnlichkeiten, wie mir scheint. Stellt man detailliertere Vergleiche an, springen nämlich Unterschiede ins Auge, und man bemerkt, daß jede Tradition ihre ureigene Familie von Bewußtseinszuständen ausgebildet hat.

Schon mit der schamanischen Reise lediglich einen einzigen Bewußtseinszustand in Verbindung zu bringen, dürfte eine Übersimplifizierung sein. Wie jeder, der mehrere Reisen unternommen hat, weiß, kann sich der Bewußtseinszustand von einem Erlebnis zum nächsten merklich wandeln und manchmal tief, manchmal seicht, manchmal nebelhaft, manchmal klar sein. Auch von einem Schamanen zum anderen mag es Unterschiede geben.

Damit soll nicht bestritten werden, daß diese zahlreichen Zustände und Erfahrungen vieles gemeinsam haben. Es soll nur betont werden, daß beträchtliche Variationen vorkommen können und daß sich im Ausdruck «Bewußtseins*zustand*» statisch kristallisiert, was in Wahrheit ein dynamischer Erfahrungs*fluß* ist. Der Einfachheit halber ist es jedoch oft besser, von einem einzigen charakteristischen schamanischen Bewußtseinszustand zu sprechen. Jedenfalls können wir Reisezustände präzise genug beschreiben, um ihre Schlüsseleigenschaften erfassen zu können. Anschließend werden wir sie mit pathologischen und mit Meditations-Yoga-Bewußtseinszuständen vergleichen.

Wie lassen sich schamanische Reisezustände beschreiben und kartographieren? Physiologische und biochemische Meßdaten können wir nicht verwenden, aus dem schlichten Grund, weil es keine gibt. Zugrunde legen können wir jedoch die vielen von Schamanen hinterlassenen Schilderungen solcher Erfahrungen.

Diese Art möglichst genauer Beschreibung und Analyse «roher» Erfahrung heißt im Abendland (deskriptive) «Phänomenologie». Mit phänomenologischen Methoden klassifizieren östliche Traditionen wie Buddhismus und Yoga seit mehr als zweitausend Jahren Bewußtseinszustände mit großer Präzision. Ein phänomenologischer Ansatz ähnlicher Art wird es uns erlauben, schamanische Bewußtseinszustände genauer zu klassifizieren und mit anderen zu vergleichen, als es bisher möglich war. Wir bekommen ein «Seziermesser» in die Hand, mit dem wir Unterschiede aufdecken können – etwa zwischen veränderten Bewußtseinszuständen bei Schamanen und bei Yoga-Praktizierenden –, die anderen Forschern entgangen sind. Allzu oft werden die diversen religiösen Bewußtseinszustände als «Trance» in einen Topf geworfen. Deshalb müssen wir zunächst bestimmen, was generell unter Trance zu verstehen ist.

Trancezustände

Die Bewußtseinszustände während einer schamanischen Reise werden oft mit der Pauschalbezeichnung «Trance» belegt, einem in der Anthropologie gern benutztem, aber nur ungenau definiertem Begriff. Meist ist er so verschwommen, daß manche Forscher ihn völlig zu umgehen suchen[180]. Im weiteren Sinn scheint man darunter alle Wach-Bewußtseinszustände zu verstehen, im engeren Sinn aber einen Zustand, der durch gebündelte (fokussierte) Aufmerksamkeit gekennzeichnet ist[141].

Als definierende Schlüsseleigenschaften eines Trancezustands würde ich bezeichnen: Bündelung der Aufmerksamkeit auf einen Brennpunkt, zugleich verringertes Gewahrwerden (teilweise Ausblendung) der Umgebung außerhalb des Brennpunkts. Der schamanische Reisezustand – bei dem die Aufmerksamkeit nach innen fokussiert ist und die Außenwelt entsprechend weniger wahrgenommen wird – scheint genau dieser Definition zu entsprechen.

Wir können weitergehen und fragen: Welche Art Trance? Mit anderen Worten: Inwieweit können wir zwischen Trancezuständen differenzieren und sie einordnen? Um diese Fragen zu beantworten, müssen wir eine Reihe von Schlüsselparametern erarbeiten, die Trancezustände charakterisieren.

Schlüsselparameter zur Kartierung von Trancezuständen

1. Der Grad der Kontrolle. Zwei Arten der Kontrolle sind hierbei wichtig:
• die Fähigkeit, willentlich in den veränderten Bewußtseinszustand einzutreten und ihn zu verlassen; und
• die Fähigkeit, das Erleben dabei zu steuern.
2. Der Grad des reduzierten Gewahrwerdens der Umgebung.
3. Das Kommunikationsvermögen. Wie weit kann die Person in Trance mit anderen Menschen kommunizieren?
4. Die Konzentration. Wichtige Faktoren hierbei sind:
• der Grad oder die Intensität der Konzentration; und
• ob die Aufmerksamkeit starr auf ein einziges Objekt fixiert ist (wie bei gewissen Samadhi-Zuständen des Yoga) oder ob sie fließend ist und zwischen ausgewählten Objekten hin- und herwandern darf (wie bei der schamanischen Reise).
5. Der Grad der Energie oder Erregung.
6. Der Grad der Ruhe. Gemeint ist nicht nur schwache Erregung, sondern auch geringes Agitiertsein und geringe Ablenkbarkeit.
7. Die Emotion, insbesondere: ob das Erlebnis lustvoll oder schmerzhaft ist.
8. Das Identitätsgefühl, das stark variieren kann. Zusätzlich zum normalen Selbstgefühl können auftreten: das Gefühl, daß die Seele sich vom Körper löst, das Gefühl des Einsseins mit allen Dingen.
9. Außerkörperliche Erfahrungen. Hat die Person das Empfinden, die Dinge von einem Punkt außerhalb des Körpers wahrzunehmen?
10. Der Inhalt der inneren Erlebnisse. Dieser Parameter läßt sich weiter unterteilen:
• Grad der Organisation. Handelt es sich um ein ungeordnetes Panorama von Gedanken und Bildern; oder sind sie zu kohärenten, sinnvollen Abfolgen organisiert?

- Sinnesmodalität. Sind die Erfahrungen überwiegend gehörsmäßig, visuell oder körperlich?
- Intensität der Objekte. Erscheinen sie subtil, schwach und kaum wahrnehmbar (wie bei manchen Meditationen), oder intensiv und überwältigend (wie bei schizophrenen Zuständen)?

Kartierung schamanischer Reise-Bewußtseinszustände

Anhand dieser Hauptparameter allgemeinen Trance-Erlebens können wir nun darangehen, spezifische Trancezustände zu kartieren. Bewußtseinszustände während der schamanischen Reise ordnen sich dabei folgendermaßen ein:

Kontrolle

Eines der definierenden Charakteristika des Schamanen ist es, daß er seine Bewußtseinszustände «kontrollieren», das heißt beeinflussen und lenken kann. Durch einen Willensakt, unterstützt höchstens durch einige äußere Hilfsmittel wie Trommeln und Rituale, vermag der Meisterschamane sich in den Reisezustand hinein- und wieder herauszuversetzen.

Zusätzlich hat er auch einen gewissen Einfluß auf die Art der Bilder und Erfahrungen, die auftreten. Diese Kontrolle ist nicht hundertprozentig, weil den auftauchenden Bildern, Geistern und Welten eine bestimmte Spontaneität eigen ist. Ein Beispiel: Der Schamane will in die Unterwelt reisen, schafft auch willensmäßig den Abstieg, trifft aber dann eine ganz unerwartete, unvertraute und unbekannte Welt an. Wie er auf diese fremden Welten und Geister reagiert, kann er wohl beeinflussen; wie sie auf ihn reagieren, kann völlig außerhalb seiner Kontrolle liegen.

Die wohl nächste, den meisten von uns vertraute Parallele

dazu ist das luzide Träumen. Dies sind Träume, bei denen man weiß, daß man träumt. Auch hier kann man den Zustand und das Erleben zum Teil beeinflussen. Seltsame Welten und Szenen scheinen spontan aufzutauchen, aber wir können unsere Reaktion darauf kontrollieren und, wenn wir wollen, jederzeit aus dem Traum aufwachen[106]. Ähnliche Kontrolle hat der Schamane auf der Reise, und luzide Träume können durchaus die Inspiration für frühe schamanische Reisen abgegeben haben.

Gewahrwerden der Umgebung und Kommunikationsvermögen

Auf der Reise ist die Umgebung aus dem Bewußtsein relativ weitgehend ausgeblendet. Das überrascht nicht, ist doch der Schamane in anderen Welten mit Dramen auf Leben und Tod beschäftigt. Trotz dieser «außerweltlichen» Abenteuer kann der Schamane manchmal sein Bewußtsein zwischen den anderen Welten und der unsrigen genügend «aufteilen», um mit seinen Zuhörern zu kommunizieren. In diesem Fall bekommen die Zuhörer zuweilen eine laufende «Reportage» von den Welten, Geistern und Kämpfen geliefert, denen der Schamane begegnet.

Konzentration

Schamanen sind für ihre starke Konzentration bekannt[41]. Während einer Reise müssen sie langer Konzentration fähig sein und dürfen sich nicht ablenken lassen; allerdings ist ihre Aufmerksamkeit nicht unbeweglich auf ein einziges Objekt fixiert wie etwa beim Yogi. Sie ist fließend und kann je nach Ablauf der Reise willensgesteuert von einem Objekt zum nächsten schweifen.

Energie, Erregung, Ruhe, Emotion

Da sie fremde Welten durchstreifen, mit Geistern ringen und mit Göttern sprechen, wundert es nicht, daß sich Schamanen auf ihren Abenteuerfahrten erregt fühlen. *Ruhe* ist ein Wort, das auf die meisten schamanischen Reisen wohl kaum angewendet werden kann. Die Emotionen auf der Reise variieren je nach Art des Abenteuers und reichen von Angst und Verzweiflung bis zur Verzückung.

Identitätsgefühl, außerkörperliche Erfahrungen

Zu den spezifischen Merkmalen der schamanischen Reise zählt die außerkörperliche Erfahrung. Teilweise aus diesem Grund wird die Reise manchmal als ekstatisch beschrieben. Während der Reise erlebt sich der Schamane als entkörperlichter, nicht mehr ans Leibliche gefesselter Geist, der weite Räume in großer Geschwindigkeit durchstreifen kann. Seine «auf der Erde zurückgebliebenen» Stammesgenossen hingegen erleben sich als einem Körper verhaftet, von ihm gehemmt, mit ihm identifiziert. Allein der Schamane vermag dieser einengenden Identität zu entkommen und sich als freier Geist zu erleben.

Inhalt der Tranceerlebnisse

Die Erlebnisse des Schamanen sind erstaunlich reichhaltig und hochorganisiert. Mehrere Sinne sind daran beteiligt (Hören, Sehen, körperliche Empfindungen). Diese Erfahrungen sind keineswegs identisch mit den wahllosen Mustern, die das chaotische neuronale Feuerwerk beim Schizophrenen erzeugt, oder den unzusammenhängenden Bilderlebnissen des Schizophrenen. Sie sind zusammenhängend und sinnvoll und spiegeln sowohl die schamanische Kosmologie als auch den Zweck wider, zu dem die Reise unternommen wurde.

Im nächsten Kapitel werden wir anhand der gleichen phänomenologischen «Landkarte» den schamanischen Bewußtseinszustand einerseits mit denjenigen des Schizophrenen, andererseits mit denjenigen der Meditation und des Yoga vergleichen.

Tabelle 1: Empirische Kartographie des schamanischen Reise-Bewußtseinszustandes

Parameter	*Schamanischer Reise-Bewußtseinszustand*
Kontrolle – Fähigkeit, nach Belieben in den Zustand einzutreten und herauszugehen	ja: gute Kontrolle
Kontrolle – Fähigkeit, den Inhalt des Erlebens zu steuern	teilweise Kontrolle
Wahrnehmung des Umfeldes	↓ abgeschwächt
Kommunikationsvermögen	manchmal vorhanden
Konzentration	↑ verstärkt; fließende Aufmerksamkeit
Mentale Energie/Erregung	↑ verstärkt
Ruhe	↓ verringert
Emotion	kann entweder lustvoll und positiv (+) oder schmerzhaft und negativ (–) sein
Identität/Selbstgefühl	abgehobenes Selbstgefühl, kann nichtphysische «Seele» oder «Geist» sein
Außerkörperliche Erfahrungen	ja, kontrollierte Ekstase
Inhalt der Erlebnisse	organisierte, kohärente Abfolgen von Bildern, bestimmt von der schamanischen Kosmologie und dem Zweck der Reise

Achtzehntes Kapitel

Bewußtseinszustände im Vergleich: Schamanismus, Schizophrenie, Buddhismus und Yoga

Wird Geist verstanden,
wird alles verstanden.
Aus dem buddhistischen
Ratnamegha-Sutra

Bis heute sind Vergleiche zwischen unterschiedlichen Bewußtseinszuständen – etwa denen des Schamanismus und der Schizophrenie – recht oberflächlich geblieben. Aufgrund nur dürftiger Indizien hat man allzuoft recht vorschnell auf eine Deckungsgleichheit oder auf ein Verschiedensein dieser Zustände geschlossen. Empirisch-phänomenologisches Kartieren erlaubt uns, tiefer zu gehen und die jeweiligen Erfahrungen nach einzelnen Parametern nebeneinanderzuhalten. Damit kommen wir von der eindimensionalen zur multidimensionalen Betrachtungsweise und können mit größerer Trennschärfe zwischen den einzelnen Zuständen differenzieren.

Mit Hilfe dieser Methode und der im letzten Kapitel erarbeiteten Parameter sei nun der schamanische (Reise-) Bewußtseinszustand mit anderen veränderten Bewußtseinszuständen verglichen, und zwar mit solchen bei *Schizophrenie*, bei *buddhistischen Meditationen* und beim *Yoga*, die immer wieder mit dem schamanischen gleichgesetzt worden sind.

Schamanische und schizophrene Bewußtseinszustände

Viele Menschen, die Schamanismus und Schizophrenie oder schamanische und schizophrene Bewußtseinszustände einfach gleichsetzen, gehen offensichtlich davon aus, daß es nur einen einzigen «schamanischen» und einen einzigen «schizophrenen» veränderten Bewußtseinszustand gibt. Dabei haben wir bereits gesehen, daß es höchstwahrscheinlich eine ganze Reihe schamanischer Bewußtseinszustände gibt, und das gleiche gilt mit Sicherheit für Schizophrenie[1]. Um die Dinge zu vereinfachen, werden wir uns hier auf den Zustand konzentrieren, der bei einem akuten schizophrenen Schub (Episode) auftritt. Er gehört zu den schlimmsten Erlebnissen, die einem Menschen zustoßen können: eine extreme psychische Desorganisation, die alles zerreißt, Fühlen, Denken, Wahrnehmung und Identität. Der Kranke kann völlig überrollt werden, hineingestoßen in einen Alptraum des Schreckens und der Verwirrung, heimgesucht von Wahnvorstellungen, des gewohnten Realitäts- und Identitätsgefühls beraubt, verloren in einer autistischen Privatwelt.

Anhand unserer empirischen Parameter läßt sich die akute schizophrene Episode wie folgt kartieren und mit dem schamanischen Brewußtseinszustand vergleichen.

Die Kontrolle geht fast vollständig verloren. Der Kranke kann beim akuten schizophrenen Schub dem Prozeß weder Einhalt gebieten noch das Erleben in irgendeiner Weise steuern. Wenn der Kranke von Halluzinationen beherrscht ist, kann die Umgebung weitgehend ausgeblendet sein, und sein Denken «zerfasert» derart, daß er kaum noch kommunizieren kann. Die Konzentration ist drastisch herabgesetzt, und der Kranke ist meist stark erregt und agitiert. Das Erlebnis wird normalerweise als sehr qualvoll empfunden; die Gefühlsreaktionen sind häufig verzerrt und abnorm.

So zerstörerisch ist der Prozeß, daß die Erlebnisinhalte des Schizophrenen quasi zersplittern und höchst unzusammenhängend werden. Diese Desorganisation erfaßt auch das Identitätsgefühl; der Schizophrene kann das Gefühl haben, aus den Fugen zu gehen, zu sterben und die Fähigkeit zu verlieren, zwischen Ich und Nicht-Ich zu unterscheiden. Dabei kann gelegentlich das Gefühl entstehen, außerhalb des eigenen Körpers zu stehen, doch dieses Gefühl stellt sich nur kurz und unkontrolliert ein. Insgesamt ist die schizophrene Episode ein zusammenhangloser, chaotisch zersplitterter Alptraum.

Damit unterscheidet sie sich stark von der schamanischen Reise. Was der Schamane erlebt, ist kohärent und sinnvoll und steht in stimmigem Zusammenhang mit dem Zweck der Reise. Außerdem hat der Schamane das Erlebnis «im Griff», seine Konzentration ist erhöht, sein Identitätsgefühl klar und geschlossen. Der Schamane hat das Empfinden, den Körper zu verlassen und nach Belieben umherstreifen zu können. Im Gegensatz zur fast immer vorhandenen Angst des Schizophrenen kann der Schamane die Reise staunend und mit Beglükkung erleben.

Zu diesen empirisch-erlebensmäßigen Differenzen treten die Unterschiede in der sozialen Funktionsfähigkeit von Schizophrenen und Schamanen. Schamanen sind oft herausragende Mitglieder ihrer Gemeinschaft, zeigen intellektuell-künstlerische Potenz und hohe Führungsfähigkeiten und leisten wertvolle gesellschaftliche Beiträge. Solche Fähigkeiten und Beiträge sind bei Schizophrenen sehr rar.

Es mag zwar verständlich sein, daß frühere Forscher Schamanen manchmal als Schizophrene bezeichneten, doch es steht fest, daß Schamanismus und Schizophrenie zwei ganz unterschiedliche Phänomene sind.

Vergleiche mit anderen Traditionen

Neuerdings gibt es eine wachsende Tendenz, Schamanen mit Meistern anderer spiritueller Traditionen gleichzusetzen, speziell mit Buddhisten und Yogis, und schamanische Bewußtseinszustände als identisch mit denen dieser Traditionen zu betrachten. Solche Verwandtschaftsbehauptungen muten recht oberflächlich an, schon allein deshalb, weil es «den» Yoga- und «den» buddhistischen Bewußtseinszustand ebensowenig gibt wie «den» schamanischen. Vergleicht man schamanische, buddhistische und Yoga-Bewußtseinszustände genau miteinander, so zeigen sich signifikante Unterschiede.

Wie wir schon gesehen haben, existieren wahrscheinlich mehrere schamanische Bewußtseinszustände, unter anderem Reise-, mediale und Drogen-Zustände. Beim Buddhismus und beim Yoga ist die Situation noch komplexer. Es gibt Dutzende von Meditationspraktiken, und die induzierten Bewußtseinszustände unterscheiden sich teilweise ganz erheblich. Außerdem kann jede Meditationspraxis für sich noch eine Entwicklung durch mehrere abgrenzbare Stadien und Bewußtseinszustände durchlaufen. Ein Buddhistisch-Meditierender beispielsweise kann daher im Zuge seiner Ausbildung Dutzende veränderter Bewußtseinszustände kennenlernen[62].

Ein Vergleich der Bewußtseinszustände im Schamanismus und in anderen Traditionen ist daher kompliziert. Wer Schamanen mit Meistern anderer Traditionen gleichsetzen und behaupten will, sie träten in identische Bewußtseinszustände ein, wird multiple Vergleiche zwischen multiplen Zuständen anhand multipler Parameter vornehmen müssen. Das ist bisher nicht geschehen. Im direkten Vergleich treten nämlich deutliche Unterschiede zutage. Daher nun eine Kurzdarstellung einiger Meditationspraktiken des Yoga und des Buddhismus; anschließend seien einige der höheren Bewußtseinszustände, die dabei auftreten, mit dem schamanischen Reisezustand verglichen.

Der klassische Yoga ist eine Konzentrationspraxis, die den Geist zur Ruhe bringt, bis er sich fest und geradlinig auf ein inneres Erleben fokussieren kann wie etwa das Atmen, eine bildliche Vorstellung oder ein Mantra. Um dies zu erreichen, zieht der Yogi die Aufmerksamkeit von seinem Körper und von der Außenwelt ab und richtet sie nach innen, «wie eine Schildkröte, die ihre Glieder in die Schale zurückzieht». Dadurch geht die Körper- und Außenweltwahrnehmung weitgehend verloren, und der Yogi kann sich nun ohne Ablenkung auf immer subtilere innere Objekte konzentrieren. Em Ende verschwinden alle Objekte, und der Yogi erreicht die Samadhi-Versenkung, die ekstatische mystische Verschmelzung mit dem göttlichen Selbst[46].

Während der klassische Yoga eine Konzentrationspraxis ist, handelt es sich bei der buddhistischen Einsichtsmeditation um eine Praxis, die die Aufmerksamkeit nicht auf einen Punkt bündelt, sondern sie im Gegenteil ausweitet. Der Yoga betont die Ausbildung einer fest auf bestimmte innere Objekte gerichteten Aufmerksamkeit; die Einsichtsmeditation betont dagegen eine gleichmäßig auf alle Objekte – innere wie äußere – gerichtete, fließende Aufmerksamkeit. Hier werden sämtliche Stimuli so genau und eingehend beobachtet, wie es das Bewußtsein zuläßt. Das Ziel besteht darin, alle körperlichen und seelischen Vorgänge so voll wie möglich zu erfassen und zu verstehen und dadurch die Verzerrungen und Mißverständnisse auszuschalten, die normalerweise die Wahrnehmung trüben. «Die Dinge sehen, wie sie sind» ist das Motto dieser Praxis, die zu einem hochsensiblen Sehen führen kann.

Wie stellen sich die beim klassischen Yoga und der buddhistischen Einsichtsmeditation erzielten Bewußtseinszustände im Vergleich mit den schamanischen dar? Im Gegensatz zur Schizophrenie – wo die Kontrolle weitgehend reduziert ist –

wird in allen drei Fällen die Kontrolle gefördert. Die Praktizierenden sind in der Lage, willentlich in die jeweiligen Zustände einzutreten und sie zu verlassen (wobei der Schamanismus gelegentlich auf äußere Hilfen wie Drogen und Trommeln zurückgreift). Schamanen wie Einsichtsmeditierende haben teilweise Kontrolle über ihr Erleben im veränderten Bewußtseinszustand, während Yogis im Samadhi eine fast vollständige Kontrolle über das Denken und andere mentale Prozesse besitzen. Wie es in der zweiten Zeile des klassischen Yoga-Textes heißt: «Yoga ist die Kontrolle der Gedankenwellen im Geist.»[142]

Beim Grad der Umweltwahrnehmung zeigen sich einschneidende Unterschiede zwischen den drei Zuständen. Alte und zeitgenössische Beschreibungen wie auch neue psychologische Tests sprechen dafür, daß sich bei Buddhistisch-Einsichtsmeditierenden die Umweltwahrnehmung außerordentlich verschärfen kann[25, 26]. Im Gegensatz dazu schwächt sich die Umweltwahrnehmung bei der schamanischen Reise etwas ab, bei fortgeschrittenen Yoga-Zuständen schwindet sie noch sehr viel stärker, bis zum Nichtvorhandensein. Eliade definiert Samadhi als «unverletzlichen», gegenüber äußeren Stimuli «völlig abgeschlossenen Zustand»[40].

Diese Unterschiede im Wahrnehmen der Umgebung schlagen sich in Differenzen in der Kommunikation nieder. Schamanen «auf Reise» können mit Zuschauern kommunizieren[140]. Beim Yogi kann dagegen schon der Versuch, ein einziges Wort zu sagen, die höchst intensive, auf einen einzigen Punkt gerichtete Konzentration zerstören.

Das Konzentrationstraining scheint bei authentischen spirituellen Praktiken – wie Schamanismus, Buddhismus und Yoga – weit verbreitet zu sein, aber nach Art und Tiefe der Konzentration zeigen sich gravierende Unterschiede. Beim Schamanismus und bei der buddhistischen Einsichtsmeditation gleitet die Aufmerksamkeit fließend von einem Objekt zum anderen. In deutlichem Gegensatz dazu steht die Yoga-Praxis, wo die Aufmerksamkeit konstant auf ein einziges Objekt gerichtet bleibt.

Signifikante Unterschiede gibt es ferner beim Erregungs- oder Energiegrad. Schamanen sind während der Reise meistens erregt, es kommt vor, daß sie tanzen und in einen hochagitierten Zustand geraten. Bei der buddhistischen Einsichtsmeditation wird der Meditierende dagegen schrittweise immer ruhiger. Beim Yoga-Samadhi schließlich kann die Ruhe so tief werden, daß viele mentale Prozesse vorübergehend zum Stillstand kommen[23].

Hinsichtlich des Identitätsgefühls divergieren die drei Praktiken sehr stark. Der Schamane behält normalerweise das Empfinden, ein separates Individuum zu sein, wenn auch vielleicht in Seelen- oder Geistgestalt statt in körperlicher. Der Buddhistisch-Meditierende entwickelt ein so feindifferenziertes mikroskopisches Gewahrsein, daß er das Selbstgefühl in seine konstitutiven Reize zerlegen kann. So nimmt er nicht mehr ein kompaktes «statisches» Ich- oder Selbstgefühl wahr, sondern einen unablässigen Fluß von Gedanken und Bildern, aus denen das Ich besteht. Dies ist die Erfahrung des «Nicht-Selbst», bei der das Gefühl eines dauerhaften ichhaften Selbst als Illusion erkannt wird. Diese Illusion eines «kontinuierlichen» Selbst oder Ich ist das Produkt einer Bewußtseinstäuschung, die in ähnlicher Weise entsteht, wie ein kontinuierlich ablaufender Film auf der Leinwand aus einer Folge von projizierten Einzelbildern entsteht[61]. Das geschärfte Auge des Meditierenden durchschaut diese Ich-Illusion und befreit so den Meditierenden von egozentrischen Denk- und Handlungsweisen.

Wieder anders ist das Erleben des Yogi. In den höchsten Stadien der Meditation bleibt die Aufmerksamkeit unerschütterlich auf das «reine» Bewußtsein gerichtet. Nichts bleibt im Blickfeld als das Bewußtsein selbst, und als solches erlebt sich der Yogi denn auch – als reines Bewußtsein, unaussprechlich, beseligend, frei von raum-zeitlichen und allen sonstigen Beschränkungen. Dies ist Samadhi, die höchste Stufe des Yoga; diese Erfahrung – die Verschmelzung des Selbst mit dem «großen Selbst» – hat dem Yoga (altindisch: «zusammenbinden») seinen Namen gegeben. Diese selige Vereinigung steht in starkem Kontrast zu den manchmal schönen, manchmal schmerzhaften Erlebnissen des Schamanen wie auch des Buddhistisch-Meditierenden.

In starkem Kontrast steht das Reine-Bewußtsein-Erlebnis des Yogi auch zu den komplexen Bildern, die während seiner Reise auf den Schamanen einstürmen. Eine wiederum andere, dritte Art von Erfahrung macht der Buddhistisch-Meditierende. Er entwickelt ein so feindifferenziertes Gewahrsein, daß alle Erlebnisse schließlich in ihre Bestandteile zerlegt werden und der Meditierende einen nicht abreißenden Strom mikroskopischer Bilder wahrnimmt, die meist mit äußerster Schnelligkeit auftauchen und vorbeiziehen[62].

Eines der spezifischen Charakteristika des Schamanismus ist der Seelenflug, eine Spielart der außerkörperlichen Erfahrung oder Ekstase. Weder der Yogi noch der Buddhistisch-Meditierende erlebt dies. Beim Yogi kann die Konzentration derart intensiv nach innen gerichtet sein, daß er alle Körperbewußtheit verliert und in der inneren Beseligung des Samadhi aufgeht, ein Zustand, der manchmal «Enstase» genannt wird. Eliade, ein äußerst sachkundiger theoretischer Kenner sowohl des Schamanismus als auch des Yoga, zieht einen klaren Trennstrich zwischen den beiden. In seinem klassischen Buch *Yoga: Unsterblichkeit und Freiheit* sagt er unmißverständlich, Yoga könne

> ... auf keinen Fall mit dem Schamanismus verwechselt oder in die Ekstasetechniken eingereiht werden; das Ziel des klassischen Yoga bleibt die vollkommene *Autonomie*, die Enstase, während

> die Definition des Schamanismus in seinem verzweifelten Bemühen um die «Verfassung eines Geistes», um den «ekstatischen Flug» liegt.[40]

Behauptungen, schamanische Bewußtseinszustände seien mit denen der Schizophrenie, des Buddhismus und des Yoga identisch, gründen sich also offenbar auf unpräzise Vergleiche, und sowohl theoretische Überlegungen als auch empirische Befunde sprechen dafür, daß diese Bewußtseinszustände sich deutlich voneinander unterscheiden. Heute sind – ansatzweise – genauere, auf einer ganzen Reihe von Parametern basierende Vergleiche zwischen veränderten Bewußtseinszuständen möglich. Die hier dargebotenen Kartierungen und Vergleiche stellen, wie gesagt, nur einen ersten Schritt dar, lassen aber schon jetzt erkennen, daß schamanische, schizophrene, buddhistische und Yoga-Bewußtseinszustände in mehreren wichtigen Erfahrungsparametern voneinander abweichen und klar unterscheidbar sind.

Tabelle 2: Vergleich des schamanischen Reise-Bewußtseinszustandes mit einer akuten Schizophrenie-Episode

Parameter	*Schamanismus*	*Schizophrenie*
Kontrolle – Fähigkeit, nach Belieben in den Zustand einzutreten und herauszugehen	ja: gute Kontrolle	↓ ↓ äußerst reduzierte Kontrolle: Unfähigkeit, den Prozeß zu stoppen oder das Erleben zu steuern
Kontrolle – Fähigkeit, den Inhalt des Erlebens zu steuern	teilweise Kontrolle	nicht gegeben
Wahrnehmung des Umfeldes	↓ abgeschwächt	↓ Wahrnehmung oft abgeschwächt und verzerrt
Kommunikationsvermögen	manchmal vorhanden	↓ verringert; Kommunikation meist verzerrt
Konzentration	↑ verstärkt	↓ ↓ sehr verringert
Mentale Energie/Erregung	↑ verstärkt	↑ ↑ verstärkt; teilweise extreme Agitation
Ruhe	↓ verringert	↓ verringert
Emotion	+ oder –; positiv oder negativ	– –; meist sehr negativ, selten positiv; oft verzerrt und unangemessen

Parameter	*Schamanismus*	*Schizophrenie*
Identität/Selbstgefühl	abgehobenes Selbstgefühl, kann nichtphysische «Seele» sein	Desintegration, Verschwimmen der Ich-Grenzen; Unfähigkeit, sich selbst von anderen zu unterscheiden
Außerkörperliche Erfahrungen	ja, kontrollierte Ekstase	selten, unkontrolliert
Inhalt der Erlebnisse	organisierte, kohärente Abfolgen von Bildern, bestimmt von der schamanischen Kosmologie und dem Zweck der Reise	oft desorganisiert und bruchstückhaft

Tabelle 3: Vergleich des schamanischen Reise-Bewußtseinszustandes mit fortgeschrittenen Bewußtseinszuständen des Yoga und der buddhistischen Meditation

Parameter	*Schamanismus*	*Buddhistische Einsichts-meditation (Vipassana)*	*Yoga (nach Patanjali)*
Kontrolle – Fähigkeit, nach Belieben in den veränderten Bewußtseinszustand einzutreten und herauszugehen	ja	ja	ja
Kontrolle – Fähigkeit, den Inhalt des Erlebens zu steuern	↑ teilweise	↑ teilweise	↑ extreme Kontrolle bei manchen Samadhis
Wahrnehmung des Umfeldes	↓ abgeschwächt	↑ verstärkt	↓ ↓ stark verringerte Sinnes- und Körperwahrnehmung
Kommunikationsvermögen	manchmal vorhanden	meist vorhanden	nicht vorhanden
Konzentration	↑ verstärkt; fließend	↑ verstärkt; fließend	↑ ↑ sehr verstärkt; fixiert
Mentale Energie/ Erregung	↑ verstärkt	↓ meist verringert	↓ ↓ stark verringert

Parameter	*Schamanismus*	*Buddhistische Einsichts-meditation (Vipassana)*	*Yoga (nach Patanjali)*
Ruhe	↓ verringert	↑ meist verstärkt	↑ ↑ extrem verstärkt; tiefer Frieden
Affekt	+ oder −; positiv oder negativ	+ oder −; positiv oder negativ (bei Übung verstärkte Tendenz zum Positiven)	+ +; hochpositiv; unaussprechliche Seligkeit
Identität/ Selbstgefühl	abgehobenes Selbstgefühl, kann nichtphysische «Seele» sein	Selbstgefühl zerlegt sich in etwas Wandelbar-Fließendes: «Nicht-Selbst»	transzendentes, sich nicht veränderndes Selbst *(purusha)*
Außerkörperliche Erfahrungen	ja, kontrollierte Ekstase	nein	nein; Verlust des Körperbewußtseins («Enstasis»)
Inhalt der Erlebnisse	organisierte, kohärente Abfolgen von Bildern, bestimmt von der schamanischen Kosmologie und dem Zweck der Reise	Zerlegung komplexer Erfahrungen in ihre konstitutiven Reize. Die Reize werden weiter zerlegt zu einem kontinuierlichen Fluß	einzelnes Objekt («Samadhi mit Unterstützung») oder reines Bewußtsein («Samadhi ohne Unterstützung»)

Neunzehntes Kapitel

Kartographie von Bewußtseinsebenen

Bei der Erforschung der höheren Bereiche der menschlichen Natur und ihrer ultimativen Möglichkeiten und Strebungen ... mußte ich immer wieder liebgewordene Axiome zerstören, mußte mich immer wieder mit scheinbaren Paradoxa, Widersprüchen und Unklarheiten auseinandersetzen und mußte etliche Male miterleben, daß mir ehrwürdige und scheinbar unangreifbare Gesetze der Psychologie, an die ich fest glaubte, unter den Händen zerbrachen.

Abraham Maslow

Wir haben gesehen, daß es möglich ist, Bewußtseinszustände anhand verschiedener empirischer Parameter zu kartieren. Diese Art kartographischer Erfassung erlaubt uns eine «Differentialdiagnose» verschiedener, früher für identisch gehaltener Bewußtseinszustände.

Ein wichtiger Parameter blieb freilich bei unserem bisherigen Schema unberücksichtigt: die Entwicklung. Aus der Entwicklungspsychologie des Kindes und des Erwachsenen wissen wir, daß sich bestimmte Stadien und Fähigkeiten später ausbilden als andere und daß dabei eine durchaus feste Reihenfolge gegeben ist. Das abstrakte Denken beispielsweise bildet sich im Leben stets später aus als weniger differenzierte Denkformen.

Ähnliche Entwicklungsstadien und Reihenfolgen könnten nun auch bei der Entwicklung von Bewußtseinszuständen gegeben sein. In mehreren Traditionen werden feste Abfolgen von Zuständen beschrieben (die Samadhis im Yoga, die Stadien der Einsichtsmeditation im Buddhismus). Diese und andere Traditionen behaupten, daß ihre Praktiken eine Konstellation von Bewußtseinszuständen induzieren, die in einer festen Reihenfolge nacheinander erscheinen, wobei die späteren Stadien jeweils als profunder, höher entwickelt und wertvoller angesehen werden als die früheren.

Wie lassen sich die Bewußtseinszustände kartieren, die in verschiedenen Stadien der Entwicklung auftreten? Generell können wir dazu drei Kriterien heranziehen[204]: die Reihenfolge des Auftretens (höher entwickelte Bewußtseinszustände treten generell später in Erscheinung als niedriger entwikkelte), weiter den Zugang zu anderen Zuständen (ein Bewußtseinszustand kann als «entwickelter» als andere gelten, wenn derjenige, der in ihn eintritt, auch in die anderen Zustände eintreten kann, jedoch nicht umgekehrt); schließlich können bei höherentwickelten Bewußtseinszuständen zusätzliche Fähigkeiten gegeben sein, die bei vorangehenden Bewußtseinszuständen nicht vorhanden waren.

Damit können wir Bewußtseinszustände nun nicht nur nach ihrem empirisch-phänomenologischen «So-Sein», sondern auch nach ihrer Entwicklungsstufe einordnen und vergleichen. Bildlich gesprochen, gewinnen wir zur bisher benutzten horizontalen Koordinatenachse eine vertikale hinzu (wie wir das Campbell'sche Schema der Reise des Helden um eine vertikale Dimension erweitert haben).

Daß wir Bewußtseinszustände, die in *einer* bestimmten Tradition oder Praxis auftreten, entlang einer vertikalen (Entwicklungs-) Achse ordnen können, scheint klar. Weniger klar ist, ob das auch bei Bewußtseinszuständen möglich ist, die in unterschiedlichen Traditionen oder Praktiken auftreten. Unterschiedliche Praktiken induzieren ja sehr verschiedenartige Erfahrungen.

Dennoch lassen sich gewisse gemeinsame Nenner finden. Augenfällige Beispiele: Wenn der christliche Kontemplative

Engel und der reisende Schamane Geister sieht, sehen beide spirituelle Gestalten. Wenn der Buddhistisch-Meditierende das Nirvana und der Hinduistisch-Meditierende das *nirvikalpa-samadhi* erreicht hat, so haben sie beide einen Zustand erreicht, in dem keine Gedanken, Bilder und Empfindungen mehr ins Bewußtsein dringen; nur noch reines Bewußtsein ist vorhanden, sonst nichts. Klar ist auch, daß es zwischen dem ersten und dem zweiten Erfahrungspaar radikale Unterschiede gibt. Mithin zeichnet sich ab, daß wir Erfahrungen aus unterschiedlichen Praktiken und Traditionen zu Gruppen zusammenfassen können.

Tiefenstrukturen transpersonaler Bewußtseinszustände

Ken Wilber hat die Theorie aufgestellt, daß wir Bewußtseinszustände und Stadien der transpersonalen Entwicklung *nach den zugrundeliegenden Tiefenstrukturen der Erfahrung* zu Gruppen ordnen können[204]. Die Tiefenstruktur einer Familie von Erfahrungen ist ein formales Grundgefüge, das ihnen gemeinsam unterliegt und sie prägt. Eine Analogie dazu sind Menschengesichter. Sie unterscheiden sich in so vielfältiger Weise, daß wir fast jeden Menschen auf Erden von fast jedem anderen unterscheiden können, und dennoch haben diese fast unendlichen Aussehensunterschiede eine – in Wilberscher Terminologie – verbindende Tiefenstruktur gemeinsam, bestehend aus zwei Augen, einer Nase, einem Mund und zwei Ohren. Diese Tiefenstruktur vermag buchstäblich Milliarden unterschiedlicher «Antlitze» hervorzubringen.

Ausgehend von einer umfassenden Zusammenschau der spirituellen Traditionen und Erfahrungen der Welt kommt Wilber zu dem Schluß, daß dem breiten Spektrum dieser Erfahrungen eine endliche Zahl erkennbarer Tiefenstrukturen unterliegt. Hinter dem buddhistischen Nirvana, dem hinduistischen *nirvikalpa-samadhi* und dem «Abgrund» der christlichen Gnostiker steht laut Wilber ein und dieselbe Tiefenstruktur – ein Zustand formlosen, objektlosen Bewußt-Seins.

Wilbers Theorie eröffnet die faszinierende Möglichkeit, Sinn in die üppig-verwirrende Vielfalt von Erfahrungen zu bringen, die sich in den spirituellen Traditionen der Welt finden. Hinter unterschiedlichen Erfahrungen, Namen und Deutungen können sich gemeinsame Charakteristiken – Gruppengemeinsamkeiten – verbergen. Sollte sich diese These durch weitere Forschungen bestätigen, ist unser Verständnis transpersonaler Bewußtseinszustände einen großen Schritt vorangekommen.

Schon dies allein wäre ein wichtiger Beitrag, doch Wilber geht noch einen Schritt weiter. Er postuliert, daß die Tiefenstrukturen bei jeder spirituellen Praxis in einer festen Reihenfolge in Erscheinung treten und daß diese Reihenfolge überall in den verschiedenen Traditionen und Praktiken die gleiche ist; zudem meint er, daß eine kulturübergreifende, vielleicht universelle Abfolge in der Entwicklung oder dem In-Erscheinung-Treten transpersonaler Bewußtseinszustände gegeben ist. Mit anderen Worten: Unabhängig von der verwendeten Praxis ist zu erwarten, daß bestimmte Tiefenstrukturen und die damit korrespondierenden Erfahrungen vor anderen auftreten[200, 204].

Es ist zu bedenken, daß es sich bei dieser Idee, so faszinierend sie ist, zunächst nur um eine Theorie handelt, die erst noch durch weitere Forschungen untermauert werden muß, ehe sie voll akzeptiert werden kann. Zweifellos wird man sie noch verfeinern und ausbauen, und Wilber selbst ist der erste, der dies zugibt. Die folgende Kartierung ist daher nur als vorläufig zu betrachten.

Wilber teilt die transpersonalen Bewußtseinszustände in drei Hauptgruppen ein. Diese nennt er, in der Reihenfolge ihres Auftretens, subtil, kausal und absolut.

Subtile («feinstoffliche») Erfahrungen

Unter subtilen Erfahrungen versteht man jene feinen Bilder und Empfindungen, die auftauchen (können), wenn die lauteren, rauheren geistigen Inhalte zum Schweigen gebracht worden sind. Die Erfahrungen, die sich einstellen, können formlos, aber auch gestalthaft sein. Formlose Erfahrungen können sein: reines Licht, reiner Klang. gestalthafte Erfahrungen können sein: alle möglichen Bilder, bis hin zu weiten, welthaltigen Panoramen von außerordentlicher Vielfalt und Komplexität. Archetypische Gestalten, die transpersonale und spirituelle Qualitäten versinnbildlichen, können aufsteigen, etwa Bilder von Weisen, Engeln oder Buddhas. Solche Erfahrungen sind stets zugänglich, beispielsweise im *shabd* des Yoga, in den *jhanas* des Buddhismus, im *savikalpa-samadhi* des Hinduismus.

Kausale Erfahrungen

Die auf die subtile folgende Stufe ist die kausale. Hierbei liegen keine Objekte oder Dinge mehr im Bewußtseinsfeld. Nur das Bewußtsein selbst bleibt, aber nicht mehr als Bewußtsein «von etwas», sondern als reines Bewußtsein, Bewußtsein an sich. Dies ist der unmanifeste Raum, die Leere, worin keinerlei Phänomene mehr erscheinen. Er realisiert sich in Bewußtseinszuständen wie dem Nirvana des Buddhismus und dem *nirvikalpa-samadhi* des Hinduismus.

Absolute Erfahrungen

So profund diese kausale Ebene ist und so selten sie erreicht wird, ist sie doch noch nicht die letzte. Einigen Traditionen gemäß liegt jenseits der kausalen noch eine weitere Stufe – Wilber nennt sie die absolute. Streng genommen ist dies weniger eine Stufe als vielmehr die Vorbedingung, der Urboden aller anderen Stufen und Phänomene. Hier erscheinen wieder Phänomene, die aber jetzt sofort als Schöpfungen und Modifikationen des Bewußtseins oder Geistes erkannt werden. Es wird erkannt, daß Bewußtsein oder Geist alle Ebenen und Welten und Wesen des Universums durchdringt, sich in ihnen manifestiert und mit ihnen identisch ist – eine Erkenntnis, die im Zen «Ein Geist», im Hinduismus *turiya* und *sahadj-samadhi* heißt. Bewußtsein oder Geist hat seine wahre Natur wiederentdeckt, hat zu sich selbst zurückgefunden, erkennt sein Selbst in allen Dingen. Dies, so sagen mehrere Traditionen, ist die «ultimative» Erkenntnis[204].

Daß diese Erfahrungen deskriptiv nur schwer verständlich zu machen sind, wird den Leser kaum überraschen. Sie und die Bewußtseinszustände, in denen sie auftreten, unterscheiden sich von unseren üblichen Wachzuständen so grundlegend, daß es nahezu keine Vergleichs- und Verständnisgrundlage gibt. Spirituelle Meister betonen wiederholt, es sei fast unmöglich, diese Bewußtseinszustände voll zu begreifen, ohne sie selbst erfahren zu haben. Buddha selbst hat seinen Mönchen verboten, über höhere meditative Erfahrungen zu Laien zu sprechen, weil er glaubte, die Erfahrungen würden nahezu zwangsläufig mißverstanden werden. Mögen die oberen Sphären der spirituellen Meisterschaft vielen Erdverwurzelten begrifflich auch teilweise nicht mehr zugänglich sein – wir können ihre Inhalte doch soweit erahnen, daß uns die Unterschiede zwischen subtilen, kausalen und absoluten Zuständen ansatzweise deutlich werden.

Kartierung schamanischer Bewußtseinszustände

Wie sind schamanische Bewußtseinszustände in diesem Klassifikationsschema einzuordnen? Der für den Schamanismus wichtigste und charakteristischste Bewußtseinszustand ist derjenige, in dem die schamanische Reise geschieht. Aus den vielen uns vorliegenden Beschreibungen wissen wir, daß die Reise zumeist nachts unternommen wird, weil die Bilder schwach sein können, daß komplexe Welten, Lichter, Töne und Bildvorstellungen auftreten und daß Begegnungen mit archetypischen Gestalten häufig sind. Dies alles paßt sehr gut zur Ebene der «subtilen Erfahrungen», und Wilber vermutet, daß die Schamanen die ersten waren, die sich systematisch zu dieser Ebene Zugang verschafft haben[201].

Skeptiker könnten einwenden, es handle sich hier schlichtweg um Phantasien oder gar Halluzinationen und es gebe keinen Grund, dafür transpersonale oder spirituelle Ebenen zu bemühen. Solche Kritik ist verständlich und hebt die Unzulänglichkeit der bisherigen Kartierungsmethoden für Bewußtseinszustände hervor. Viele Fragen bleiben unbeantwortet. Zum Beispiel: Woraus setzen sich subtile Erfahrungen inhaltlich zusammen? Wodurch (wenn überhaupt) lassen sie sich von ordinären Phantasieprodukten unterscheiden – durch ihre Intensität, durch Art, Sinn und religiöse Bedeutung der vorgefundenen Objekte?

Bislang können diese Fragen noch nicht definitiv beantwortet werden. Meine eigene – noch sehr vorläufige – Mutmaßung lautet, daß normale Phantasievorstellungen und Subtile-Ebene-Erfahrungen Teile eines Kontinuums darstellen. Beide sind mentale Schöpfungen, unterscheiden sich jedoch in mancher Hinsicht. Subtile-Ebene-Erfahrungen werden in veränderten Bewußtseinszuständen gemacht, die durch vermehrte Sensibilität für inneres Erleben gekennzeichnet sind. Die Objekte der Aufmerksamkeit sind wirklich «subtil» und können daher nur in entsprechend empfänglichen Bewußtseinszuständen in einem geeigneten äußeren Rahmen wahrgenommen werden, während normale Phantasievorstellungen verhältnismäßig intensiv und viel leichter wahrnehmbar sind. Bandbreite und Größenordnung subtiler Erfahrungen können diejenige normaler Phantasien weit übersteigen. Welten – ja ganze Universen – können sich auftun, in denen die Erde nur noch ein Staubkörnchen ist. In subtilen Bewußtseinszuständen scheint auch die Wahrscheinlichkeit höher zu sein, daß man spirituell bedeutsamen Bildern und Themen und archetypischen Figuren (Weisen, Geistern, Engeln) begegnet. Im Gegensatz dazu haben unsere normalen Wachphantasien meistens Alltäglicheres zum Gegenstand.

Keine dieser Charakteristiken würde für sich genommen ausreichen, um normale Phantasien von Subtile-Ebene-Erfahrungen trennscharf abzugrenzen. Insgesamt jedoch ergeben sich – zumindest subjektiv für den Betroffenen – Unterschiede, die vom Ausmaß, der Subtilität und der Bedeutung her gewaltig sein können.

Der Schamane war der vielleicht erste Meister dieses subtilen Bereichs. Seine Spezialität war die «Seelenreise», bei der er sich von den Fesseln des Körperlichen entbunden fühlte. Als freie Seele reiste er durch die subtilen Reiche, meisterte und besänftigte ihre Bewohner und brachte Informationen und Macht zu seinen auf der Erde verbliebenen Landsleuten zurück.

Unio mystica

Die obige Darstellung der «Erfahrungen auf subtiler Ebene» ist vereinfacht; es gibt auf dieser Ebene noch weitere Möglichkeiten. Der Schamane – der sich normalerweise als freie Seele, als von anderen Welten und Wesen getrennt erlebt – vereinigt sich beispielsweise manchmal mit anderen Geistern. In anderen religiösen Traditionen kann das Gefühl, ein abgegrenztes Individuum zu sein, aufgehen im Gefühl einer Verschmelzung nicht nur mit anderen Wesen oder Geistern, sondern mit dem gesamten Universum und mit Gott. In den Höhenregionen der subtilen Ebene kommt es also zu Formen der *unio mystica*, der von den Mystikern der Welt so vielgerühmten und inbrünstig gesuchten großen mystischen Verschmelzung.

Kommt diese Verschmelzung auch bei Schamanen vor? Ich habe in der Literatur keinen Hinweis darauf gefunden, andere offensichtlich ebensowenig. Ein Sachverständiger meint kategorisch: «Die mystische Vereinigung mit der Gottheit, die für die ekstatischen Erfahrungen in den ‹höheren› Formen der religiösen Mystik so typisch ist, findet sich nie.»[87] Er schließt daher, der Schamanismus könne nur zur Mystik gerechnet werden, wenn unter Mystik «nicht nur die *unio mystica*» verstanden werde[86].

Drei Argumente sprechen dagegen, daß diese Schlußfolgerung richtig ist: Zum einen ist der Schamanismus eine mündliche Tradition, zudem können starke Psychedelika zum Einsatz kommen und schließlich berichten manche Praktizierende aus dem Westen von *unio-mystica*-ähnlichen Erfahrungen.

Weil der Schamanismus eine mündliche Tradition ist, können mystische Verschmelzungserfahrungen gelegentlich eingetreten sein, ohne daß spätere Generationen – und die Anthropologen – davon erfuhren. Ohne Schriftkultur hat es wahrscheinlich keine Möglichkeit gegeben, solche seltenen Augenblicke der Hochblüte einer Tradition angemessen zu «tradieren».

Obschon nicht im Mittelpunkt des Schamanismus stehend, spielen Psychedelika doch in einigen Gebieten eine bedeutende Rolle. Peyote und Ayahuasca zum Beispiel, hochwirksame Substanzen, können Erfahrungen hervorrufen, die von manchen Fachleuten für echte mystische Erlebnisse gehalten werden.

Schließlich berichten auch in schamanischen Praktiken ausgebildete westliche Menschen zuweilen von unitiven Erfahrungen. Ich selbst habe zwei Schilderungen dieser Art gehört. Es schien sich weniger um Vereinigungen mit einer Gottheit, sondern vielmehr mit dem Kosmos zu handeln. Hierin wird deutlich, daß es realiter mehrere Arten der *unio mystica* gibt; die Vereinigung mit dem Kosmos ist ein Beispiel für sogenannte Naturmystik, im Gegensatz zur theistischen Mystik (Vereinigung mit Gott). Obschon die unitive Erfahrung sicherlich nicht Ziel der auf Seelenflug ausgerichteten schamanischen Reise ist, könnte sie doch vorkommen. Im Lichte dieser und anderer oben betrachteter Indizien scheint es, daß der Schamanismus zumindest als *potentiell* mystische Tradition betrachtet werden darf.

Höhere Bewußtseinszustände

Schamanen sind also gelegentlich wohl übers Ziel ihrer eigenen Tradition «hinausgeschossen». Dies wirft die Frage auf, ob Schamanen manchmal überhaupt die subtile Ebene verlassen haben und bis zur kausalen oder gar absoluten aufgestiegen sind. Hier bewegen wir uns auf sehr unsicherem Boden, und definitive Aussagen sind nicht gut möglich. Doch drei Argumente lassen es zumindest denkbar erscheinen, daß Schamanen gelegentlich höhere Ebenen erreicht haben. Einmal finden sich in jeder Tradition Praktizierende, die den Sprung in Bewußtseinsregionen schaffen, auf die die eigene Tradition nicht abzielt[201]. Ferner scheinen Psychedelika gelegentlich kausale und absolute Erfahrungen hervorrufen zu können[65, 190].

Das dritte Indiz stammt vom ungewöhnlichen Rorschach-Test eines Schamanen vom Stamm der Apachen. Seine Testergebnisse wiesen frappierende Ähnlichkeit mit denen eines fortgeschrittenen buddhistischen Meditationsmeisters auf[24]. Da der buddhistische Meister die kausale Erfahrungsebene erreicht hatte, lassen die Rorschach-Ähnlichkeiten möglicherweise den Schluß zu, daß der Apache-Schamane diese

Ebene gleichfalls erreicht hatte. Andererseits könnte es auch einfach sein, daß spirituelle Meisterschaft in sämtlichen Traditionen ähnliche Persönlichkeitsveränderungen, und damit ähnliche Rorschach-Resultate, bewirkt.

Zusammengefaßt läßt sich aus diesen Anhaltspunkten ableiten: Im allgemeinen zielt die schamanische Praxis auf den Seelenflug im subtilen Bereich ab, doch einige Vertreter der Praxis können auch bis auf die kausale und absolute Ebene vorgestoßen sein. Doch gleichgültig, wie viele oder wie wenige diesen Vorstoß geschafft haben: Es scheint, daß Schamanen die ersten transpersonalen Helden der Menschheit gewesen sind – die ersten, die systematisch ihre Identifikation mit dem Körper und der Welt durchbrochen haben, die ersten, die systematisch in transpersonale Domänen eingedrungen sind.

Zwanzigstes Kapitel

Die Evolution des Bewußtseins

In der Geschichte des Kollektivs wie der des Individuums hängt alles von der Entwicklung des Bewußtseins ab.

C. G. Jung

Wenn es zutrifft, daß Schamanen die ersten Menschen waren, die sich systematisch Zugang zu transpersonalen Bewußtseinszuständen und Erfahrungen verschafft haben, dann könnten sie damit einen «großen Sprung für die Menschheit» vollzogen haben, einen Sprung in der Evolution des Bewußtseins. Denn wenn die Fähigkeit, Bewußtseinszustände der subtilen Ebene zu erreichen, latent in uns allen schlummert, dann wäre nach einer Vorreiterrolle der Schamanen in der Evolution zu fragen. Die Antwort hängt davon ab, in welcher Richtung man die Evolution verlaufen sieht. Ehe wir daher über den Platz des Schamanen in der Entwicklungsgeschichte etwas sagen können, müssen wir uns die verschiedenen Theorien der Evolution des Bewußtseins vor Augen führen.

Theorien der Evolution des Bewußtseins

Drei Hauptformen dieser Theorien sind zu nennen. Die erste sieht die Entwicklung generell abwärts gehen, sieht eine Devolution, keine Evolution des Bewußtseins. Die zweite vertritt eine statische Sicht, nach der sich das Bewußtsein, jedenfalls das religiöse, seit prähistorischer Zeit nicht nennenswert weiterentwickelt hat. Die dritte schließlich postuliert eine deutliche Höherentwicklung des menschlichen Bewußtseins seit der Frühzeit.

Theoriegruppe 1: Degeneration

Die Idee, daß die *conditio humana* und das menschliche Bewußtsein in einem allgemeinen Niedergang begriffen seien, findet sich in der Weltmythologie am häufigsten. Überall schimmert die Urvorstellung eines «goldenen Zeitalters» durch, mit anschließendem In-Ungnade-Fallen des Menschen. Im Christentum ist es der Garten Eden und die Vertreibung des Menschen daraus; in China ist es das Zeitalter der Tugend mit nachfolgendem Niedergang. Im Hinduismus ist es der Fall aus dem *satya-yuga*, dem goldenen Zeitalter der Weisheit und Tugend, ins *kali-yuga*, eine Ära der Verderbtheit und Unwissenheit. Unter zeitgenössischen Gelehrten gelten diese Gedanken meist als rein mythologisch, obschon einige wenige angesehene Denker die allgemeine Idee eines Niedergangs zumindest als Möglichkeit in Betracht gezogen haben[175].

Theoriegruppe 2: Die statische Sicht

Die zweite Theoriegruppe geht davon aus, daß das menschliche Bewußtsein, jedenfalls das religiöse, sich nicht nennenswert verändert hat, weder zum Guten noch zum Schlechten. Aus dieser Perspektive sind die spirituell Praktizierenden der Urzeit allen späteren ebenbürtig, prähistorische Realisationen waren ebenso tief wie die heutigen und frühe Schamanen erschlossen sich die gleichen Erfahrungen, Bewußtseinszustände und Regionen wie neuzeitliche Mystiker. Diese Sicht vertreten – zumindest implizit – so namhafte Gelehrte wie Mircea Eliade, Joseph Campbell und C. G. Jung. Eliade zum Beispiel sagt, er habe des öfteren bei der schamanischen Erfahrung eine Art «Sehnsucht nach dem Paradies» bemerkt, die an die ältesten Formen christlich-mystischer Erfahrungen erinnere, und das «innere Licht», das in der indischen Mystik und Metaphysik wie auch in der christlichen mystischen Theologie eine so herausragende Rolle spiele, sei bereits im Schamanismus der Eskimos belegt[41].

Nachdrücklicher wird diese Sicht von einigen neueren Darstellern des Schamanismus verfochten. Sie stellen schamanische Erfahrungen, Bewußtseinsebenen und Einsichten auf dieselbe oder sogar auf eine höhere Stufe als diejenigen von Mystikern späterer Traditionen. Darin spiegelt sich die derzeit populäre, aber fragwürdige Ansicht, alle spirituellen Praktiken führten zum selben Endpunkt, es seien nur unterschiedliche Wege, die auf denselben Berg führten.

Belesene Verteter dieser Idee arbeiten manchmal mit der Begrifflichkeit der Bewußtseinszustände, um eine Deckungsgleichheit zwischen schamanischen und anderen Zuständen zu behaupten. Es wird unterstellt, daß Schamanen, Yogis und Buddhisten ein und denselben Bewußtseinszustand erreichten und daß der Schamane «zum existentiellen Einssein» gelange – «dem *samadhi* der Hindus, dem, das bei westlichen Spiritualisten und Mystikern Erleuchtung, *unio mystica* heißt»[99].

Wir haben aber auch gesehen, daß bei genaueren Vergleichen zwischen Bewußtseinszuständen der Schamanen, Yogis und Buddhisten ziemlich deutliche Unterschiede zutage treten. Natürlich beweisen diese phänomenologischen Unterschiede nicht unbedingt, daß die Bewußtseinszustände auf unterschiedlichen Entwicklungsebenen angesiedelt sind. Um diese Zustände nach Entwicklungsebenen einstufen zu können, brauchen wir einen Entwicklungsmaßstab, anhand dessen sich die Ebene bestimmen läßt; solche Maßstäbe finden sich jedoch bei Autoren, die eine Deckungsgleichheit dieser Zustände behaupten, nirgends. Wir müssen sie anderweitig suchen; fündig werden wir im Werk derjenigen, die die dritte Theoriegruppe vertreten, derzufolge das Bewußtsein eine Aufwärtsentwicklung erfahren hat und noch erfährt.

Theoriegruppe 3: Evolution

Während des größten Teils der Weltgeschichte ist die Zeit nicht als etwas gleichmäßig Fortschreitendes, sondern als ein zyklisches Wallen von Tag und Nacht, Winter und Sommer, Geburt und Tod aufgefaßt worden. Die Idee, daß die Zeit «ein Ziel» hat, daß ein gerichteter evolutionärer Prozeß abläuft, ist verhältnismäßig jungen Datums, nimmt aber heute im abendländischen Denken eine beherrschende Stellung ein. Folglich überrascht es nicht, daß auch das Bewußtsein selbst als evolvierend gesehen wird. Diese Grundthese finden wir bei Koryphäen wie Teilhard de Chardin, Jean Gebser, Ken Wilber und dem intellektuellen und spirituellen Genius Sri Aurobindo aus Indien. Da Wilber die Ideen dieser früheren Denker zu einer Synthese verbindet, genügt es, wenn wir uns auf seine Arbeit konzentrieren, die als repräsentativ für diese Theoriegruppe betrachtet werden kann. Außerdem liefert uns Wilber – wie bereits ausgeführt – ein nützliches Schema, anhand dessen wir transpersonale Bewußtseinszustände entlang eines Entwicklungs-Kontinuums einordnen können.

Wilber stellt die These auf, daß die subtilen, kausalen und absoluten Bewußtseinsebenen nicht nur bei den heutigen Kontemplativen (also bei einzelnen Menschen) in dieser Reihenfolge auftauchen, sondern daß sie in dieser Reihenfolge auch in der Menschheitsgeschichte aufgetaucht sind. Daraus leitet er ab, die subtilen seien die ersten transpersonalen Bewußtseinszustände gewesen, die die Menschheit erreicht habe. Jahrtausende später habe sie die kausale Ebene erklommen, wieder Jahrhunderte später schließlich die absolute entdeckt.

Subtile Bewußtseinszustände, so Wilber, öffneten sich erstmals im Dunkel der Urgeschichte, und zwar den Schamanen. Kausale sollen erstmals vor 2000 bis 2500 Jahren bei großen Weisen wie den Verfassern der Upanishaden, bei Buddha, den frühen Taoisten und Jesus aufgetreten sein. Die absoluten sieht er um das sechste Jahrhundert nach Christus auftauchen. Er verbindet sie mit Weisen wie Bodhidharma in China und Padmasambhava in Tibet.

Wo stehen die Schamanen in dieser aufsteigenden Linie der Bewußtseinsevolution? Wilber setzt sie an den Anfang dieses weitgespannten Prozesses und betrachtet sie als die ersten spirituellen Helden, als die ersten Menschen, die eine systematische Technologie der Transzendenz entwickelt und systematisch subtile Zustände erschlossen haben. Mögen sie auch gelegentlich in den kausalen Bereich durchgebrochen sein, lag doch ihr Schwerpunkt bei bestimmten *subtilen* Zuständen und Erfahrungen. Ihre Mythologie und Technologie war vorwiegend darauf ausgerichtet, Menschen zu helfen, diese Zustände zu erreichen.

Jahrtausendelang bildeten Schamanen das einzige organisierte Bindeglied des Menschen zur Transzendenz. Erst Hunderte, Tausende oder gar Zehntausende von Jahren nach den ersten Schamanen wurden Technologien entwickelt, die systematischen Zugang auch zum Reich des Kausalen und des Absoluten boten.

Technologien der Transzendenz

Die Technologien spiritueller Traditionen, die zu kausaler und absoluter Erkenntnis führen, scheinen vier gemeinsame Elemente zu umfassen: ein rigoroses ethisches System, eine Reform des Gefühlslebens, ein Aufmerksamkeits- und Konzentrationstraining und die Kultivierung von Weisheit. Die einzelnen Elemente sind in den unterschiedlichen Traditionen verschieden gewichtet, scheinen aber in authentischen kausalen und absoluten Traditionen doch jeweils immer sämtlich vorhanden zu sein.

Ethische Disziplin gilt weithin als wesentliche Vorbedingung jeder signifikanten Erkenntnis. Gemeint ist keine auf Angst und Schuld aufbauende Zwangsmoral («wenn du dies und das nicht tust, wirft Gott dich in die Hölle»), sondern eine geistig-spirituelle Selbstzucht, die auf der Einsicht fußt, daß unethisches Verhalten aus destruktiven Geisteszuständen (Habgier, Haß, Richtgeist, Eifersucht) erwächst und diese weiter verstärkt. Ethisches Verhalten andererseits schwächt diese zerstörerischen Einflüsse und verstärkt gesündere, hilfreichere, die Transzendenz begünstigende Zustände (Großherzigkeit, Gemütsruhe, Liebe, Mitgefühl). Interessanterweise scheint ethisches Verhalten nicht nur spirituellen, sondern auch psychologischen Gewinn abzuwerfen – eine Tatsache, die in klassischer Zeit wohlbekannt war und erst heute von zeitgenössischen Therapeuten wiederentdeckt wird[5].

Die *Reform des Gefühlslebens* gehört zum ethischen Training und unterstützt es. Durchgehend betonen die großen spirituellen Traditionen, wie eminent wichtig es ist, daß man daran arbeitet, (zer)störende Emotionen wie Angst und Ärger zurückzudrängen und individuell und sozial förderlichere Zustände wie Liebe, Freude und Mitgefühl zu pflegen.

In dem Maße, in dem destruktive Emotionen abgebaut werden, schwindet auch ihr schädlicher Einfluß auf die Psyche. Fühlt sich die Seele nicht mehr hin- und hergezerrt von Habgier und Angst, wird es leichter, sich zu konzentrieren und die Aufmerksamkeit auf jeden beliebigen Gegenstand gerichtet zu halten. Dies fördert die weitere Entwicklung, denn man kann den Geist nun bewußt auf erwünschte Zustände hinlenken und diese somit kultivieren.

In diesen Traditionen wird betont, daß *Aufmerksamkeit* trainiert werden kann und muß. Westliche Psychologen halten es dagegen mehr mit William James' Diktum, daß «willensmäßige Aufmerksamkeit nicht kontinuierlich aufrechterhalten werden kann»[93]. Hier herrscht ein scharfer Gegensatz zwischen der Auffassung der westlichen «Mainstream»-Psychologie (Aufmerksamkeit kann nicht trainiert werden) und den spirituellen Traditionen (Aufmerksamkeit kann trainiert werden). Es ist daher verständlich, daß kein Thema «in allen herkömmlichen Lehren eine bedeutendere Mittelpunktstellung» einnimmt und daß «keines im Denken der modernen Welt stärker vernachlässigt, mehr mißverstanden und verzerrt» wird[159].

Einerseits sah James, daß unsere untrainierte Aufmerksamkeit Grenzen hat, andererseits aber auch, daß es wichtig ist, sie zu trainieren:

> Die Fähigkeit, eine abschweifende Aufmerksamkeit immer wieder zurückzulenken, bildet den Urgrund allen Urteilsvermögens, Charakters und Willens. Niemand ist *compus sui*, wenn er das nicht hat. Eine Erziehung, die diese Fähigkeit fördert, wäre Erziehung par excellence.[94]

Meditative Traditionen wie der klassische Yoga und der Buddhismus nehmen für sich in Anspruch, diese Erziehung in reinster Form zu bieten.

Der letzte Punkt des vierteiligen Trainingsprogramms ist die *Kultivierung von Weisheit*. Dabei handelt es sich nicht um Wissen im landläufigen Sinn, auch nicht um Weltweisheit, sondern um transzendentale Erkenntnis – im Westen «Gnosis», im Osten «Jnana» genannt –, die hauptsächlich auf direkter Erfahrung und intuitiver Einsicht in den eigenen Geist und die eigene Natur beruht.

Die einzelnen Traditionen setzen hier unterschiedliche Schwerpunkte, aber insgesamt sind offenbar in jedem authentischen Weg stets alle vier Komponenten vertreten. Das ethische Training wird überall stark beachtet. Die Schulung der Aufmerksamkeit bis zur unerschütterlichen Stabilität ist die Spezialität des klassischen Yoga. Die Reform des Gefühlslebens und das Anerziehen von Liebe bildet den Schwerpunkt beim Bhakti-Yoga und im Christentum, während der tibetische Buddhismus das Mitgefühl betont. Das Erlangen von Weisheit steht beim Jnana-Yoga und bei einigen Schulen des Buddhismus im Mittelpunkt.

Die Vorläufer dieser Ethik-, Gefühls-, Aufmerksamkeits- und Weisheitsschulung sind im Schamanismus zu finden. In seinen besten Ausprägungen gründet sich der Schamanismus auf eine Ethik der Nächstenliebe und des Dienens. Auch eine gewisse Reform des Gefühlslebens, namentlich die Angstreduzierung, gehört wesentlich zur schamanischen Ausbildung. Australische Aborigines-Schamanen beispielsweise warnte man vor den schaurigen Visionen, denen sie bei der Schulung begegnen würden, und man schärfte ihnen ein, daß sie der Angst nicht nachgeben dürften. «Du siehst dein Lager brennen und blutige Wasser steigen, du erlebst Donner, Blitz und Regen, der Boden schwankt, die Hügel wanken, die Wasser schäumen und die Bäume biegen sich. Sei ohne Angst... Wenn du diese Dinge ohne Angst hörst und siehst, hast du vor nichts mehr Angst.»[42]

Schamanen werden oft als überdurchschnittlich konzentrationsfähig beschrieben[41]. Obwohl sie nicht auf eine so außerordentlich scharfe Aufmerksamkeitsbündelung hinarbeiten wie die späteren Yogis, ist doch klar, daß intensives Aufmerksamkeitstraining manchmal zur schamanischen Ausbildung gehört hat. Wir erinnern uns, daß der Eskimoschamane Igjugarjuk dreißig Tage in einer winzigen Schneehütte hocken mußte. Er bekam nur minimale Mengen Proviant und «wurde ermahnt, nur an den Großen Geist und an den Hilfsgeist zu denken, der demnächst erscheinen werde – dann wurde er sich selbst und seinen Meditationen überlassen»[146].

Es scheint also, daß die Technologie der Transzendenz eine bedeutende Aufwärtsentwicklung durchlaufen hat, seit irgendein «Urmensch» darauf kam, daß man einem straff gespannten Fell Trommeltöne entlocken kann, die bei rhythmischer Wiederholung seltsame und angenehme Erlebnisse vermitteln. Schamanen bewahrten und wiederholten solche Zufallsentdeckungen und verschmolzen sie dann zu einem wirkungsvollen Konglomerat von Techniken und Weisheit, das von Generation zu Generation weitergereicht werden konnte. Jahrtausende danach bauten frühe Weise einzelne Aspekte der schamanischen Technologie weiter aus und erweiterten sie um neue Techniken, wodurch sie der Menschheit das Tor zur kausalen und absoluten Erkenntnis aufstießen.

Die relative Schwierigkeit unterschiedlicher Realisationen

An dieser Stelle sind die relativen Schwierigkeiten zu beleuchten, die es bereitet, zu Erfahrungen auf der subtilen, der kausalen und der absoluten Ebene zu kommen. Die entscheidende Frage lautet: Für welchen Prozentsatz der Praktizierenden realisiert sich *de facto,* was die einzelnen Traditionen anstreben? Es gibt hier einige Indizien, aber wenig handfeste Daten. Die Indizienlage spricht dafür, daß es erheblich leichter ist, in die schamanische Erfahrungswelt einzudringen als in die Erfahrungswelt späterer Traditionen.

Michael Harner beispielsweise schätzt, 90 % der Teilnehmer an Schamanismus-Workshops seien seiner Erfahrung nach prinzipiell imstande, schamanische Reisen anzutreten[75]. Bei späteren Traditionen wird die Erfolgsquote viel geringer veranschlagt: Unter (beispielsweise) christlichen Kontemplativen, indischen Yogis, Buddhistisch-Meditierenden oder auch Neo-Konfuzianern erreichen – nach allgemeiner Meinung –

nur relativ wenige eine nennenswert hohe Realisationsstufe. So meistert angeblich nur einer von 100 000 Buddhistisch-Meditierenden fortgeschrittene Konzentrationspraktiken[27].

Dies spricht dafür, daß es einen Zusammenhang zwischen der Entwicklungsstufe und der Zeit, Häufigkeit und Leichtigkeit ihrer Entdeckung gibt. Generell kann man sagen: Je höher die Entwicklungsstufe, desto später tritt sie in Erscheinung (sowohl bei den einzelnen Praktizierenden als auch geschichtlich) und desto kleiner ist der Prozentsatz der Praktizierenden, für die sie sich tatsächlich realisiert. Für diese These spricht der Umstand, daß der Schamanismus die älteste Tradition ist – also als erste entstanden ist – und daß er, noch heute, den relativ leichtesten Zugang zu veränderten Bewußtseinszuständen und den damit verbundenen Einsichten gestattet.

Diese relative Leichtigkeit mag einer der Hauptgründe für die gegenwärtige Popularität des Schamanismus im Westen sein. Nach wie vor bietet der Schamanismus heute, was er schon gestern und seit Urzeiten geboten hat: einen relativ einfachen Weg zur kontrollierten Transzendenz (der über weite historische Strecken der wahrscheinlich einzige Weg gewesen ist). Der Schamane kann daher als Vorläufer der zahllosen Weisen anderer Traditionen und der ursprüngliche Stifter «der großen Tradition» gelten: der Gesamtsumme der religiös-spirituellen Weisheit der Welt[51].

Sechster Teil

ALTE TRADITION IN MODERNER WELT

Einundzwanzigstes Kapitel

Schamanismus in einer bedrohten Welt

Dies wissen wir: Alle Dinge hängen zusammen wie das Blut, das eine Familie verbindet. Alle Dinge hängen zusammen. Was der Erde zustößt, stößt den Söhnen der Erde zu. Der Mensch hat das Gespinst des Lebens nicht gewoben. Er ist nur ein Faden darin. Was er dem Gespinst antut, tut er sich selbst an.

Häuptling Seattle bei der Übergabe seines Stammesterritoriums, 1856

Unser gefährdeter Planet

Es ist kein Geheimnis, daß unsere Ära eine Zeit enormer Chancen, aber auch enormer Risiken ist. Wir haben das Zeug, den Himmel auf Erden zu schaffen, aber auch die Erde zur Hölle zu machen.

Vertraut und doch schwindelerregend schrecklich sind die Zahlen. Durch die Bevölkerungsexplosion verdoppelt sich alle vierzig Jahre die Einwohnerzahl der Erde. Die Umwelt wird durch die chemischen Leprakrankheiten Smog, saurer Regen, Ozonausdünnung, Kohlendioxid und toxische Verschmutzung verheert. Unsere Wälder sterben, die Wüsten dehnen sich aus. 20 Millionen Menschen verhungern jedes Jahr langsam, qualvoll und sinnlos, weitere 700 Millionen leiden an Unter- und Fehlernährung. Und über allem lauert immer noch die atomare Drohung, ein Damoklesschwert nicht nur für den einzelnen und für Kulturen, sondern für die gesamte Zivilisation, die ganze Menschheit. Das geballte Kernwaffenarsenal der Erde birgt eine Sprengkraft von 20 Milliarden Tonnen TNT, genug, um einen sechs Millionen Kilometer langen Güterzug zu füllen. Ein solcher Zug würde 160mal um die Erde oder achtmal zum Mond und zurück reichen[191].

Selbst wenn diese Waffen nie zum Einsatz kommen, verursachen sie unnennbares Leid und Tod. Jedes Jahr gibt die Welt mittlerweile rund eine Billion Dollar für Rüstung aus. Dagegen schätzt der Ausschuß des US-Präsidenten, der sich mit dem Welthunger befaßt, daß es nur sechs Milliarden Dollar jährlich kosten würde, Hunger und Unterernährung auszurotten, ein Betrag, der den Rüstungsausgaben dreier Tage entspricht[144]. Kein Wunder, daß Papst Paul VI. klagte, das Wettrüsten töte, ganz gleich, ob die Waffen eingesetzt würden oder nicht.

Wir stehen daher an einem Scheideweg der Geschichte, an dem sich unbegrenzte Möglichkeiten, aber auch ebenso unbegrenzte Leidenspotentiale auftun. Noch nie in der Menschheitsgeschichte sind die Chancen, aber auch die Risiken größer gewesen.

Bemerkenswert an unserer Ära sind nicht nur der ungeheure Umfang und die Dringlichkeit der Probleme, sondern es ist das Faktum, daß zum erstenmal in der Millionen Jahre dauernden Evolution sämtliche großen Existenzbedrohungen vom Menschen selbst verursacht sind. Probleme wie Hunger, Umweltverseuchung und Kernwaffen rühren direkt aus unserem eigenen Verhalten und aus den Hoffnungen und Ängsten, Phobien und Phantasien, Wünschen und Einbildungen her, die dieses Verhalten nähren. Mit anderen Worten: Der Weltzustand spiegelt unseren Geisteszustand. Die Konflikte außerhalb unserer selbst spiegeln die Konflikte in uns; der äußere Wahnsinn ist ein getreues Abbild des inneren.

Man kann also sagen, daß die gegenwärtigen Bedrohungen unseres Lebens und Wohlergehens Symptome unseres individuellen und kollektiven psychischen Zustands sind. Wenn wir den Weltzustand begreifen und verbessern wollen, müssen wir die Quelle unserer Probleme wie auch ihrer Lösungen besser begreifen: uns selbst. Der US-Senator Fulbright meinte: «Nur durch das Erforschen und Verstehen unseres Verhaltens können wir hoffen, es so zu steuern, daß der Fortbestand der Menschheit gewährleistet ist.» Damit soll die Bedeutung sozialer, militärischer und ökonomischer Kräfte nicht geleugnet werden. Es soll nur auf die stark vernachlässigten psychologischen Wurzeln hingewiesen werden, die ihnen zugrundeliegen.

Diese psychologischen Wurzeln werden nun endlich genauer erforscht, und man arbeitet daran, eine Psychologie des menschlichen Überlebens zu entwickeln[191]. Viele psychologische Faktoren sind aufgedeckt worden, und manche stehen in direktem Zusammenhang mit dem Schamanismus und seiner Weltsicht. Zu nennen wäre unser Verhältnis zueinander, zur Erde und zu dem Leben, das sie trägt.

Die – zumindest stillschweigende – Grundanschauung des Abendlandes ist bisher, daß die Welt überwiegend dazu da ist, uns zu Nutzen zu sein – wir sehen die Welt als unbelebte Immobilie, die wir nach Gutdünken plündern dürfen. Was das Leben darauf angeht, haben wir die Forderung der Genesis nur allzu gut befolgt: «... herrschet über die Fische im Meer und über die Vögel unter dem Himmel und über das Vieh und über alles Getier, das auf Erden kriecht.» Wir sehen uns abgehoben von allem Irdischen, als etwas Besseres, Eigenes, Höheres, und mißbrauchen dieses Selbstverständnis dazu, die Vernichtung all dessen zu rechtfertigen, was unseren Begierden im Wege steht.

Wir sehen uns auch voneinander isoliert. Zwar können wir miteinander kommunizieren, Bindungen knüpfen, sogar Liebesbeziehungen eingehen, doch letztlich leben und sterben wir allein. Wir betonen das Trennende mehr als das Verbindende, unser Unabhängigsein mehr als unser Aufeinander-Angewiesensein. Diese Perspektive legt unseren Aggressionen nur sehr wenige Schranken auf.

Dieses Grundgefühl des Einander-Fremdseins ist in der ganzen Geschichte immer wieder als Quelle menschlicher Angst und menschlichen Leids beklagt worden. «Wo das Andere ist, ist Angst», sagten die altindischen Upanishaden, und ein ähnliches Weltgefühl spricht aus Jean Paul Sartres Äußerung: «Die Hölle sind die anderen.»

Wie grundverschieden ist dagegen die schamanische Weltsicht. Für den Schamanen ist alles heilig und lebendig, hängt alles zusammen und voneinander ab, ist jede Kreatur Teil des großen Lebensgewebes, das alles in Harmonie hält. Für den Schamanen hängen – wie für Häuptling Seattle – alle Dinge wie blutsverwandt zusammen. Diese holistisch-heilige Weltsicht scheint von schamanischen Erfahrungen gespeist zu werden. Michael Harner schreibt:

> Die durch den Schamanismus vermittelten Erfahrungen fördern tendenziell eine große Achtung vor dem Kosmos, genährt von einem Gefühl des Einsseins mit allen Lebensformen. Wenn man zur Harmonie gelangt, hat man viel mehr Kraft, anderen zu helfen, weil erst aus der Harmonie mit dem Universum die wahre Kraft erwächst. Dann führt man viel eher ein Leben, das Liebe statt Haß betont, das der Verständigung und dem Optimismus förderlich ist.[76]

Umbruch der Weltauffassungen

Dieses Lebens-, Welt- und Kosmosverständnis, das ein All-Belebtsein, einen All-Zusammenhang, eine All-Interdependenz annimmt, hat vieles gemeinsam mit diversen ganzheitlichen Weltsichten, die sich derzeit im Westen verbreiten.

Dabei handelt es sich um Perspektiven, die aus der modernen Physik kommen, aus den Erdwissenschaften, aus Ökologie, Feminismus, Tierschutzbewegung und einer allgemeinen Sorge um unsere gemeinsame Menschlichkeit.

Aus der Physik stammt die Erkenntnis, daß «wir das Universum sind» oder zumindest untrennbar damit verwoben sind, daß wir zusammen ein unteilbares Ganzes bilden. Zwei Schlüsseltheorien der modernen Physik, die Relativitäts- und die Quantentheorie, «implizieren die Notwendigkeit, die Welt als unteilbares Ganzes zu sehen, in der alle Teile des Universums, einschließlich des Beobachters und seiner Instrumente, zu einer Gesamtheit, einem einzigen Leib verschmelzen»[20].

Unsere körperlichen und unsere seelischen Zyklen sind verkoppelt mit den Zyklen der Erde, des Mondes und der Sonne. Im Herzen der Sterne wurden die Atome unseres Körpers geschmiedet. Wie der Astronom Sir James Jeans sagte: «In der tieferen Realität jenseits von Zeit und Raum sind wir vielleicht alle Glieder eines Leibes.»[20] Einstein hat es so schön und poetisch ausgedrückt, wie es nur ein Genie vermochte:

> Ein Mensch ist Teilchen des von uns Universum genannten Ganzen, ein zeitlich und räumlich begrenztes Teilchen. Sich selbst, seine Gedanken und Gefühle erlebt er als etwas vom Rest Getrenntes – eine optische Täuschung seines Bewußtseins. Diese Täuschung ist für uns eine Art Gefängnis, sie engt uns ein auf unsere persönlichen Begierden und auf Zuneigung für einige wenige uns nahestehende Menschen. Unsere Aufgabe muß sein, uns aus diesem Gefängnis dadurch zu befreien, daß wir den Zirkel unseres Mitgefühls ausweiten auf alle lebenden Kreaturen und auf die ganze Natur in ihrer Schönheit.[61]

Aus den Erdwissenschaften stammt James Lovelocks «Gaia-Hypothese», die John Campbell eine der großen Mythen unserer Zeit nennt. Vereinfachend gesagt, betrachtet Lovelocks

Hypothese die Erde als lebendigen Organismus, als einziges zusammenhängendes Ökosystem. All ihre Pflanzen, Gesteine, Tiere und ihre Atmosphäre stellen nach Lovelock ein einziges riesiges Lebewesen dar. Er nannte es Gaia, nach der griechischen Erdgöttin[112, 113].

Wenn der Gedanke, die Erde mit ihrem hauchdünnen Lebensmantel, der eine tote Gesteinskugel von 12 700 Kilometern Durchmesser umhüllt, als Lebewesen aufzufassen, zunächst grotesk anmuten mag, betrachte man vergleichsweise die Struktur eines Riesenbaumes. Ein solcher Baum besteht fast zur Gänze aus toter Materie. Eine dünne Haut lebenden Gewebes umgibt eine Masse toten Materials, aus dem Stamm und Äste zum allergrößten Teil bestehen. Auf der lebendigen Haut liegt außen eine wiederum tote Schutzschicht, die Borke.

Die Gaia-Hypothese rückt die unauflösliche Vernetzung und Interdependenz allen Lebens ins Blickfeld. Eine Veränderung in einem Bereich oder bei einer Spezies kann weitreichende, unabsehbare Folgen haben. Um nur ein einziges der vielen Beispiele zu zitieren, die Lovelock anführt: Der Appetit der US-Bürger auf Hamburger hat Einfluß auf den Wasserstand des Panamakanals. Das Fleisch, aus dem die amerikanischen Hamburger hergestellt werden, kommt großenteils von mittel- und südamerikanischen Rindern, die auf Weideflächen grasen, für die ganze Wälder abgeholzt wurden und werden. Der Verlust dieser Wälder hat zahlreiche katastrophale Folgewirkungen, unter anderem das Aussterben seltener und teils sogar unbekannter Pflanzen- und Tierarten sowie den Rückgang der Luftfeuchtigkeit und Wolkenmengen; daraus resultieren wieder Veränderungen im Klima, Störungen des Ökosystems und ein Rückgang der Bodenfruchtbarkeit. Unter anderem wirkt sich die Waldvernichtung eben auch auf den Panamakanal aus, dessen Wasserstand von reichlichen Niederschlägen abhängig ist. Regen und Wald sind interdependent; durch die Waldzerstörung sinkt die Regenmenge, und sie ist möglicherweise bald so niedrig, daß sie den Kanal nicht mehr speisen kann.

Die Gaia-Hypothese bleibt umstritten und ist weit von allgemeiner Anerkennung entfernt. Ob man sie letztendlich als «wahr» oder nur als Gleichnis akzeptiert – auf jeden Fall kann sie uns als sinnfällige Metapher für das große organische «Netzwerk» allen Lebens dienen und als Warnung, wie gefährlich es ist, der Harmonie der Natur ins Handwerk zu pfuschen.

Aus der Philosophie und den Lebenswissenschaften kommt die sogenannte «tiefenökologische» Bewegung. Wie alle Öko-Bewegungen betont sie die Bedeutung ökologischer Harmonie und des Umweltschutzes. Sie ist jedoch durch mehr motiviert als nur durch den Gedanken, daß eine intakte Umwelt gesund für uns ist. Sie speist sich aus der tiefen philosophischen Einsicht, daß wir unauflöslich in unsere Umwelt integriert und mit allem Lebenden verbunden sind[35].

Eine ähnliche Verschiebung scheint sich anzubahnen, was unser Bild vom Mitmenschen und unser Verhältnis zu ihm betrifft. Langsam scheint sich ein neues Gespür für das Gemeinsame durchzusetzen, ein neues Bewußtsein für das gemeinschaftliche Schicksal jenseits aller rassischen, kulturellen und ideologischen Differenzen. Wie der Chefredakteur der Zeitschrift *Foreign Affairs* schrieb:

> Etwas Nationalismus-Übergreifendes faßt langsam Fuß auf der Welt... die Zeichen eines wachsenden Bewußtseins für das gemeinsame Schicksal sind präsent... Sehr trübe werden die Zukunftsaussichten sein, wenn dieses übergreifende Gefühl sich von nun an nicht stetig verstärkt.

Jerome Frank formulierte: «Das pychologische Problem ist, allen Menschen zu Bewußtsein zu bringen, daß die Erde, ob es ihnen gefällt oder nicht, jetzt zu einer einzigen Gemeinschaft wird.»[49]

Es zeichnet sich ab, daß so unterschiedliche Gebiete wie die Physik, die Biologie, die Erdwissenschaften und die Ökologie zusammen mit sozialen Bewegungen wie dem Feminismus und dem Tierschutz konzentrisch auf eine Weltsicht zusteuern, die sich in mancherlei Hinsicht mit der schamanischen deckt, die das wechselseitige Verbundensein und die Interdependenz allen Lebens und unseres gesamten Planeten betont. Ernstgenommen, erfahren und gelebt, würden diese Perspektiven die Art und Weise verändern, wie wir uns selbst, alle Lebewesen und unsere Erde wahrnehmen. Wir würden alle Menschen als Mitträger eines gemeinsamen Selbst und eines menschlichen Gesamtgeschicks, als Zellen eines riesigen planetarischen Gesamtorganismus sehen. Wir würden alles Leben als aufeinander angewiesen und vernetzt und die Erde selbst als lebendig betrachten. Wo wir vorher nur Getrenntes, Entfremdetes und Chaos sahen, würden wir jetzt mehr das Geschlossene, Aufeinander-Bezogene und Harmonische erkennen.

Eine solche Verschiebung der Perspektive könnte wahrhaft umwälzende Folgen haben – psychologisch, sozial, ökologisch und planetarisch. Auf psychologischer Ebene könnte sie eine der ältesten Sehnsüchte der Menschheit stillen, nämlich die Sehnsucht nach Einheit. «Die Suche nach Einheit ist eine der stärksten Motivationskräfte des Menschen ...»[85] Laut Erich Fromm sieht sich der Mensch vor das Grundproblem gestellt, «wie er sein Abgetrenntsein überwinden, wie er zur Vereinigung gelangen, wie er sein eigenes einzelnes Leben transzendieren und das Einswerden erreichen kann»[53].

Auf sozialer, ökologischer und planetarischer Ebene könnte eine solche veränderte Wahrnehmungsweise den Grundhaltungen entgegenwirken, die es uns erlaubt haben, Erde und Mitmenschen so schmählich zu mißhandeln. Sie könnte uns ermutigen, uns selbst, den Mitmenschen, die Tierwelt und die gesamte Erde als unser heiliges lebendiges Selbst zu sehen und zu behandeln, als Über-Ich in neuem Sinn.

Die Philosophia perennis

«Neu» freilich ist eine solche Weltsicht nicht. Wie wir gesehen haben, hat sie einiges mit der schamanischen gemein. Allerdings geht der Schamanismus noch darüber hinaus und erweitert sie um eine vertikale oder transzendente Dimension, das Reich der Seelen und Geister.

Als Kern steckt diese Weltsicht in sämtlichen großen Religionen. Dieser Kern, der gemeinsame Grundbestand an Weisheit und Praxis im mystischen Herzen der Religionen der Welt, als Schimmer vielleicht zuerst von den Schamanen geschaut, trägt einen Namen: *Philosophia perennis* («immerwährende Philosophie»). Sie ist, um Ken Wilber zu zitieren,

> ... von der großen Mehrheit der wahrhaft begabten Theologen, Philosophen, Weisen und selbst von Wissenschaftlern verschiedener Epochen vertreten worden. Allgemein als «Philosophia perennis» bekannt (ein von Leibniz geprägter Name), bildet sie den esoterischen Kern des Hinduismus, Buddhismus, Taoismus, Sufismus und der christlichen Mystik und hat, ganz oder teilweise, die Weltanschauung einer Reihe von Denkern geprägt, die von Plato und Spinoza bis zu Einstein, Schopenhauer, Jung und William James reicht... Viele der wahrhaft überragenden Naturwissenschaftler haben immer mit der Philosophia perennis geliebäugelt oder sie sich ganz zu eigen gemacht, so auch Einstein, Schrödinger, Eddington, David Bohm, Sir James Jeans und sogar Isaac Newton.[202]

Die Philosophia perennis geht von der Annahme aus, daß das Universum nicht nur «vernetzt», lebendig und heilig, sondern auch vielschichtig ist, daß also der materielle Kosmos nicht die einzige Domäne ist, sondern daß es auch Reiche des Geistes gibt. Zwischen diesen Reichen wird eine Hierarchie angenommen, eine Progression von der Materie über die Seele zum Geist, vom Groben zum Subtilen, vom Unbewußten zum Bewußten. Dies ist die sogenannte «Große Kette des Seins», eine seit der Antike bekannte, von vielen Denkern ausgebaute philosophische Grundvorstellung, die «in der einen oder anderen Form die offiziell geltende Philosophie der Mehrheit der zivilisierten Menschheit über die längste Zeit ihrer Geschichte gewesen ist»[111].

Die Zahl der dieser Kette zugeschriebenen Ebenen oder Stufen ist je nach Tradition verschieden. Der gemeinsame Nenner ist jedoch: Das Universum ist mehrschichtig und enthält neben der physischen Domäne, die unsere Sinne beherrscht, auch nichtmaterielle Domänen: reines Bewußtsein, Seele, Geister (Schamanismus); Geist (Christentum); Purusha (Yoga); *Sat-chit-ananda* (Sein-Bewußtsein-Seligkeit des Vedanta). Nach der Philosophia perennis ist dieses Reich des Geistes – für das der sinnvollste moderne Begriff wohl Bewußtsein wäre – ontologisch primär und schafft erst das Reich des Materiellen oder kontrolliert es zumindest. Geist oder Bewußtsein gibt uns wesensbestimmend unsere Natur, wir sind Kreaturen und Geschöpfe dieses Reiches und nicht in erster Linie physische Wesenheiten.

Wir leiden, sagt die Philosophia perennis, an einer Identitätsverwechslung und lassen uns träumen, nur Leib zu sein, oder, wie Alan Watts es ausdrückte, lediglich «hautumschlossene Egos». Unser Bewußtsein trägt eine verzerrende, einengende, sichtverfälschende Brille, die im Osten Unwissenheit, *Avidya, Maya* oder Illusion, im Westen Kollektivtraum, Konsensus-Trance, kollektive Psychose heißt[180]. Wir erkennen sie nicht als Trance, weil wir alle daran teilhaben und weil wir, so die Philosophia perennis, im größten aller Kulte leben: der *Kultur*.

In unserer Kollektivtrance handeln wir blind und zerstörerisch, wie nicht anders zu erwarten, wenn jemand eine einengende verzerrende Perspektive hat. Unser Verhalten, getrieben von Habsucht und Angst, erweist sich als äußerst destruktiv für uns selbst, für die Mitmenschen und für den Planeten. Unsere globalen Krisen können also auf unseren kollektiven Wahnsinn zurückgeführt werden.

Andererseits hat es nach der Philosophia perennis auch immer einzelne Menschen gegeben, die aus dieser Trance erwacht sind, ihre wahre Natur erkannt haben und dann zurückgekehrt sind, um uns den Weg zu weisen – die spirituellen Helden, die großen Meisterspieler, die Heiligen und Weisen, die aus Platos Höhle entronnen sind und freiwillig zurückkehrten. Dies sind die Menschen, die die Philosophia perennis geschaffen und immer wieder erneuert haben. Die Quintessenz ihrer Botschaft ist: «Erwacht!», erkennt eure wahre Natur, die Tatsache, daß ihr nicht fremd neben *den* anderen und *dem* anderen steht, die Tatsache, daß, wie die Konfuzianer sagen, «Himmel, Erde und die zehntausend Dinge einen Leib bilden»; kommt zu der Erkenntnis, daß, wie ein Zen-Meister es einer Schülerin einschärfte, ihr mehr seid «als dieser kümmerliche Körper und dieser begrenzte Verstand. Negativ ausgedrückt, ist es die Vergegenwärtigung, daß das Weltall nicht außerhalb von Ihnen besteht. Positiv gesagt, erleben Sie das Weltall als sich selbst»[100].

Wem darüber die Augen aufgehen, so heißt es, der erkennt, daß «das Ich, unser reales, intimstes Selbst, teilhat am Universum und an allen anderen Lebewesen. Daß die Berge und das Meer und die Sterne alle leiblich mit uns verbunden sind und daß unsere Seele in Fühlung ist mit den Seelen aller Kreaturen»[72]. Ein Hoheslied, das keineswegs nur Mystiker gesungen haben, sondern Philosophen, Psychologen und Physiker[201]. «Die Summe meiner Erfahrungen ... mündet in einen dogmatischen Schluß», sagte der amerikanische Philosoph William James: «Es gibt ein Kontinuum kosmischen Bewußtseins, gegen das unsere Individualität lediglich Zufallskräfte aufbaut und in das unsere einzelnen Seelen eintauchen wie in ein Muttermeer.»[125]

Die praktische Konsequenz dieser Erkenntnis und Sichtweise: Da wir eingebunden sind in den großen Zusammenhang der Kreaturen und Dinge, sollten wir sie, ganz wörtlich, «wie uns selbst» behandeln – gemäß der biblischen Mahnung: «Liebe deinen Nächsten wie dich selbst» (die Gandhi erweiterte: «... und jedes Lebewesen ist dein Nächster») und gemäß den Worten des Buddha:

> Wenn du dich in anderen siehst
> Wem kannst du dann noch Böses tun?
> Welchen Schaden kannst du tun?[28]

Das aus verschiedenen Bereichen zeitgenössischen Denkens emporwachsende holistische Weltverständnis – möglicherweise eine unverzichtbare Vorbedingung für unser Überleben – stimmt also in mancher Hinsicht mit der jahrtausendealten Philosophia perennis im allgemeinen und mit Aspekten des Schamanismus im besonderen überein. Alte wie neue Perspektiven sehen und würdigen das Miteinander-Verknüpfte, Interdependente des Lebens und der Welt. Die Philosophia perennis und der Schamanismus erweitern dies um eine explizit transzendente Dimension und Ethik, die Leben nicht nur zu ehren und zu erhalten, sondern auch zu erwecken sucht. Ob man die Philosophia perennis und ihre transzendenten Ansprüche akzeptiert oder nicht, die praktisch-sittlichen Folgerungen für unsere Beziehung zu den Mitgeschöpfen und dem Planeten sind dieselben: Behandle sie, wie du dich selbst behandeln würdest, denn sie sind dein Selbst.

Ob diese Verschiebung unserer Welt- und Selbstsicht früh genug kommen und umfassend genug sein wird, um die Umweltkatastrophe oder das atomare Inferno noch abzuwenden, wissen wir nicht. Es läuft ein Wettrennen zwischen Bewußtsein und Desaster, der Ausgang ist ungewiß. Eingedenk des Wortes von Henry Ford: «Wer glaubt, daß er etwas kann, hat ebenso recht wie derjenige, der es nicht glaubt», bleibt uns jedoch kaum eine andere vernünftige Wahl, als davon auszugehen, daß wir uns in unserem Leben, unseren Beziehungen, unserem Weltbild noch rechtzeitig umstellen können, um unseren Planeten und unsere Spezies zu retten.

Unsere Aufgabe ist es also, an der Verschiebung unseres Wahrnehmungsbrennpunktes zu arbeiten – von den Unterschieden auf das Gemeinsame, vom dualistischen Denken in Interessengruppen und Einzelkulturen auf einende Anerkennung des gemeinsamen Menschlichen, von einer isolationistischen Sicht, die uns als aus der Natur herausgehoben und die Natur selbst nur in Teilstücken sieht, zu einer ganzheitlichen Auffassung, die die Einheit und das Verwobensein aller Teile sieht. Jeder Mensch, dem wir begegnen, jede Situation, jede Interaktion stellt uns vor eine neue Entscheidung: entweder «Apartheid» zwischen uns und den anderen zu sehen oder über das Anderssein hinauszublicken auf das gemeinsame Selbst, an dem wir alle teilhaben, uns entweder als separat und unabhängig von anderen und der Welt zu sehen oder als alle beeinflussend und von allen beeinflußt. Dies ist keine Bagatellentscheidung. Für welche Selbstsicht und Beziehung zur Welt wir uns entscheiden, kann unser – und der Welt – Schicksal bestimmen.

Nur wenige Traditionen sind so natur- und ökologieorientiert wie der Schamanismus. Sowohl seine Weltauffassung als auch seine Techniken unterstützen diese Orientierung. Er betrachtet die Natur als riesiges heiliges Geheimnis, mit dem die Menschheit eng und tief verflochten und von dem sie abhängig ist. Er bietet einfache Techniken, die den Zugang zu intuitiver Weisheit und Erfahrungen öffnen, die diese ökologische

Haltung fördern. Der Schamanismus zieht gewissermaßen an einem Strang mit der alten Philosophia perennis und mit modernen Öko-Wissenschaften, und seine Praktiken können zu Erfahrungen führen, die diese Sichtweisen stützen. Daher kann der Schamanismus diesen Philosophien und Wissenschaften eventuell eine Hilfestellung bei der entscheidenden Aufgabe geben, einer Welt- und Selbstsicht zum Durchbruch zu verhelfen, die zum Überleben unseres Planeten und unserer Spezies beiträgt.

Zweiundzwanzigstes Kapitel

Schamanismus heute und morgen

Eingeborene Völker haben einen reichen Schatz an Erkenntnissen über die Natur, über den Menschen und über ein ausgewogenes Verhältnis zwischen den beiden. Von ihren Glaubensvorstellungen über die Geistwelt bis hin zu ihren traditionellen Kenntnissen des Regenwaldes, der Heilkunst und der Landwirtschaft geben uns diese Gesellschaften die Möglichkeit neuer Welt- und Selbstdeutungen. Viele dieser Populationen sind bedroht durch schwere Diskriminierung, Verweigerung der Menschenrechte, Verlust kultureller und religiöser Freiheiten und im schlimmsten Fall durch kulturelle und physische Ausrottung … Wenn die derzeitigen Trends in vielen Weltteilen anhalten, wird die kulturelle, soziale und sprachliche Vielfalt der Menschheit in nicht wiedergutzumachender Weise verarmen … ungeheure undokumentierte Schatzkammern ökologischen, biologischen und pharmakologischen Wissens werden verlorengehen, dazu ein unermeßlicher Reichtum des kulturellen, sozialen, religiösen und künstlerischen Ausdrucks.

«International Cultural Survival Act»
des US-Kongresses, 1988

Der Schamanismus steht heute an einer historischen, eigentlich paradoxen Wegscheide: In vielen Ursprungsländern ist er vom Aussterben bedroht, im Westen dagegen wird er populär, kommt sogar in Mode.

Quo vadis, alte Tradition? In seinen Ursprungsländern zeichnen sich vier Hauptmöglichkeiten ab. Die erste: Bei den immer rarer werdenden, von der industrialisierten Welt relativ unberührten Völkern bleibt der Schamanismus möglicherweise als wichtige religiöse, heilkundliche und kulturelle Ressource bestehen. Die zweite: In neuindustrialisierten Ländern könnte er sich neben westlicher Medizin und Religion als Alternative halten oder sogar aufblühen. In Korea und Nepal beispielsweise ist beobachtet worden, daß listige Schamanen ihre Klientel sorgfältig «siebten», die aussichtsreichen Fälle behielten und die schwierigeren an Ärzte überwiesen[138]. In anderen Kulturen könnte der Schamanismus dagegen vollständig verschwinden.

Die letzte Möglichkeit ist die einer Wiedergeburt des Schamanismus an manchen Orten. Wenn er im Westen an Popularität gewinnt, warum dann nicht auch wieder bei Völkern, deren «täglich Brot» er früher einmal war? Könnte er vielleicht die Wunden der Kulturschocks, des Sinn- und Werteverlustes, des Zerfalls gesellschaftlicher Strukturen heilen helfen, könnte er dem Alkoholismus und den Psychopathologien entgegenwirken, die mit dem Verlust traditioneller Lebensweisen gekommen sind?

Auf mehrere Arten könnte sich eine solche Wiedergeburt vollziehen. Denkbar wäre einmal das Entstehen neuer Formen, inspiriert von spontanen schamanischen Erfahrungen. Solche Erfahrungen haben Ende des 19. Jahrhunderts bei nordamerikanischen Indianern ein solches «Revival» in Gang gesetzt, nämlich die Geistertanzbewegung[88].

Eine weitere Möglichkeit ist die Wiederentdeckung von Praktiken, die in Zeiten kultureller Unterdrückung entweder ein Schattendasein geführt haben oder verboten waren. Ein zeitgenössisches Beispiel: Bei den Salish-Indianern im US-Nordwesten ist der schamanisch orientierte Winter-Geistertanz wieder aufgeblüht. Wer am Tanz teilnimmt, ist weniger anfällig für Depression, Alkoholismus und andere typische Probleme, mit denen diese Indianer bei der Anpassung an die weiße Kultur zu kämpfen haben[95]. Ob der Schamanismus auch anderswo ähnliche Funktionen erfüllen kann, wird abzuwarten sein.

Eine dritte Möglichkeit wäre die Wiedereinführung von Praktiken durch Menschen außerhalb der Kultur. Die amerikanische *Foundation for Shamanic Studies* hat dies auf Wunsch getan, aber es ist wohl noch zu früh, um zu beurteilen, ob und inwieweit es gelungen ist[77].

Im Westen wird sich noch zeigen, wieviel von der derzeitigen Schamanismus-Welle Bestand haben wird. Ein Teil davon ist sicherlich rein modebedingt. Ein Teil wird aber auch ein tiefergehendes geistiges Suchen widerspiegeln, ein Suchen nach frühen spirituellen Wurzeln, ein Interesse an den Traditionen von Urvölkern und eine Sehnsucht nach einer Tradition, die die Erde respektiert. Immer mehr westliche Menschen wenden heute schamanische Techniken an – insbesondere die Reise –, teils um selbst davon zu profitieren, teils um anderen zu helfen. Dem Praktizierenden können die Techniken Lern- und Selbsterfahrung, religiöse und spirituelle Bereicherung und kreative Inspiration bringen. Eine schamanisch inspirierte Kunst und Literatur entsteht allmählich. Auch in der psychotherapeutischen Arbeit werden schamanische Techniken eingesetzt. Psychische und psychosomatische Störungen, Streßleiden, Süchte sowie chronische Schmerzkrankheiten sind sämtlich schon schamanisch behandelt worden. Die Wirksamkeit dieser Behandlungen bedarf allerdings noch der wissenschaftlichen Nachprüfung.

Erforschung und Bewertung

Wenn religiöse Praktiken in andere Kulturräume verpflanzt werden, verändern sie sich oft. Fast immer passen sie sich neuen Kulturgegebenheiten an und verbinden sich mehr oder minder stark mit herrschenden Traditionen. Die Praktiken des Schamanismus werden wahrscheinlich keine Ausnahme bilden. Der Westen ist zu einem Schmelztiegel spiritueller Praktiken und Heilkünste geworden. Folglich werden die Methoden des Schamanismus wohl eine gewisse Symbiose sowohl mit westlicher Technologie als auch mit nichtwestlichen Praktiken eingehen. Manche Praktizierende behaupten bereits, durch eine Kombination von schamanischen, Yoga- und Meditationstechniken Vorteile erzielt zu haben[77]; populär sind auch schon Tonbandkassetten mit schamanischen Trommeln, die, über Kopfhörer gespielt, privates «Reisen» ermöglichen. Fraglich ist allerdings, ob ein westlicher Mensch, der schamanische Techniken verwendet, die aus ihrem sozialen, kulturellen und mythologischen Milieu herausgerissen worden sind, zu Recht ein Schamane genannt werden kann.

Das breite Interesse am Schamanismus und der Import von Techniken in den Westen macht ausgedehnte Forschungen möglich, und es besteht tatsächlich starker – teils sehr dringender – Forschungsbedarf. Das gefräßige Vordringen der Erste-Welt-Kultur läßt es geboten erscheinen, möglichst rasch Schamanen in ihrer natürlichen Umgebung zu studieren, ehe die Gelegenheit verlorengeht.

Psychologische Studien gibt es derzeit noch so gut wie gar nicht. Wir brauchen psychologische Profile von Schamanen, um diejenigen Eigenschaften zu bestimmen, die den Einstieg in diesen Beruf begünstigen, diejenigen, die sich im Lauf der Ausbildung ändern, und diejenigen, die den kompetenten Schamanen auszeichnen. Außerdem brauchen wir direkte Beobachtungen schamanischer Initiationskrisen durch psychiatrisch ausgebildete Forscher.

Wichtig wird sein, die psychologischen, physiologischen und biochemischen Veränderungen aufzuzeichnen, die bei Schamanen während ihrer Ausbildung, ihrer Rituale, ihrer Reisen und psychedelischen Erlebnisse auftreten. Auch von den Patienten während der Heilrituale ähnliche Daten zu erheben, wäre wertvoll. Dadurch bekäme man Anhaltspunkte, wie wirksam die schamanische Heilkunst ist, welche Mechanismen in ihr walten und ob der Patient, wie der Schamane, in veränderte Bewußtseinszustände eintritt.

Besonders aufschlußreich könnten Untersuchungen an Praktizierenden sein, die sowohl im Schamanismus als auch in einer westlichen Disziplin wie Anthropologie oder Psychiatrie ausgebildet sind. Charles Tart hat auf das Bedürfnis nach neuen Strategien zur Erforschung bewußtseinsverändernder Traditionen hingewiesen. Er fordert einen neuen Typus «teilnehmender Experimentatoren» (er bezeichnet sie als «Yogi-Wissenschaftler»), die einerseits in einer bewußtseinsverändernden Technik oder Tradition, andererseits in genauer Selbstbeobachtung und Analyse der eigenen Erfahrungen geschult sind. Vielleicht brauchen wir auch Schamanen-Wissenschaftler.

Im Bereich des Möglichen läge ferner, schamanische Technologie durch westliche Technologie zu «optimieren». Vielleicht ließe sich beispielsweise durch künftige Forschungen bestimmen, welche musikalischen Rhythmen, Töne und Frequenzen sich am besten dazu eignen, schamanische Erfahrungen herbeizuführen; dadurch könnten tiefere, intensivere Erfahrungen für mehr Menschen eröffnet werden. Viele Fragen, viele Möglichkeiten stehen offen.

Unabdingbar sind wissenschaftliche Studien des schamanischen Heilens. Wenn sich schamanische Techniken neben westlichen Therapien etablieren sollen, müssen sie experimentell getestet werden. Die Möglichkeiten der Selbsttäuschung beim Heiler wie beim Patienten sind – wie wir gesehen haben – enorm. Auch ganz nutzlose und sogar schädliche Therapien können, wenn Arzt und Patient daran glauben, Wunder wirken, zumindest eine Zeitlang, so stark ist der Placebo-Effekt. Es reicht daher nicht aus, zu sagen: Diese und jene schamanische Technik scheint zu funktionieren – dies gilt auch für alle nichtschamanischen Therapien. Hieb- und stichfest nachprüfen läßt sich ihre Wirkung nur durch experimentelle Tests im Rahmen sorgfältig kontrollierter Studien.

Den Reichtum, die Komplexität und die Widersprüchlichkeit dieser Tradition zu bewerten, wird keine leichte Aufgabe sein. Kein Einzelansatz, keine Einzelperspektive kann ihren vielen Dimensionen gerecht werden. Im vorliegenden Buch hat unsere psychologische Schürfarbeit jedoch Einsichten und Erkenntnisse geliefert, die einer anderen Betrachtungsweise bislang verborgen blieben. Vieles von dem, was Schamanen tun – die Ausbildung, die sie durchlaufen, die Techniken, die sie einsetzen, die Mythen, nach denen sie leben, die Ängste, die sie leiden, die Krisen, mit denen sie konfrontiert werden, die Fähigkeiten, die sie entwickeln, die Erfahrungen, die sie machen, die Bewußtseinszustände, in die sie eintreten, die Einsichten, die sie erlangen, die Visionen, die sie schauen, die kosmischen Reisen, die sie unternehmen, die Behandlungsmethoden, die sie einsetzen –, kann nun psychologisch verstanden werden.

Dennoch bleibt vieles geheimnisvoll an dieser Überlieferung, der ältesten unter den religiösen, mystischen, heilkundlichen und psychologischen Traditionen der Welt. Je gründlicher wir den Schamanismus erforschen, desto mehr verweist er auf unerkannte Aspekte und Möglichkeiten in Leib, Seele und Geist des Menschen. Jahrtausende hat der Geist des Schamanismus der Menschheit heilend, helfend, lehrend zur Seite gestanden. Es kann durchaus sein, daß er uns noch mehr zu bieten hat.

Bibliographie

1 Achterberg, J.: *Die heilende Kraft der Imagination. Heilung durch Gedankenkraft: Grundlagen und Methoden einer neuen Medizin.* Bern 1987.

2 Ackerknecht, E.: «Psychopathology, primitive medicine, and primitive culture», *Bulletin of the History of Medicine* 14 (1943), S. 30–67.

3 Alexander, F./Selesnich, S.: *Geschichte der Psychiatrie: ein kritischer Abriß der psychiatrischen Theorie und Praxis von der Frühgeschichte bis zur Gegenwart.* Konstanz 1969.

4 *Diagnostisches und statistisches Manual psychischer Störungen* (DSM III). Übersetzt nach der dritten Auflage des DSM der APA. Weinheim/Basel 1984.

5 Andrews, L.: *To Thy Own Self Be True.* New York 1987.

6 *A Course in Miracles.* Foundation for Inner Peace, Tiburon, Calif., 1975.

7 Arrien, A.: persönliche Mitteilung, 1987.

8 – : persönliche Mitteilung, 1989.

9 Bachrach, A.: «Learning Theory», in: Kaplan, H./Sadock, B. (Hrsg): *Comprehensive Textbook of Psychiatry,* 4. Auflage, Bd. I. Baltimore 1985, S. 184–198.

10 Baldrian, F.: «Taoism: An overview», in: Eliade, M. (Hrsg): *The Encyclopedia of Religion,* Bd. IV. New York 1987 (S. 288–306) .

11 Bandura, A.: *Social Foundations of Thought and Action.* Englewood Cliffs, N.J., 1986.

12 Barker, D.: «Psi information and culture», in: Shapiro, B./Coly, L. (Hrsg): *Communication and Parapsychology.* New York, Parapsychology Foundation, 1980.

13 Barry, J.: «General and comparative study of the psychokinetic effect on a fungus culture», *Journal of Parapsychology* 32 (1968), S. 237–243.

14 Benson, H.: «The placebo effect», *Harvard Medical School Health Letter,* August 1980, S. 3f..

15 *Die Bibel,* revidierte Luther-Fassung (neue Einheitsübersetzung), Stuttgart 1985; 2. Könige 3,15.

16 –: 4. Mose 12,6.

17 – : Johannes 12,24.

18 Blacker, C.: *Tha Catalpa Bow: A Study of Shamanistic Practices in Japan.* Boston 1986.
19 Bogoras, W., in: Boas, F. (Hrsg): *The Chukchee.* Leiden 1909.
20 Bohm, D.: *Wholeness and the Implicate Order.* London 1980.
21 Bourguignon, E. (Hrsg): *Religion, Altered States of Consciousness, and Social Change.* Columbus, Ohio, 1973.
22 Boyer, B./Klopfer, B./Brawer, F./Kawai, H.: «Comparisons of the shamans and pseudoshamans of the Apaches of the Mescalero Indian reservation: A Rorschach study», *Journal of Projective Techniques and Assessment* 28 (1964), S. 173–180.
23 Brown, D.: «Die Stadien der Meditation in kulturübergreifender Perspektive», in: Wilber, K./Engler, J./Brown, D. (Hrsg): *Psychologie der Befreiung. Perspektiven einer neuen Entwicklungspsychologie – die östliche und westliche Sicht des menschlichen Reifeprozesses.* Bern 1988.
24 Brown, D./Engler, J.: «Die Stadien der Achtsamkeitsmeditation: eine Validierungsuntersuchung. Zweiter Teil: Diskussion der Ergebnisse», in: Wilber, K./Engler, J./Brown, D. (Hrsg): *Psychologie der Befreiung. Perspektiven einer neuen Entwicklungspsychologie – die östliche und westliche Sicht des menschlichen Reifeprozesses.* Bern 1988.
25 – : «Differences in visual sensitivity among mindfulness meditators and non-meditators», *Perceptual and Motor Skills* 58 (1984), S. 727–733.
26 Brown, D./Forte, M./Dysart, M.: «Visual sensitivity and mindfulness meditation», *Perceptual and Motor Skills* 58 (1984), S. 775–784.
27 *Buddhagosa Oder der Weg zur Reinheit.* Konstanz 1952.
28 Byrom, T. (Übers.): *The Dhammapada: The Sayings of the Buddha.* New York 1976.
29 Campbell, J.: *Der Heros in tausend Gestalten.* Frankfurt 1978.
30 – : *The Inner Reaches of Outer Space: Metaphor as Myth and as Religion.* New York 1986.
31 Castaneda, C.: *Die Lehren des Don Juan. Ein Yaqui-Weg des Wissens.* Frankfurt 1973.
32 Commins, S./Linscott, R. (Hrsg): *Man and the Universe, the Philosophers of Science.* New York 1969.
33 Dabrowski, K.: *Positive Disintegration.* Boston 1964.
34 De Ropp, R. S.: *The Master Game.* New York 1968.
35 Devall, B./Sessions, B.: *Deep Ecology: Living as if Nature Mattered.* Layton, Utah, 1985.
36 Devereaux, G.: *Mohave Ethnopsychiatry and Suicide.* Washington 1961.
37 Dobkin de Rios, M.: *Visionary Vine.* San Francisco 1972.
38 Dodds, E.: *Die Griechen und das Irrationale.* Darmstadt 1970.

39 DOORE, G.: *Shaman's Path.* Boston 1988.
40 ELIADE, M.: *Yoga: Unsterblichkeit und Freiheit.* Zürich 1960.
41 – : *Schamanismus und archaische Ekstasetechnik.* Frankfurt 1975.
42 ELKIN, A.: *Aboriginal Men of High Degree.* New York 1977.
43 ELLENBERGER, H. F.: *Die Entdeckung des Unbewußten.* Bern 1973.
44 FABREGA, H./SILVER, D.: «Some social and psychological properties of the Zinacanteco shamans», *Behavioral Science* 15 (1970), S. 471–486.
45 FERRUCCI, P.: *What We May Be.* Los Angeles 1982.
46 FEUERSTEIN, G.: *Yoga: The Technology of Ecstasy.* Los Angeles 1989.
47 FIELDING, W.: «An interim report of a prospective, randomized, controlled study of adjuvant chemotherapy in operable gastric cancer», *World Journal of Surgery* 7 (1983), S. 390–399.
48 FLACH, F.: *Resilience.* New York 1988.
49 FRANK, J.: *Sanity and Survival in the Nuclear Age: Psychological Aspects of War and Peace.* New York 1982.
50 – : «Therapeutic components shared by all psychotherapies», in: MAHONEY, M./FREEMAN, A. (Hrsg): *Cognition and Psychotherapy.* New York 1985 (S. 49–79).
51 FREE, J.: *The Dawn Horse Testament.* San Rafael, Calif., 1985.
52 FREUD, S.: «Vorlesungen zur Einführung in die Psychoanalyse», *Gesammelte Werke,* Bd. XI, Frankfurt 1973.
53 FROMM, E.: *Die Kunst des Liebens,* in: *Gesamtausgabe,* Bd. IX. Stuttgart 1981.
54 FULBRIGHT, W.: «Vorwort» in: FRANK, J.: *Sanity and Survival in the Nuclear Age: Psychological Aspects of War and Peace.* New York 1982.
55 FURST, P.: «South American Shamanism», in: ELIADE, M. (Hrsg): *The Encyclopedia of Religion,* Bd. XIII. New York 1987.
56 GALLEGOS, A.: *The Personal Totem Pole: Animal Imagery, the Chakras and Psychotherapy.* Santa Fe 1987.
57 GIESLER, P.: «Differential micro-PK effects among Afro-Brazilian cultists: Three studies using trance significant symbols as targets», *Journal of Parapsychology* 49 (1985), S. 329–366.
58 – : «Parapsychological anthropology: II. A multimethod study of psi and psi-related processes in the Umbanda ritual trance consultation», *Journal of the American Society for Psychical Research* 79 (1985), S. 113–166.
59 – : «GESP testing of shamanic cultists: Three studies of an evaluation of dramatic upsets during testing», *Journal of Parapsychology* 50 (1986), S. 123–153.
60 GOFFMAN, E.: *Wir alle spielen Theater. Die Selbstdarstellung im Alltag.* München 1969.

61 Goldstein, J.: *The Experience of Insight.* Boston 1983.
62 Goleman, D.: *The Meditative Mind.* Los Angeles 1988.
63 Grad, B.: «The ‹laying on of hands›: Implications for psychotherapy, gentling, and the placebo effect», *Journal of the American Society for Psychical Research* 61 (1967), S. 286–305.
64 Greeley, A.: «Mysticism goes mainstream», in: Bragdon, E. (Hrsg): *A Sourcebook for Helping People in Spiritual Emergency.* Los Altos, Calif., 1988, S. 228–236.
65 Grinspoon, L./Bakalar, J.: *Psychedelics Reflections.* New York 1983.
66 Grof, C./Grof, S.: «Spiritual emergency: the understanding and treatment of transpersonal crises», *ReVision* 8/2 (1986), S. 7–20.
67 – : *The Stormy Search for the Self: A Guide to Personal Growth through Transformational Crisis.* Los Angeles 1990.
68 Grof, S.: *LSD-Psychotherapie.* Stuttgart 1983.
69 – : *Das Abenteuer der Selbstentdeckung: Heilung durch veränderte Bewußtseinszustände. Ein Leitfaden.* München 1987.
70 Grof, S./Grof, C.: *Spiritual Emergency: When Personal Transformation Becomes a Crisis.* Los Angeles 1989.
71 Halifax, J.: «Earth, sky and psyche: A shamanic convergence», *Common Boundary* 7/5 (1989), S. 14–20.
72 Harman, W.: «An evolving society to fit an evolving consciousness», *Integral View* 1 (1979), S. 14.
73 Harner, M.: *Der Weg des Schamanen. Ein praktischer Führer zu innerer Heilkraft.* Reinbek 1986.
74 – : *The Jivaro.* Berkeley, Calif., 1984.
75 – : Kommentare, *Current Anthropology* 26 (1985), S. 452.
76 – : «The ancient wisdom in shamanic cultures», in: Nicholson, S. (Hrsg): *Shamanism.* Wheaton, Ill., 1987 (S. 3–16).
77 – : «Helping reawaken shamanism among the Sami (Laplanders) of Northernmost Europe», *The Foundation for Shamanic Studies Newsletter* 1/3 (1988), S. 1 f.
78 – (Hrsg): *Hallucinogens and Shamanism.* New York 1973.
79 Hastings, A.: *Tongues of Men and Angels.* New York 1990.
80 Hilgard, E.: *Divided Consciousness: Multiple Controls in Human Thought and Action.* 2. Ausgabe, Somerset, N. J., 1986.
81 Hoffman, E.: *The Way of Splendor: Jewish Mysticism and Modern Psychology.* Boston 1981.
82 Hopkins, J.: *The Tantric Distinction: An Introduction to Tibetan Buddhism.* London 1984.
83 Hoppal, M. (Hrsg): *Shamanism in Eurasia.* Gothingen 1984.

84 – : «Shamanism: An archaic and/or recent belief system», in: Nicholson, S. (Hrsg): *Shamanism.* Wheaton, Ill., 1987, S. 76–100.

85 Horney, K.: *Neurose und menschliches Wachstum: das Ringen um Selbstverwirklichung.* Frankfurt 1985.

86 Hultkrantz, A.: «A definition of shamanism», *Temenos* 9 (1973), S. 25–37.

87 – : «Ecological and phenomenological aspects of shamanism», in: Dioszegi, V./Hoppal, M. (Hrsg): *Shamanism in Siberia.* Budapest 1978, S. 27–58.

88 – : «Ghost dance», in: Eliade, M. (Hrsg): *The Encyclopedia of Religion,* Bd. V. New York 1987 (S. 544–547).

89 Hurley, T.: «Placebo: The hidden asset in healing», *Investigations* 2/1 (1985).

90 Institute of Noetic Sciences, *Noetic Science Bulletin* 4/1 (1989).

91 Jahn, R./Dunne, B.: *Margins of Reality: The Role of Consciousness in the Physical World.* New York 1987.

92 James, W., in: McDermott, J. (Hrsg): *The Writings of William James.* Chicago 1977.

93 – : *Talks to teachers on Psychology and to Students on Some of Life's Ideals.* New York 1899.

94 – : *Psychology: Briefer Course.* New York 1961.

95 Jilek, W.: *Salish Indian Mental Health and Culture Change: Psychohygienic and Therapeutic Aspects of the Guardian Spirit Ceremonial.* Toronto 1974.

96 Jowett, B. (Übers.): *The Dialogues of Plato.* New York 1937.

97 Jung, C. G.: *Erinnerungen, Träume, Gedanken von C. G. Jung. Aufgezeichnet und herausgegeben von Aniela Jaffé.* Zürich u. Stuttgart 1962.

98 Kakar, S.: *Shamans, Mystics and Doctors: A Psychological Inquiry into India and its Healing Traditions.* New York 1982.

99 Kalweit, H.: *Dreaming and Inner Space.* Boston 1988.

100 Kapleau, P.: *Die drei Pfeiler des Zen.* Bern 1975.

101 Kleinman, A./Sung, L.: «Why do indigenous practitioners successfully heal?», *Social Science and Medicine* 13 B (1979), S. 7–26.

102 Klimo, J.: *Channeling.* Los Angeles 1987.

103 Klopfer, B.: «Psychological variables in human cancer», *Journal of Projective Techniques* 21 (1957), S. 337–339.

104 Krieger, D.: «Therapeutic touch: The imprimatur of nursing», *American Journal of Nursing* 75 (1975), S. 784–787.

105 Krippner, S.: «Dreams and Shamanism», in: Nicholson, S. (Hrsg): *Shamanism.* Wheaton, Ill., 1987, S. 125–132.

106 LaBerge, S.: *Lucid Dreaming.* Los Angeles 1985.
107 Laing, R.: «Metanoia: Some experiences at Kingsley Hall, London», in: Ruitenbeck, H. (Hrsg): *Going Crazy.* New York 1972.
108 Leighton, A./Hughes, J.: «Cultures as causative of mental disorder», in: *Causes of Mental Disorder: Review of Epidemiological Knowledge.* New York 1961.
109 Levi-Strauss, C.: *Strukturale Anthropologie.* Frankfurt 1967.
110 Loeb, E.: «Shaman and seer», *American Anthropologist* 41 (1929), S. 60–84.
111 Lovejoy, A.: *Die große Kette der Wesen: Geschichte eines Gedankens.* Frankfurt 1985.
112 Lovelock, J.: *Gaia: A New Look at Life on Earth.* New York 1979.
113 – : *The Ages of Gaia.* New York 1988.
114 Lukoff, D.: «The diagnosis of mystical experiences with psychotic features», *Journal of Transpersonal Psychology* 17 (1985), S. 155–182.
115 Malkin, S.: «Confessions of a former channel», *New Realities* 10/1 (1989), S. 25–29.
116 Maslow, A.: *Psychologie des Seins: ein Entwurf.* München 1973.
117 – : *Religions, Values and Peak Experiences.* New York 1970.
118 – : *The Farther Reaches of Human Nature.* New York 1971.
119 McGashan, T./Carpenter, W.: «Does attitude toward psychosis relate to outcome?», *American Journal of Psychiatry* 138 (1981), S. 797–801.
120 Merton, T.: *The Way of Chuang Tzu.* New York 1969.
121 Metzner, R.: *Opening to Inner Light.* Los Angeles 1986.
122 Monroe, R.: *Der Mann mit den zwei Leben. Die seltsamen Exkursionen des Mr. Monroe.* Düsseldorf 1972.
123 Moody, R. A.: *Leben nach dem Tod.* Reinbek 1977.
124 – : *The Light Beyond.* New York 1988.
125 Murphy, G./Ballou, R. (Hrsg): *William James on Psychical Research.* New York 1960.
126 Murphy, M./Donovan, S.: *The Physical and Psychological Effects of Meditation.* San Rafael, Calif., 1989.
127 Neher, A.: «Auditory driving observed with scalp electrodes in normal subjects», *Electroencephalography and Clinical Neurophysiology* 13/3 (1961), S. 449–451.
128 – : «A physiological explanation of unusual behavior in ceremonies involving drums», *Human Biology* 34 (1962), S. 151–160.
129 Nemiah, J.: «Dissociative disorders (hysterical neurosis, dissociative type)», in: Kaplan, H./Sadock, B. (Hrsg): *Comprehensive Textbook of Psychiatry*, 4. Auflage, Bd. I. Baltimore 1985, S. 942–957.

130 Noll, R.: «Shamanism and schizophrenia: A state specific approach to the ‹schizophrenia metaphor› of shamanic states», *American Ethnologist* 10 (1983), S. 443–459.

131 – : «Reply to Lex», *American Ethnologist* 11 (1984), S. 192.

132 – : «Mental imagery cultivation as a cultural phenomenon», *Current Anthropology* 26 (1985), S. 443–451.

133 – : «The presence of spirits in magic and madness», in: Nicholson, S. (Hrsg): *Shamanism.* Wheaton, Ill., 1987, S. 47–61.

134 Ostermann, H.: *The Alaskan Eskimos, as described in the posthumous notes of Dr. Knud Rasmussen* (Report of the Fifth Thule Expedition, 1921–24, Bd. X, Nr. 3). Kopenhagen 1952.

135 Peck, M. S.: *People of the Lie: The Hope for Healing Human Evil.* New York 1983.

136 Pelleteir, K./Garfield, C.: *Consciousness: East and West.* New York 1976.

137 Perry, J.: «Spiritual emergency and renewal», *ReVision* 8/2 (1986), S. 33–40.

138 Peters, L.: «An experimental study of Nepalese shamanism», *Journal of Transpersonal Psychology* 13 (1981), S. 1–26.

139 – : «The Tamang shamanism of Nepal», in: Nicholson, S. (Hrsg): *Shamanism.* Wheaton, Ill., 1987, S. 161–180.

140 Peters, L./Price-Williams, D.: «Towards an experimental analysis of shamanism», *American Ethnologist* 7 (1980), S. 397–418.

141 – : «A phenomenological view of trance», *Transcultural Psychiatric Research Review* 20 (1983), S. 5–39.

142 Prabhavananda, S./Isherwood, C.: *How to Know God: The Yoga Aphorisms of Patanjali.* Hollywood, Calif., 1953.

143 Prem Dass: «Shamanism among the Huichol Indians», Vortrag im Esalen Institute, Big Sur, Calif., 1988.

144 Presidential Commission on World Hunger: *Preliminary Report of the Presidential Commission on World Hunger.* Washington 1979.

145 Ramana Maharishi: *Who Am I?* 8. Auflage. Indien 1955.

146 Rasmussen, K.: *Across Arctic America.* New York 1927.

147 – : *Intellectual Culture of the Iglulik Eskimos.* Kopenhagen 1929.

148 Reed, G.: «The psychology of channeling», *The Skeptical Inquirer* 13 (1989), S. 385–390.

149 Reichel-Dolmatoff, G.: *Shamanism and the Art of the Eastern Tukanoan Indians.* Leiden 1987.

150 Ring, K.: *Life at Death.* New York 1980.

151 – : *Heading Toward Omega.* New York 1984.

152 – : «Near-death experiences: Implications for human evolution and planetary transformation», *ReVision* 8/2 (1986), S. 75–86.
153 ROGERS, S.: *The Shaman.* Springfield, Ill., 1982.
154 ROGO, D.: «Shamanism, ESP, and the paranormal», in: NICHOLSON, S. (Hrsg): *Shamanism.* Wheaton, Ill., 1987, S. 133–144.
155 ROTHBERG, D.: «Philosophical foundations of transpersonal psychology: An introduction to some basic issues», *Journal of Transpersonal Psychology* 18 (1986), S. 1–34.
156 SAKLANI, A.: «Preliminary tests for psi-ability in shamans of Garwhal Himalaya», *Journal of the Society for Psychical Research* 55 (1988), S. 60–70.
157 SANDNER, D.: *Navaho Symbols of Healing.* New York 1979.
158 SCHULTZ, T.: *The Fringes of Reason.* New York 1989.
159 SCHUMACHER, E. F.: *Rat für die Ratlosen. Vom sinnerfüllten Leben.* Reinbek 1979.
160 SEGAL, R.: *Joseph Campbell: An Introduction.* New York 1987.
161 SENGSTAN (Dritter Zen-Patriarch): *Verses on the Faith Mind.* Sharon Springs, N. Y., 1975.
162 SHAPIRO, A.: «The placebo effect in the history of medical treatment: Implications for psychiatry», *American Journal of Psychiatry* 116 (1959), S. 298–304.
163 SHAPIRO, D.: *Meditation: Self Regulation Strategy and Altered State of Consciousness.* New York 1980.
164 SHAPIRO, D./WALSH, R. (Hrsg): *Meditation: Classic and Contemporary Perspectives.* New York 1984.
165 SHIROKOGOROFF, S.: *Psychomental Complex of the Tungus.* London 1935.
166 SHWEDER, R.: «Aspects of cognition in Zinacanteco shamans: Experimental results», in: LESSA, W./VOGT, E. (Hrsg): *Reader in Comparative Religion: An Anthropological Approach.* 3. Auflage. New York 1972, S. 402–412.
167 SIEGEL, R./HIRSCHMAN, A.: «Hashish near-death experiences», *Anabiosis* 4 (1984), S. 69–86.
168 SIIKALA, A.: *The Rite Technique of the Siberian Shaman.* Helsinki 1978.
169 SILVERMAN, J.: «Shamanism and acute schizophrenia», *American Anthropologist* 69 (1967), S. 21–31.
170 SINGER, P./ANKENBRANDT, K.: Kommentar, *Current Anthropology* 23 (1982), S. 52–58.
171 SKULTANS, V.: «On mental imagery and healing», *Current Anthropology* 27 (1986), S. 262.
172 SKUTCH, R.: *Journey Without Distance.* Berkeley, Calif., 1984.

173 Smith, H.: *The Religions of Man.* New York 1958.
174 – : «Do drugs have religious import?», *Journal of Philosophy* LXI (1964), S. 517–530.
175 – : *Forgotten Truth: The Primordial Tradition.* New York 1976.
176 Smith, M.: «Paranormal effects on enzyme activity through laying on of hands», *Human Dimensions* 1 (1972), S. 15–19.
177 Stafford, P.: *Psychedelics Encyclopedia.* Revidierte Ausgabe. Los Angeles 1983.
178 Tart, C.: *Das Übersinnliche: Forschungen über einen Grenzbereich psychischen Erlebens.* Stuttgart 1986.
179 – : *Transpersonale Psychologie.* Olten 1978.
180 – : *Waking Up: Overcoming the Obstacles to Human Potential.* Boston 1986.
181 – : *Open Mind, Discriminating Mind.* New York 1989.
182 Thomas, L.: *The Medusa and the Snail.* New York 1980.
183 Thomas, S.: «Entities in the linguistic mine field», *The Skeptical Inquirer* 13 (1989), S. 391–396.
184 Toynbee, A.: *Der Gang der Weltgeschichte.* München 1970.
185 – : *Kultur am Scheideweg.* Zürich/Wien 1949.
186 Underhill, E.: *Mysticism.* New York 1974.
187 Vaughan, F.: *Awakening Intuition.* New York 1979.
188 – : *The Inward Arc: Healing and Wholeness in Psychotherapy and Spirituality.* Boston 1986.
189 Walsh, R.: «Initial meditative experiences: Part I», *Journal of Transpersonal Psychology* 9 (1977), S. 151–192.
190 – : «Psychedelics and psychological well-being», *Journal of Transpersonal Psychology* 22 (1982), S. 22–32.
191 – : *Staying Alive: The Psychology of Human Survival.* Boston 1984.
192 – : «Can Western philososphers understand Asian philosophies? The challenge and opportunity of states of consciousness research», *Crosscurrents* (1990).
193 Walsh, R./Shapiro, D. H. (Hrsg): *Beyond Health and Normality: Explorations of Exceptional Psychological Well-Being.* New York 1983.
194 Walsh, R./Vaughan, F. (Hrsg): *Beyond Ego: Transpersonal Dimensions in Psychology.* Los Angeles 1980.
195 Warner, R.: «Deception and self deception in shamanism and psychiatry», *Journal of Social Psychiatry* 26 (1980), S. 41–52.
196 Wasson, G.: *The Road to Eleusis: Unveiling the Secrets of the Mysteries.* New York 1978.
197 Weil, A.: *The Natural Mind.* Boston 1972.

198 – : *The Marriage of the Sun and Moon.* New York 1981.

199 Wescott, R.: «Paranthropology», in: Long, J. (Hrsg): *Extrasensory Ecology.* Metuchen, N. J., 1977.

200 Wilber, K.: *Das Atman-Projekt: Der Mensch in transpersonaler Sicht.* Paderborn 1990.

201 – : *Up From Eden: A Transpersonal View of Human Evolution.* New York 1981.

202 – : *Eye to Eye: The Quest for the New Paradigm.* Garden City, N Y., 1983.

203 – : «There is no new age: baby boomers, narcissism and the 1960s», *Vajaradhatta Sun,* 1988.

204 Wilber, K./Engler, J./Brown, D. (Hrsg): *Psychologie der Befreiung. Perspektiven einer neuen Entwicklungspsychologie – die östliche und westliche Sicht des menschlichen Reifeprozesses.* Bern 1988.

205 Wilson, S./Barber, T.: «The fantasy-prone personality», in: Sheikh, A. (Hrsg): *Imagery: Current Theory, Research and Applications.* New York 1982.

206 Winkelman, M.: «Magic: A theoretical reassessment», *Current Anthropology* 23 (1982), S. 37–66.

207 – : *A Crosscultural Study of Magico-religious Practitioners.* Dissertation. University of California, Irvine. Ann Arbor, Mich.: University Microfilms.

208 – : «A cross-cultural study of shamanistic healers», *Journal of Psychoactive Drugs* 21 (1989), S. 17–24.

209 Yalom, I.: *Existentielle Psychotherapie.* Köln 1989.

210 Yap, P.: «Mental diseases peculiar to certain cultures: A survey of comparative psychiatry», *Journal of Mental Science* (April 1951), S. 313–327.

211 Byrd, R.: «Positive therapeutic effects of intercessory prayer in a coronary care unit population», *Southern Medical Journal* 81 (1988), S. 826–829.

212 Orme-Johnson, D./Alexander, C./Chandler, H./Larimore, W.: «International peace project in the Middle East; The effects of the Maharishi technology of the unified field», *Journal of Conflict Resolution* 32 (1988), S. 776–812.